Primero las personas

Primero las personas

Pensamiento emprendedor para resolver problemas empresariales

Coordinado por Rosa M. Fité, Pedro Nueno, Kandarp Mehta y Joaquim Vilà

G2000

Coordinado por Rosa M. Fité, Pedro Nueno, Kandarp Mehta y Joaquim Vilà

Alienta es un sello editorial de Centro de Libros PAPF, SLU.
Av. Diagonal, 662-664
08034 Barcelona
www.planetadelibros.com

Primera edición: abril de 2024
Depósito legal: B. 3.927-2024
ISBN: 978-84-9875-572-5
Composición: Realización Planeta
Impresión y encuadernación: Huertas Industrias Gráficas, S. A.
Printed in Spain - Impreso en España

PEFC
PEFC/14-38-00305
Certificado PEFC
Este libro procede de bosques gestionados de forma sostenible y fuentes controladas
www.pefc.es

Sumario

Segunda parte
La innovación

Tercera parte
Liderar personas, liderar empresas

CUARTA PARTE
Personas creando valor en distintos ámbitos

Quinta parte
Organizaciones de personas para crear valor

Sexta parte
Creando y desarrollando valor sostenible

Séptima parte
Management emprendedor

Octava parte
Organizaciones de personas para crear valor

Novena parte
Progreso

Prólogo

El cementerio de empresas está lleno de historias de aquellas que en su día fueron pioneras y líderes en el mercado, pero que a lo largo de los años languidecieron porque no fueron capaces de adaptarse a los cambios. No entendieron el cambio de ciclo o, simplemente, perdieron su conexión con lo que necesitaba el cliente.

Hablamos de que las empresas «no fueron capaces». ¿A qué nos referimos exactamente? Las empresas —a veces conviene recordarlo— son comunidades de personas que colaboran para llevar a cabo un proyecto. Y son las personas las que logran que la empresa escuche, innove o se mueva con rapidez para mantenerse saludable a lo largo del tiempo.

La innovación y la capacidad de cambio se han convertido en elementos esenciales dentro de cualquier empresa. En un contexto de gran velocidad e incertidumbre como el actual, ya no basta con disponer de un flamante equipo de I+D que registre la última patente o de una oficina de innovación que ordene los procesos. Ambas cosas pueden ser muy útiles, pero de poco sirven si no se logra que la energía emprendedora y de innovación llegue a todas y cada una de las personas que trabajan en una organización.

Este libro habla precisamente de esto. Y lo hace reuniendo a más de veinte profesores del IESE, que han estudiado desde distintas disciplinas la importancia de las personas en el desarrollo y la ejecución de nuevas ideas de la empresa. Si bien se trata de enfoques muy distintos, todos ellos nos recuerdan que son las personas las que generan valor y que cualquier decisión o proyecto empresarial debe tenerlas en cuenta.

En el IESE siempre hemos creído que la empresa tiene una misión social más allá de la creación de beneficios económicos. La empresa puede y debe ser un espacio para el desarrollo humano tanto de sus empleados como del conjunto de la sociedad. Y la innovación impulsada por las personas es uno de los grandes impactos sociales que aporta la empresa.

Como director general de la escuela, es para mí una gran satisfacción ver cómo profesores de distintas áreas comparten esta visión humanista de la iniciativa emprendedora y de la innovación. Agradezco el trabajo de los profesores Pedro Nueno y Quim Vilà, y de la investigadora Rosa M. Fité por la iniciativa de reunir perfiles tan diversos en esta obra colectiva. Y es que, como nos dicen ellos mismos en el libro, «la colaboración entre personas siempre arroja resultados superiores a la suma de sus colaboraciones individuales».

Franz Heukamp,
director general del IESE Business School

Prólogo

Ideas fuerza

En un sector como la industria, marcado por grandes revoluciones e inmerso actualmente en la cuarta, el desarrollo tecnológico y científico desempeña un papel protagonista. No obstante, es evidente que el principal activo para el crecimiento y desarrollo empresarial reside en la importancia y el valor que crean las personas. Aunque la tecnología avance y transforme la manera en la que fabricamos, son ellas las que continúan siendo el factor diferenciador y determinante para el éxito en la aplicación de las nuevas herramientas tecnológicas y la innovación.

El desarrollo del capital humano en las empresas se revela a través de dos ejes convergentes, que se entrelazan y alimentan mutuamente. En el primero, a nivel de progreso individual, las personas emergen como elementos fundamentales en la industria, aportando valores intangibles como creatividad, innovación, adaptación y colaboración, que impulsan el desarrollo y éxito de las empresas.

Las personas son la fuente de ideas creativas y soluciones innovadoras que impulsan el emprendimiento y el desarrollo industrial. Son responsables de la implementación y adaptación de tecnologías, la formación y capacitación, así como de la crucial gestión del cambio en la industria. Estos elementos forman la columna vertebral del progreso individual y colectivo en cualquier organización.

El segundo eje de desarrollo, asociado a la cultura organizacional, se manifiesta como un factor clave en la dinámica empresarial. A través de la diversidad, la inclusión, el desarrollo de talento, la seguridad y el bienestar, y la innovación continua, se forja una cultura que valora y potencia a sus empleados. Estos pilares, cuando se integran en la cultura, mejoran la satisfacción laboral, aumentan la productividad y contribuyen al liderazgo de las personas.

En Gestamp, hemos apostado por el apoyo y fomento de los valores intangibles individuales a través de una cultura basada en los valores de empresa familiar. Estos valores se han convertido en auténticos pilares corporativos, fundamentales para el crecimiento experimentado por la compañía a lo largo de sus 26 años de vida.

Enfrentando los retos de la globalización, la introducción de nuevas tecnologías para la movilidad, la implementación de nuevos sistemas de producción avanzados como la industria 4.0 y otros factores de crecimiento, Gestamp ha sabido responder a las necesidades del mercado y de nuestros clientes, adaptando la estructura organizativa, cualificando y capacitando al equipo para buscar la excelencia y la estandarización de procesos. Las personas han sido y son claves para el crecimiento y consecución de los objetivos y retos.

Como empresa líder en el desarrollo de componentes para la industria de la automoción, estamos inmersos en un momento único, lleno de oportunidades y retos, como la definición de la movilidad del futuro, la sostenibilidad a través del impulso de la circularidad y la descarbonización de la producción y la revolución digital que cambiará las fábricas que conocemos. Pero no podemos olvidar nunca que son las personas las que deben liderar el cambio y ser las artífices de la transformación del sector de automoción aplicando creatividad, emprendimiento, esfuerzo, mejora continua, innovación y una clara vocación a largo plazo para crear valor en la sociedad.

Un ejemplo tangible de nuestra visión ha sido la colaboración con el IESE en la aplicación del modelo Verbideas para promover la mejora operativa de una de nuestras plantas en España. Esta metodología, centrada en potenciar la productividad a través de actividades destinadas a mejorar la creatividad del equipo y la capacidad de resolver problemas operativos, se ha traducido en un gran refuerzo de nuestra eficiencia y de la rentabilidad.

Este proyecto no sólo representa un ejemplo del compromiso de Gestamp con el desarrollo humano y empresarial, sino que también refleja el fruto de la sinergia entre la experiencia práctica de la industria y la excelencia académica del IESE. Agradezco y felicito a los profesores que, con su dedicación y conocimientos, han dejado su huella, contribuyendo a forjar este libro como fuente de inspiración para fomentar el desarrollo de las personas en las organizaciones.

Francisco Riberas,
presidente ejecutivo de Gestamp

Introducción

Innovando en un mundo global

por Pedro Nueno

El trabajo de Rosa M. Fité, que lleva detrás una gran investigación práctica explorando la innovación en un amplio conjunto de empresas, se concreta en un momento muy oportuno. Las grandes preocupaciones de las empresas en este momento son la innovación, la digitalización —que es una forma de innovar en muchas áreas— y la internacionalización. Pero, además, en todas las áreas de las empresas se está incrementando la velocidad, como una forma necesaria de competir mejor, y este incremento de la velocidad es otro estímulo de la innovación.

En los años ochenta, la innovación industrial que aportó Japón con su proceso de análisis y mejora de las actividades industriales, lo que se llamó el «*Just in time*», fue una gran revolución que impactó en todas las empresas y estimuló un análisis de sus procesos y una mejora con gran base en la formación de los trabajadores y el estímulo de su colaboración unos con otros para mejorar los procesos.

En los últimos años hemos incorporado cada vez más los ordenadores en los procesos industriales en lo que hemos llamado la digitalización, que ayuda a programar el trabajo y controlarlo mejor, evaluando en profundidad la información disponible para utilizarla de manera correcta en toda la cadena industrial e incrementar la velocidad de los procesos.

Pero en el esfuerzo por diseñar también una buena estrategia que oriente la empresa hacia el largo plazo ha aparecido la conveniencia de internacionalizarse. Hace muchos años que las empresas descubrieron que la internacionalización era una gran oportunidad. Si algo funcionaba bien en un país europeo o en Estados Unidos, ¿por qué no funcionaría en el resto de los países? Empresas como Nestlé, Ford o Bayer se internacionalizaron hace muchos años. Sin embargo, para muchas empresas, la internacionalización era algo difícil y que no se consideraba necesario, ya que el crecimiento podía conseguirse compitiendo mejor con otras empresas del sector y del país, diversificando o dedicando la generación de fondos a adquirir otras empresas.

En la última década, quizá con el estímulo de la aparición de mercados muy importantes como los de Europa del Este, China, la India o Latinoamérica, entre otros, las empresas han visto claro que la internacionalización es necesaria para competir bien y asegurar un futuro. El tamaño y la gran velocidad de desarrollo de China han convertido a este país en una difícil oportunidad. Muchas empresas trataban de evitarlo autoengañándose con cuestiones como esperar una crisis económica asociada a algún problema político. Pero otras ya descubrieron que un buen producto es global, y como tal funciona en cualquier parte, aunque, obviamente, si en el país hay zonas muy pobres, el desarrollo de mercados en estas zonas será mucho más lento.

Empresas como Bayer y Volkswagen se lanzaron con buenos resultados al mercado chino y, actualmente, empresas de todos los sectores industriales, financieros y de servicios se desarrollan con buenos beneficios en este país. En China, muchas universidades han llegado a acuerdos internacionales que las han llevado a alcanzar los mismos niveles que sus asociadas. Hace unos veinticinco años, lanzamos la China Europe International Business School, cuya fundación fue una idea del autor de esta introducción, pero sin mucho mérito porque, si en un país con 1.400 millones de habitantes y con un buen crecimiento no había ninguna escuela de Dirección de Empresas, era lógico que se pudiese lanzar una. La experiencia ha sido excelente, pues nos permitió comprobar que también allí el modelo de escuela europea o americana funciona extraordinariamente bien.

La China Europe International Business School, conocida como CEIBS, tiene hoy campus en Shanghái, en Pekín, en el sur en Shenzhen, e incluso fuera de China en ciudades como Accra, en Ghana (África) y Zúrich, en Suiza, y se sitúa muy bien en las evaluaciones internacionales.

En el proceso de internacionalización han aparecido nuevas oportunidades. Hay muchos países no muy grandes, pero con buenos mercados, como Australia, Nueva Zelanda, Corea del Sur, Tailandia o Turquía, y hay empresas que están aprovechando esas oportunidades.

África es, por otro lado, la oportunidad que está en su fase inicial, pero hay zonas que han sido descubiertas por empresas que están creciendo con éxito en el continente, muchas veces desde países más desarrollados como Costa de Marfil, Ghana o Sudáfrica. Y también parece que la India, que constituye un mercado enorme, está enfocando mejor su desarrollo.

El incremento de la velocidad lleva a que muchas empresas traten de desarrollar su negocio en estos mercados con gran futuro. La idea de que un buen producto o servicio es global es básica para este desarrollo. La internacionalización lleva a que, a medida que el tiempo avanza, es posible encontrar personas con buen potencial empresarial en muchos de estos países. El incremento del volumen internacional es otro factor estimulante de la velocidad empresarial.

Todo ello recomienda encontrar maneras de desarrollar productos y de gestionar empresas globales y en este libro se propone un modo de avanzar en la globalización.

Primera parte

La empresa y la acción emprendedora de personas

1

Persona artífice: una nueva perspectiva de la acción emprendedora

por Rosa M. Fité, Pedro Nueno, Kandarp Mehta, y Joaquim Vilà

La iniciativa emprendedora y la innovación tienen en común la identificación de una oportunidad en la realidad y desarrollar la capacidad de convertirla en algo nuevo con valor: un producto, una mejora, una empresa. En el núcleo de ambas está la acción de creación de valor, es decir, la acción emprendedora.[1]

Siguiendo la ruta abierta en *La luz y la sombra* (Deusto, 2007),[2] al situar las ideas de Platón de verdad, bondad y belleza, en los fundamentos de la innovación europea,[3] desarrollando principios universales para innovar y liderar la innovación, hemos llevado las ideas de Platón a la acción emprendedora de las personas para encontrar igualmente modos nuevos que ayuden a mejorarla. El resultado de esta nueva perspectiva, bajo la dirección académica de Pedro Nueno, es un modelo Verbideas©, probado en distintos ámbitos, que es capaz de convertir a las personas en emprendedoras también dentro de las empresas, de formarlas en pensamiento emprendedor para resolver problemas empresariales y que ayuda a desarrollar en las organizaciones patrones propios de innovación.

1. Nueno, Pedro, *Intraemprendiendo: Emprender dentro de la empresa*, Real Academia Europea de Doctores, 2019.

2. Nueno, Pedro; Kalthoff, Otto; y Nonaka, Ikujiro, *La luz y la sombra*, Ediciones Deusto, 2007.

3. Un análisis comparativo de la innovación en EE. UU., Europa y Japón que da lugar a principios universales y estilos de liderazgos para la innovación.

Lo consigue porque operativiza la creatividad aportando a la innovación la flexibilidad que los autores de «The heart of entrepreneurship» reclamaban tras identificar las dinámicas de la organización emprendedora: alentar la imaginación, la flexibilidad y la voluntad de aceptar riesgos de las personas.[4] Stevenson, que decía que la cuestión era cómo hacer flexible la innovación y operativa la creatividad, se centró en estudiar el comportamiento emprendedor, descartando que éste obedeciera a dones específicos en las personas. Posteriormente, otros muchos encontraron causas y desarrollaron teorías de proceso, cognitivas, de aprendizaje y hasta evolutivas,[5] fomentando la aparición de modelos y medidas hasta hoy, respondiendo a la llamada de Murray Low e Ian MacMillan a desarrollar modelos con rigor, investigando las causas y orientándose al proceso y su contexto.

Como Peter Drucker anticipó hace décadas, necesitamos crear una sociedad emprendedora en la que todos seamos emprendedores,[6] y quizá el reto más importante que afrontamos en el siglo XXI es encontrar maneras de liberar el talento de las personas que trabajan en las organizaciones.[7]

Management y filosofía

El management como conocimiento científico empezó su desarrollo en el siglo XIX y explosionó durante el siglo XX.[8] En su origen se sitúa la Revolución Industrial y, posteriormente, la ac-

4. Stevenson, Howard H.; y Gumpert, David E., «The heart of entrepreneurship», *Harvard Business Review*, 63, 2 (1985), pp. 85-94.

5. Breslin, Dermot, «A Review of the evolutionary approach to the study of entrepreneurship», *International Journal of Management Review*, 10, 4 (2008), pp. 399-423.

6. Hagel III, John, «We need to expand our definition of entrepreneurship», *Harvard Business Review*, 28, (2016), pp. 2-5.

7. Kiechel III, Walter, «The management century», *Harvard Business Review*, 90, 11 (2012), pp. 62-75.

8. Sibbet, David, «75 years of management ideas and practice 1922-1997», *Harvard Business Review*, 75, 5 (1997), pp. 2-12.

tividad empresarial, las políticas gubernamentales, los cambios geopolíticos y la irrupción de tecnologías y recursos han ido impulsando su desarrollo en sus diversas vertientes.

Desde la llamada época del management «triunfante» con *Hurricane* Drucker, a la aparición del pensamiento estratégico y a la idea de que el management tenía que dar resultados. Destaca la contribución de Porter, en los años ochenta, de la estrategia competitiva y del concepto de cadena de valor, «glosándola» en partes para medir la competitividad y los costes, pidiendo excelencia en especialización y *expertise*. La expansión geográfica y la creciente necesidad de recursos hicieron destacar el capitalismo de los accionistas por encima del capitalismo de los grupos de interés.[9]

Otros hechos significativos han sido: el desarrollo tecnológico, que ha contribuido a una fragmentación del mundo empresarial al dar acceso a pequeñas empresas, antes con menos recursos, al aprovechamiento de nuevas oportunidades —mientras que, prácticamente en paralelo, las empresas grandes han ido afrontando una mayor complejidad de las actividades de valor de las personas que ha comportado nuevos roles—; los riesgos derivados de la creciente incertidumbre y aceleración del cambio, que exigen a las empresas moverse de una eficiencia escalable a un aprendizaje escalable;[10] y el aumento de la burocracia, en un intento seguro y prudente de estandarizar para riesgos.

Como señalan Gary Hamel y Michele Zanini, la innovación ya no depende del tamaño de las empresas. Toda empresa debe adoptar nuevos principios, entre ellos la colaboración, y pasar del miedo a la innovación a emprender dentro de la empresa con sentido estratégico, cierta autonomía responsable y armonía en la organización.[11]

El desarrollo del management trata de hacer que las personas y sus organizaciones sean más efectivas y habrá siempre una

9. Kiechel III, Walter, *op. cit.*

10. Hagel III, John, *op. cit.*

11. Hamel, Gary; y Zanini, Michelle, «The end of bureaucracy», *Harvard Business Review*, 96, 6 (2018), pp. 50-59.

manera mejor de hacerlo e incluso de comprender la efectividad. En esta nueva perspectiva que se sirve de la filosofía, de Platón y el ser, del personalismo —como se explica en otros capítulos de este libro—, hemos encontrado: (1) modos que desarrollan la capacidad de las personas como creadoras de valor; (2) que ofrecen un nueva dimensión para la innovación; y (3) que aceleran el proceso emprendedor. En resumen, un marco de trabajo para avanzar en un management en favor de las personas, de las empresas y de la sociedad.

La importancia de las matemáticas y de la racionalidad en la modernidad ha desembocado en múltiples ciencias experimentales y conocimientos técnicos, pero también ha representado un paulatino abandono del saber que tiene que ver con la esencia de las cosas, con el ser, al que Platón llamaba *saber de totalidad* para diferenciarlo de otros saberes.[12] De la misma manera que Platón superó la fragmentación de estos últimos con el primero, el llamado saber de totalidad, pensamos que llevar los fundamentos de la innovación europea —las ideas de verdad, bondad y belleza de Platón— a la acción emprendedora nos puede ayudar a superar también la descomposición y la complejidad de las actividades de valor de las personas en la empresa. Aristóteles dio un paso más desentrañando la composición de lo que es y existe, haciendo presente los conceptos de Platón en la realidad y concretando un proceso de construcción de cosas nuevas.

Ingredientes y principios de la acción emprendedora

Al tomar como ingredientes de la acción emprendedora las ideas de verdad, bondad y belleza, recibimos de Platón un impulso a buscar verdad (realidad), a encontrar bondad (propuestas valor) y a hacer belleza (nuevas soluciones, mejoras, productos, innovaciones...).

12. Platón, *La república*, libro IV.

Gráfico 1.1. Principios de la acción emprendedora

Fuente: Elaboración propia.

1. Buscar verdad es comprender la realidad, ver lo que hay. El ingrediente es la realidad y buscar consiste en un proceso de evidenciar. Aporta autenticidad y seguridad en que hay recursos en cualquier realidad y situación para avanzar.
2. Encontrar bondad es desarrollar valor, servir más. El ingrediente es lo bueno e incluye lo que es útil, lo que sirve, lo que cubre una necesidad personal o social, pero también un sentido bueno que pueden representar pequeñas y grandes mejoras en productos, estructuras y operaciones, entre otras. Amplía el concepto de valor más allá de lo útil. Exige ver lo bueno y consiste en un proceso de elegir y definir una propuesta de valor. Aporta el desarrollo de la capacidad de intuición razonada e ingenio.
3. Hacer belleza se refiere a las operaciones para construir la nueva realidad. El ingrediente es la acción de la persona que origina también con su subjetividad y construye junto a otros en el sentido del resultado esperado sin alterar la actividad ordinaria empresarial hasta estar lista. Es fruto de lo que la inteligencia de la persona pone en las cosas para hacer algo nuevo. Consiste en un rehacer, recupera el caos y trabaja el caos creativo ordenadamente.

Por otro lado, de Aristóteles nos llegan las pautas para hacer realidad la innovación en una analogía que nos permite conferir unidad a las acciones de las personas en la empresa y acelerar y hacer efectiva la innovación, incluso en los entornos más complejos, sin interferir en la actividad de negocio, sino, más bien, protegiendo su supervivencia.

Así, toda innovación, ese algo nuevo que representa, tiene una estructura muy sencilla: sobre un poco de realidad preexistente, construye una elaboración de valor que cubre o sirve a una necesidad a la que llamamos propuesta de valor y la hace realidad, que es un rehacer o una composición. Y en este proceso de construcción, tanto el resultado esperado —el sentido de lo que tiene que ser lo nuevo, también en relación con el propósito o misión de la empresa— como el conocimiento cuantitativo de su actividad y de los recursos disponibles en la realidad son imprescindibles. Dos movimientos, impulso y construcción, que interactúan entre sí.

Gráfico 1.2. La acción emprendedora

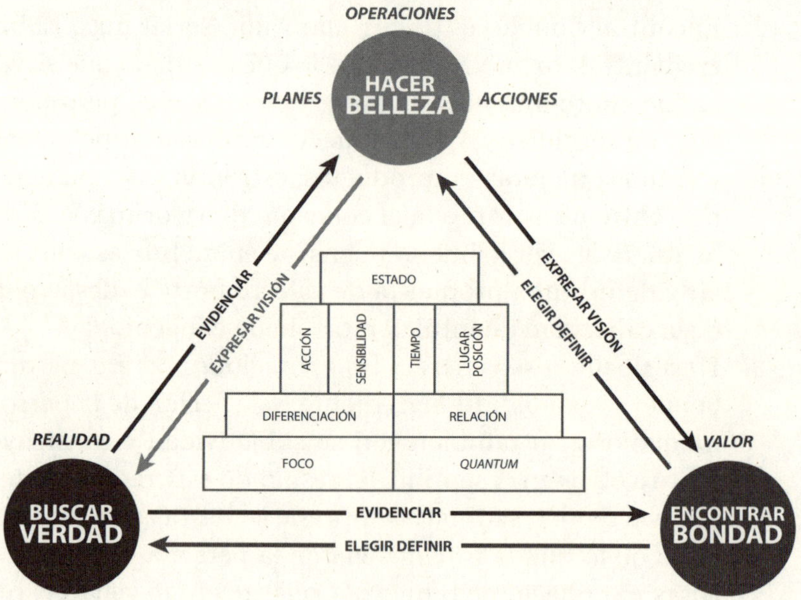

Fuente: Elaboración propia.

Gráfico 1.3

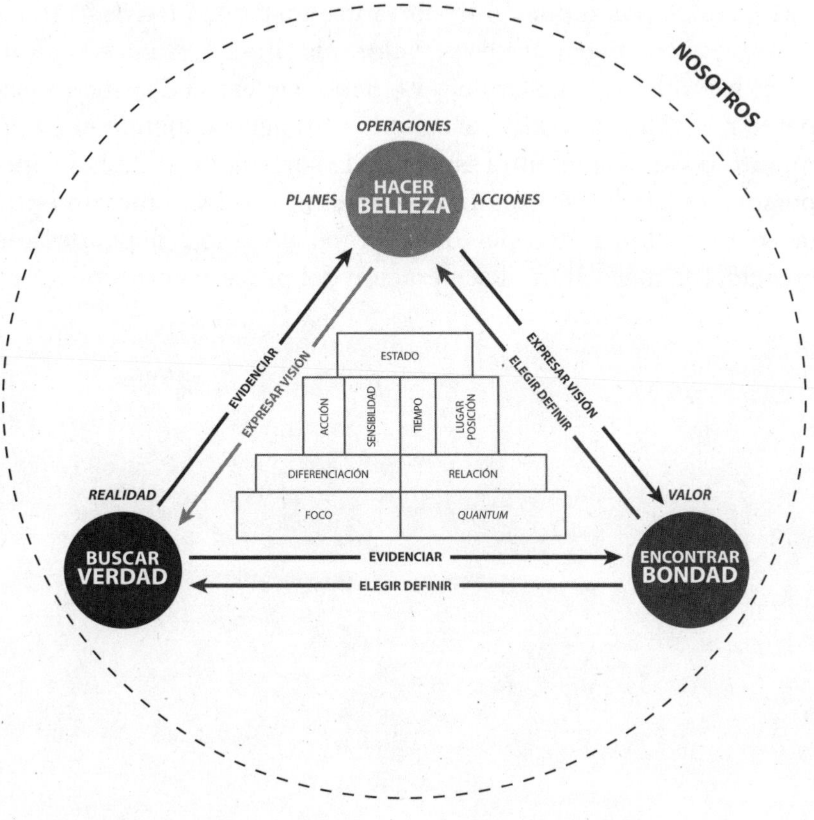

Fuente: Elaboración propia.

La acción emprendedora es acción de personas

La acción emprendedora es la acción de personas que construyen algo nuevo con los recursos que están a su alcance, visibles o no visibles, internos y externos, propios o ajenos. La persona posee tres poderes: es capaz de ser libre, de asumir responsabilidades y de crear, de hecho, crea siempre, hacia dentro o hacia fuera. La fuente de su originalidad, es decir, el poder de crear algo con un nuevo sentido, es su subjetividad, es decir, el poder crear algo con un sentido nuevo. Solamente la persona crea y crea valor, y crece y se hace en esta acción. Por consiguiente el valor creado escapa a los por supuesto importantes instrumentos destinados a contar el valor económico y a valorar la supervivencia económica de la empresa, a pesar de ser o poder ser causa de éste. De saber ver el valor creado y de saberlo potenciar depende el crecimiento de la propia empresa, el de la sociedad y el de la propia persona que lo hace posible. De fomentar un tercer movimiento, la colaboración entre personas, como veremos, dependerá la creación de más valor, la aceleración del proceso emprendedor.

2

La subjetividad de la persona en la acción emprendedora

por Domènec Melé

Una reflexión profunda sobre la acción emprendedora no puede limitarse a la valoración de los resultados externos de tal acción, por importantes que éstos sean. Es necesario considerar, por obvio que parezca, que la creación de valor económico y el servicio prestado a la sociedad tienen su origen en un *sujeto personal*. Es de la persona del emprendedor, con su mundo interior, de donde procede la acción de emprender. Por otra parte, el emprendedor no parte del vacío. Hay personas e instituciones que le han proporcionado educación y quizá hayan motivado la voluntad de emprender o, tal vez, le han abierto nuevos horizontes. El contexto sociocultural, institucional y político también influye en la acción emprendedora, facilitándola o dificultándola. Por último, emprender depende de la dinámica histórica, incluyendo el legado científico, tecnológico y empresarial recibido por el emprendedor y la propia historia personal.

Existe una vasta literatura sobre el emprendimiento y el emprendedor desde diversas perspectivas: económica, psicológica, sociológica, organizativa y ética; esta última generalmente centrada en los dilemas éticos que se presentan al emprender. Parten de muestras de población para el análisis o de casos de particulares. De ellos extraen conclusiones siempre limitadas por la propia metodología investigadora.

Aquí tomaremos una perspectiva diferente, de tipo filosófico, fijándonos en el sujeto de la acción emprendedora y, más en concreto, en lo que la filosofía personalista moderna denomina la *subjetividad* de la persona. Lo hacemos de un modo no académico, sino divulgativo, y con inevitables simplificaciones, pero con la esperanza de que contribuya a una mejor comprensión del complejo fenómeno del emprendimiento.

El ser humano, mucho más que un animal racional

Aristóteles, analizando elementos comunes y diferenciales entre seres vivos, llegó a la conclusión de que el ser humano era un animal poseedor de *logos* o razón, un principio vital diferenciador. De aquí la conocida definición del hombre como un «animal racional». La razón, para Aristóteles, es mucho más que capacidad cognoscitiva, que en alguna medida también poseen los animales; es capacidad de abstracción y de razonamiento discursivo. La abstracción va más allá de la percepción sensible de la realidad o de las ventajas o peligros que encierra para la vida biológica. Por otra parte, la capacidad de discurrir sobre la realidad no se reduce a cálculos o aprendizajes de corte mecánico, o de acumulación de pruebas y errores, sin reflexión alguna. La razón entraña capacidad de pensar y pensar sobre lo personado; capacidad para conocer al mundo y de conocerse a uno mismo. Estrechamente relacionado con la razón está la voluntad libre que convierte al hombre en dueño de actos realizados de un modo consciente y libre. Y, por tanto, con responsabilidad personal.

El hombre tiene también sentimientos (*pasiones* en la terminología aristotélica, que se prolongó durante varios siglos). Estos sentimientos se asemejan y, a la vez, se distinguen de los que puedan tener los animales. Son sentimientos que pueden ser de origen espontáneo o consecuencia de una reacción cognitiva-racional. Unos sentimientos que, por cierto, se pueden educar y, en gran medida, controlar, moderándolos o acrecentándolos según convenga con ayuda de la razón y de hábitos estables del carácter (virtudes).

En la definición del hombre «animal racional» se descubre un género común (animal) y una especie (racional), pero sin fijarse en cada individuo en concreto, que pueden estar escasamente diferenciados en las distintas especies animales, pero que en el hombre cada individuo es único e irrepetible.

Aristóteles presentó una visión objetiva del hombre, la cual fue adoptada y perfeccionada en la Edad Media con la noción de *persona*, definida como un «sustrato individual» (algo existente de cada individuo) de naturaleza racional. De este modo, se ponía el acento en el individuo a través de la noción de persona, que lleva implícito el carácter único de cada uno. La noción de persona denota también dignidad como puso de relieve Tomás de Aquino. La dignidad de la persona humana fue especialmente exaltada en el Renacimiento, con autores como Pico della Mirandola. Sin embargo, apenas se profundizó en la interioridad de la persona, más allá de la racionalidad, la libre voluntad y los sentimientos humanos.

La filosofía personalista, desarrollada especialmente desde el siglo XX, añade la subjetividad a la visión objetiva del ser humano. La subjetividad incluye posesiones interiores pertenecientes a cada persona (autoposesión) junto con la capacidad de discernimiento moral y decisión para la acción (autodeterminación), lo cual enriquece la visión del interior del hombre, sin reducirla a racionalidad, sentimientos y responsabilidad.

Persona humana y subjetividad personal

La razón tiene carácter inmaterial, y por tanto espiritual, ya que la materia no se piensa a sí misma, ni está indefectiblemente determinada, ni sus expresiones van más allá de lo puramente biológico. Sin embargo, esta realidad espiritual propia del hombre, a veces llamada alma, mente, o simplemente «yo» (*self*), informa al cuerpo como un principio vital propio. A su vez, la mente utiliza el cerebro y se expresa a sí mima utilizando el cuerpo como elemento mediador (lenguaje, gestos, expresiones faciales...).

El concepto de persona expresa la totalidad de lo humano en una *unidad sustancial*, que se realiza en la singularidad de cada individuo. En otras palabras, la noción de persona expresa la entidad corpóreo-espiritual, a la vez que incluye la condición única e irrepetible de cada persona y su subjetividad, además de su dignidad.

La filosofía personalista, centrada en la singularidad de cada persona, aúna el contenido objetivo de la naturaleza humana con la experiencia interior de cada persona, expresada como *subjetividad*. La persona es vista como alguien, que se va realizando continuamente, con fines vitales que cada uno se da a sí mismo —aunque no toda elección conduce a plenitud humana—. Cada persona tiene una biografía propia hecha de decisiones libres y un conjunto de hábitos o disposiciones estables y duraderas (competencias y virtudes del carácter) que se van adquiriendo por las elecciones y decisiones que cada uno va tomado a lo largo de su vida. Ser «alguien» con espíritu y subjetividad es radicalmente distinto de ser «algo» estrictamente sometido a las leyes biológicas de la naturaleza material. Esta distinción entre ser alguien (una persona) y ser algo (un objeto no personal) ha sido especialmente subrayada por autores personalistas, como el filósofo alemán Robert Spaemann.

La autoposesión y autodeterminación en la iniciativa emprendedora

Cada persona se posee a sí misma. Esta posesión es un estado de la mente, un mundo interior, que acumula comportamientos pasados, acompañados de cierta reflexión, junto con elementos generados por actividad de la propia mente, como ideas e interpretaciones de acontecimientos. La reflexión incluye la busca de sentido a lo que hace e incluso a la vida, considerada como un todo, quizá descubriendo su dimensión trascendente. La espiritualidad o religiosidad, generada al asumir y vivir la dimensión trascendente o la relación con la divinidad, puede también formar parte de la autoposesión de cada persona.

La autoposesión incluye algo innato, pero es también resultado de conocimientos adquiridos, acciones realizadas, reflexión personal e influencia cultural. Cada persona posee recuerdos, experiencias vitales, sentimientos, imaginaciones, aprendizajes que generan hábitos en forma de habilidades y virtudes. Estos hábitos, que se generan por repetición de actos, tienen una enorme importancia práctica. Aristóteles decía que los hábitos son, en cada uno, como una segunda naturaleza. La dotación interior o autoposesión es propia de cada persona: cada persona se autoposee a sí misma. Es una autoposesión que no se puede transferir de una persona a otra.

El enfoque del emprendimiento centrado en los resultados puede oscurecer el hecho de que toda acción modifica la autoposesión del sujeto. Así, manejando un programa de ordenador aumenta la habilidad para seguir haciéndolo en el futuro. De igual modo resolviendo problemas empresariales se aprende —también de los errores— aumentando la pericia en cuestiones afines. Algo parecido ocurre con los hábitos morales o virtudes. Al actuar con justicia, con generosidad o con coraje, uno se hace más justo, generoso o valiente, respectivamente, y eso repercutirá en la facilidad, prontitud y agrado con que se acometan actuaciones futuras animadas por estas virtudes. Una importante consecuencia práctica es que, al decidir cómo obrar, no sólo decidimos lo que queremos hacer, sino también qué clase de persona queremos ser.

La autoposesión está en la base de la creatividad y de la generación de ideas innovadoras, consideradas cruciales para el emprendimiento. La creatividad tiene siempre algo original, ya sea para resolver un problema existente o para progresar en alguna actividad o emprendimiento. La creatividad humana no parece tanto fruto de un discurso racional como de diversas autoposesiones de la subjetividad.

La autoposesión no se posee sin más, sino que, de algún modo, genera una llamada a la acción para hacer fructificar lo que se posee, dando lugar a la *vocación o llamada emprendedo-*

ra. Al tomar conciencia de los talentos personales, se descubre que se pueden aprovechar y hacerlos rendir en interés propio o poniéndolos al servicio de los demás. Esto último es también en el mejor interés del sujeto, ya que servir a los demás hace de uno mismo mejor persona.

Por último, pero no menos importante, la autoposesión incluye la espiritualidad, la cual se relaciona también con la iniciativa emprendedora. La *espiritualidad* busca encontrar un sentido profundo a lo que se hace y a la vida como un todo, buscando cierta conexión con algo superior, que con frecuencia es Dios, o algo, al menos, relativamente trascendente al hombre. La espiritualidad da significado trascendente a la vocación emprendedora y proporciona una cosmovisión donde enmarcar la actividad. Puede ayudar a afrontar la incertidumbre y a perseverar, sin perder la esperanza.

La autodeterminación en la iniciativa emprendedora: libertad y virtudes

La autoposesión está estrechamente unida a la autodeterminación, y esta última también incide en el emprendimiento. La autodeterminación se relaciona con el comportamiento de las personas. Salvo casos patológicos, el comportamiento humano deriva de acciones en las que la libre voluntad ha tenido una activa participación. El hombre, ciertamente, está sometido a las leyes físico-naturales, pero su comportamiento no siempre responde a un puro determinismo físico, sino a su libertad. Dicho de otro modo, mientras que los animales siguen sus instintos, el hombre está influenciado por sus instintos y puede seguirlos, pero puede también decidir no seguirlos, al deliberar sobre su conveniencia. El comportamiento final se hará efectivo si la persona cuenta con hábitos (virtudes) suficientemente arraigados para moderar las fuerzas instintivas. Aparte de las fuerzas instintivas pueden emerger también determinados sentimientos y deseos, que igualmente podrán ser evaluados en su conveniencia y ser fomentados o impedidos por las virtudes que se posean.

La autodeterminación, como decíamos, no sólo consiste en ser dueño de los propios actos. Implica deliberación para hacer lo más conveniente y hacerlo del mejor modo y en el momento oportuno. Aquí aparece la relevancia de ciertas virtudes que concurren en la deliberación y en la implementación de la iniciativa emprendedora.

El afán de poseer más o el reto personal de emprender una nueva aventura empresarial y, en definitiva, el autointerés prescindiendo de los efectos positivos, o tal vez negativos, en los demás puede motivar la acción de emprender. Pero emprender puede estar también motivado por causas nobles en favor de los demás. Aquí se incluyen iniciativas directamente sociales emprendidas para solucionar algún problema y también empresas ordinarias que crean puestos de trabajo y permiten ofrecer productos y servicios a la sociedad de un modo creativo o innovador. Esto es lo propio de la virtud de la *magnanimidad*, que mueve a realizar «cosas grandes», y junto a ella, la *audacia*, que es osadía, intrepidez de acción sin temor a afrontar los riesgos que conlleva emprender. Magnanimidad y audacia empujan a responder a la vocación emprendedora.

Hacer lo más conveniente exige deliberación y, en la deliberación, la virtud fundamental es la *sabiduría práctica* o prudencia, en su sentido clásico, que es mucho más que precaución. La sabiduría práctica ayuda a determinar en cada situación lo más conveniente para actuar con rectitud moral, evaluando también el riesgo y ponderando la incertidumbre que hay al emprender. La sabiduría práctica es sensatez, que se armoniza con la magnanimidad y la audacia para emprender.

La sabiduría práctica ayuda a determinar lo que es justo en cada situación. Con esta referencia, la virtud de la *justicia* lleva a dar a cada uno lo que le corresponde, respetando sus derechos. Más aún, la sabiduría práctica ayuda a descubrir posibles emprendimientos en beneficio de los demás o a remediar necesidades ajenas, con sentido de *gratuidad* y sin limitarse a deberes de estricta justicia.

Tras la deliberación viene la decisión y su implementación, que es llevarla a cabo del mejor modo posible y en el momento oportuno. De poco, o de nada, servirían la creatividad y el deseo de hacer algo noble, si no se implementaran o si no se hicieran en las debidas condiciones. En la implementación concurre de nuevo la sabiduría práctica, que ayuda a determinar el modo y tiempo más oportuno, sin precipitaciones ni dilaciones innecesarias.

La implementación exige también *determinación* y *coraje*. La determinación, en ocasiones, exigirá actuar rápidamente mientras que, en otras, convendrá dilatar una ejecución, pero sólo lo estrictamente necesario. En la implementación concurren, pues, la determinación para hacer lo que se debe hacer y el coraje para afrontar las dificultades u obstáculos que pueden presentarse y la *perseverancia* para continuar con el proyecto emprendido.

La humildad, que es sinceridad en conocimiento propio, sin minusvalorarse ni exaltarse indebidamente, es de gran ayuda para el emprendimiento. Es necesario conocimiento propio, con fortalezas y debilidades y una actitud permanente de aprender de los errores y de escucha de los demás.

Conclusión

En este breve capítulo hemos querido subrayar la importancia de considerar la subjetividad personal en la acción de emprender, desde una perspectiva filosófica-personalista. Nos hemos fijado en dos grandes aspectos de la subjetividad: la autoposesión, en la que radica la creatividad, la vocación emprendedora y la espiritualidad de cada uno; y la autodeterminación, que incluye la deliberación y la libertad para tomar decisiones y la voluntad de implementarla. En la autodeterminación concurren la sabiduría práctica y las virtudes, que tienen gran importancia práctica en cuanto que facilitan actuar bien.

3

La empresa es una comunidad de personas

por Antonio Argandoña

La empresa

¿Qué es una empresa? Un conjunto de instalaciones materiales: fábricas, oficinas, almacenes; un negocio, con sus productos y servicios; una marca y unos clientes; tecnología; una estructura de gobierno; una entidad jurídica; un conjunto de tareas... Es todo eso y mucho más, porque es una entidad compleja. A mí me gusta la descripción que daba un directivo con experiencia, Giovanni Agnelli, que fue presidente de Fiat S.p.A.:

> Una empresa está formada por personas con diferentes historias, diferentes culturas, diferentes inclinaciones, diferentes aspiraciones... diferentes trabajos... Y todas esas personas, de diferentes edades y culturas, con diferentes empleos, tienen que llevar a cabo el milagro de trabajar juntos, de modo que los resultados de la empresa sean los adecuados. Hoy y mañana.

Las personas en la empresa

Una empresa es una *comunidad de personas* que se pone de acuerdo para llevar a cabo un propósito en el que todos están interesados, aunque sea por razones distintas, y en la que es necesaria la colaboración de todos, bajo la dirección de un equipo, para obtener unos resultados, con vocación de continuidad. Las personas son importantes en la empresa. También lo son los capitales, y la tecnología, los productos, los clientes, las finanzas, la organización, la estructura, los mercados..., pero no podemos olvidar que, cada decisión, por muy técnica que parezca, son personas las que la toman, las que la llevan a la práctica, las que experimentarán sus efectos, las que saldrán beneficiadas o perjudicadas. Como dice Rafael Andreu, cada decisión y cada acción deja «*huellas*» en las personas, empezando por los que las toman.[13]

¿Por qué trabajan esas personas? Porque tienen unas *necesidades* que esperan que la empresa pueda satisfacer.[14] Esperan resultados *extrínsecos*, que la empresa les dará como contrapartida a su trabajo: remuneración, reconocimiento, oportunidades de carrera... Esperan resultados *intrínsecos*, que los empleados y directivos se dan a sí mismos o encuentran en su trabajo: satisfacciones porque la tarea les gusta, porque hacen amigos, porque aprenden conocimientos y desarrollan capacidades... Y resultados *trascendentes* o *prosociales*, que se buscan para otras personas: la satisfacción del cliente, la colaboración con sus compañeros de trabajo, la lealtad a la empresa...

Esos resultados esperados o anticipados determinan los *motivos* de las personas: motivos extrínsecos, si se mueven por la remuneración, el prestigio o la carrera; motivos intrínsecos, si buscan la satisfacción en lo que hacen o en los aprendizajes operativos que les permitirán mejorar sus resultados en el futuro, y motivos trascendentes o prosociales, si se orientan a los impactos que sus acciones pueden tener en los demás. Estos tres motivos suelen estar siempre presentes en todas las acciones humanas, aunque alguno de ellos acostumbra a ser dominante en cada decisión.

13. Andreu, Rafael, *Huellas*, DAU, 2014.

14. Estas ideas se basan en Pérez López, Juan Antonio, *Fundamentos de la dirección de empresas*, Rialp, 1993.

A menudo se afirma que lo único que interesa a los empleados es la remuneración actual o esperada. Pero esto no suele ser verdad: todos desean tener un trabajo interesante, unos compañeros agradables, unos jefes que los traten bien y un puesto de trabajo acogedor, aunque es probable que estén dispuestos a sacrificar algo de esto a cambio de una remuneración mayor, al menos durante un tiempo. Por eso, los directivos tienen que procurar satisfacer las *necesidades reales* (no las simples preferencias o caprichos) que han movido a sus empleados a formar parte de la organización. Todas las personas son importantes.

Leí hace tiempo el caso de una empresa estadounidense en la que el recién nombrado presidente de su consejo de administración hacía una gira para conocer las factorías de la compañía.[15] Al llegar a una de ellas, el director de la planta le saluda en la puerta y al entrar en el edificio le propone saludar a la recepcionista. Al notar la sorpresa del presidente, el director le dice:

> Señor presidente, usted y yo hablamos cada día con... ¿cuántas personas de fuera de la empresa? ¿Veinte, cuarenta...? Esta persona habla con todas. Es la voz de la empresa. La primera impresión que la organización deja en los que llaman por teléfono o se presentan en la planta es la simpatía y la acogida, o la frialdad y el rechazo que ella provoca... Ahora, ¿le parece bien que pasemos a saludarla?

Hay por lo menos tres razones para que se reconozca la importancia de todas las personas en la organización. La primera es su *dignidad*: ninguna persona puede ser tratada como un simple medio para la consecución de un fin como el beneficio, la reputación de la empresa o la satisfacción del cliente.

La segunda razón es lo que esa persona *da a la empresa* y a las demás personas. Algunas de esas cosas están contempladas en el convenio colectivo o en el contrato de trabajo: horas y dedicación, los conocimientos y experiencias que debe desplegar en su puesto... Otras muchas cosas están implícitas y no pueden ser

15. Tomo este caso de Argandoña, Antonio, *La empresa, una comunidad de personas*, Plataforma Editorial, 2021, pp. 26-27.

exigidas legalmente, pero existen y son muy importantes: la sonrisa al cliente, el trato con los compañeros de trabajo, la ilusión que ponen en la tarea, sus iniciativas para mejorar su puesto de trabajo o atender mejor al cliente... «Huellas» que, como dice Rafael Andreu, son inevitables, aparecen en todas partes, se propagan con facilidad, las reciben y las dejan todos los que participan en las interacciones; son personales e intransferibles, difíciles de prever y de evaluar *a priori*, difíciles de borrar, difíciles de compensar...

La tercera razón para reconocer la importancia de las personas en la empresa se deriva de estas dos. Por supuesto, la dirección de la organización «puede» tratar como quiera a su personal, pero si desea *ganar su cooperación*, su lealtad, confianza e identificación, más allá de lo que diga la ley o el contrato de trabajo, debe poner a las personas en el centro de la organización, y no sólo como una frase bonita, sino como una realidad. Cada persona es responsable del uso de sus propios recursos y del ejercicio de sus derechos; tiene necesidades no sólo materiales, sino también aspiraciones y motivaciones que van más allá de lo económico, y tiene valores, que hay que respetar. Por eso hay que reconocer su aportación; no hacerle daño, y hacerle todo el bien posible; respetar sus ideas, valores y creencias; proporcionarle retos y oportunidades para que pueda desarrollar sus capacidades; crear un contexto en el que sus aspiraciones puedan ser suficientemente atendidas... Todo esto está implícito en la idea de que la empresa es una comunidad de personas.

Ahora bien, la comunidad de personas no define toda la realidad de la empresa. Ésta es también un ente legal, integrado por un conjunto de contratos dentro de un marco jurídico; una entidad administrativa, un paquete de reglas, normas, criterios, procedimientos, programas y rutinas; un depósito de capacidades y conocimientos, de capital y de medios físicos; un instrumento para producir y distribuir bienes y servicios; un medio para asignar tareas; una «máquina» para hacer dinero... y otras muchas cosas. Pero las personas están presentes en todos esos aspectos, y siempre como sujetos agentes, como algo importante, no como medios para que otros consigan sus fines. Y esto no elimina los conflictos de intereses y las discrepancias entre las personas, ni reduce la exigencia de los directivos en el trabajo.

El valor en la empresa

La empresa crea *valor económico*: éste es el objetivo que solemos establecer para ella. La empresa incurre en una serie de costes y esfuerzos para producir unos bienes y servicios que, vendidos en el mercado, permitirán cubrir aquellos costes generales, de producción y de distribución. La diferencia entre los ingresos y los gastos, lo que solemos llamar *beneficio*, es la medida del valor creado: cuanto más valor económico, más «vale» la empresa —de hecho, el valor de la empresa se mide por el valor actual descontado de los beneficios futuros esperados—. Se supone que hay competencia suficiente en todos los mercados, de modo que la remuneración de los factores productivos es justa, de acuerdo con algún criterio objetivo.

Hay otra manera de medir el valor económico creado: la suma de los valores repartidos entre todos los que han colaborado en la producción, como empleados, directivos, propietarios, proveedores, financiadores, sociedad en general (los impuestos pagados, por ejemplo), etcétera. Ese valor es, pues, el total de los ingresos de la empresa o, con más precisión, el *valor económico añadido* por ella; otra cosa será la distribución de ese valor entre todos los que han participado en su generación.

Aún hay otra manera de identificar el «valor», como *algo que las personas «valoran»*, con criterio económico o no; desde este punto de vista, tener amigos es un «valor», tener un empleo es un «valor» y tener un buen empleo es un «valor» mayor, la salud lo es, lo mismo que el dinero, la paz, la cultura o la familia. Aristóteles llamaba a todo esto «bienes»: lo que la gente desea y valora. Esto va mucho más allá del valor económico: muchas de esas cosas no pueden valorarse en términos de dinero, pero existen y son relevantes en las decisiones de las personas y de las organizaciones.

Podemos traducir lo que dijimos con anterioridad en términos de «valor».[16] Las personas buscan «valores» *extrínsecos*, expresados en dinero o convertibles en él. Buscan también «valores» *intrínsecos*, psicológicos (satisfacción) u operativos (aprendizajes), que a menudo se pueden convertir en dinero (¿a cuánto salario estarías dispuesto a renunciar a cambio de poder aprender lo que estás aprendiendo en este puesto de trabajo?), pero no siempre. Y «valores» *trascendentes* o *prosociales*, «valores» que van destinados a los demás, a prestar un buen servicio al cliente, a desarrollar un trato más humano con los colegas, a ayudar a un subordinado con dificultades, y que tienen un gran impacto en la persona que toma las decisiones, que está «aprendiendo» a tener en cuenta las necesidades de los demás.

Ahora podemos explicar cómo funciona aquella comunidad de personas a la que llamábamos empresa, en términos de «valores». Las personas *aportan* «valores» (cosas a las que ellos u otros otorgan «valor»: horas de trabajo, esfuerzo, atención, conocimientos, capacidades, virtudes, actitudes...) para «*producir*» o «crear» otros «valores» (bienes y servicios comercializables, en primer lugar, pero también relaciones humanas, atención a las personas, sonrisas, ejemplos, fidelidad, lealtad, amistad...) para la empresa, para sus clientes y para las demás personas, también algunas que no conocerán nunca. Y en ese proceso de «producción» de «valores» los trabajadores «utilizan» o «*consumen*» otros «valores», que ponen a su disposición la empresa (primeras materias, maquinaria, tecnología) y otras personas (superiores, subordinados, colegas, también personas distantes a las que quizá no conocerán nunca, que le dan órdenes, consejos, prácticas, rutinas, ejemplos, sonrisas...). Muchas de esas interacciones son conscientes y deseadas, otras no son previstas ni deseadas, pero son reales y tienen un impacto importante. Algunos de esos «valores» son transitorios y breves, pero otros muchos son duraderos (*aprendizajes*), se incorporan al carácter de la persona o a la cultura de la empresa, y extienden su influencia a

16. «Valor», entre comillas, significa aquí mucho más que valor económico, como hemos explicado.

lo largo del tiempo y del espacio (también mediante el aprendizaje de otros agentes).

Lo que aquí afirmamos de la empresa vale también para otros muchos ámbitos de la sociedad, como la familia, el vecindario o el barrio, las asociaciones voluntarias, los espacios de ocio, las escuelas y las universidades, e incluso los encuentros ocasionales. La *empresa* es un lugar privilegiado para ese intercambio de «valores», porque, como dijimos antes, en ella concurren diversas personas con intereses, conocimientos y preferencias distintos, para llevar a cabo una actividad compartida con un propósito común, dentro de una ordenación jerárquica establecida y con importantes consecuencias sociales.

El intercambio de «valores» que tiene lugar en la empresa responde en parte a criterios comerciales y contractuales (las horas de trabajo a cambio de una remuneración), pero otros muchos no se rigen por la lógica del intercambio, sino por la *lógica del don* o del regalo (*gift*). El vendedor que ayuda al cliente a encontrar el producto que desea no está esperando una contraprestación equivalente por parte del cliente; quizá espere que su actitud sea bien considerada por la empresa, pero muchas veces no tendrá seguridad de ese intercambio.

Dirigir

Dirigir es conseguir que unas personas participen libre y eficazmente en un proyecto cuyos resultados interesan a todos, aunque por motivos distintos. Lo que esas personas esperan conseguir ya lo explicamos antes: resultados en tres ámbitos, extrínsecos, intrínsecos y trascendentes, es decir, conseguir el propósito de la empresa al mismo tiempo que cada uno se esfuerza en conseguir lo que a él le interesa o le conviene.

Naturalmente, la dimensión económica de la organización como un sistema técnico sigue estando presente cuando la vemos como una comunidad de personas, pero hay otras dimensiones de las que no se puede prescindir, porque de lo que se trata no es sólo de que los empleados colaboren de acuerdo con lo que está previsto en sus contratos, sino que se *identifiquen* con la organización y su propósito, sin instrumentalizar esos otros motivos para obtener resultados económicos.

Dirigir es una labor de síntesis entre asuntos aparentemente divergentes, que no siguen reglas fijas y que tienen resultados inciertos. Incluye orientar las áreas funcionales hacia un mismo objetivo; unir el servicio a los clientes y a la sociedad con la ganancia económica; armonizar los objetivos de los distintos *stakeholders* o grupos de interés; combinar el trabajo directivo y el operativo, y compaginar la autoridad y el poder en la dirección de personas.

Dirigir personas no es tarea exclusiva de la dirección general o del Departamento de Recursos Humanos, sino que *implica a todos* los que ocupan algún puesto directivo y, en definitiva, a todos en la organización. Para ello hay que dedicarles tiempo, tratar de conocer sus motivaciones y necesidades, corregir sus errores, animarlos, formarlos promoviendo las motivaciones necesarias para su tarea, cambiarlos de puesto si conviene... Hay que comunicar, para que todos entiendan y asuman como propio el propósito de la empresa, y para que todos tengan toda la información necesaria para las decisiones que deben tomar en cada momento. Hay que dar oportunidades de participación a todos. Hay que generar confianza, lo que ocurre cuando el empleado se fía más de las capacidades y, sobre todo, del juicio y de las intenciones del directivo que de los suyos propios. Esto se conquista día a día, cuando el directivo trata de entender siempre las necesidades de sus subordinados, lo que exige capacidad de sacrificio: dirigir es *servir*.

La *confianza* admite grados, pero siempre requiere el reconocimiento de que el que manda sabe lo que conviene hacer y puede hacerlo (tiene capacidad), está dispuesto a hacerlo (tiene integridad) y desea el bien de la empresa y de los *stakeholders* (tiene benevolencia) porque actúa por motivos trascendentes, es decir, trata de conocer las necesidades de los clientes, empleados, y se propone atenderlas, si es posible.

Algunas recomendaciones

Dirigir no significa aplicar buenas prácticas, aunque hay muchos consejos que, debidamente matizados e internalizados, pueden ser útiles. He aquí algunos de ellos:[17]

- Respeta la *vida personal*, familiar y social de tus empleados fuera de la empresa.
- Respeta su *dignidad*, libertad y autonomía personal: que quieran hacer lo que tienen que hacer porque reconocen que vale la pena hacerlo. Manda sin humillar.
- Las personas se comprometen cuando se sienten libres y ven claro el bien al que se dirigen: dales *conocimientos, capacidades y medios* para que puedan actuar y decidir eficiente y moralmente y cumplir sus objetivos.
- Que descubran *para qué* lo hacen: las necesidades *reales* de personas que las operaciones de la empresa están orientadas a satisfacer.
- Ayúdales a conocer los *motivos* profundos de sus decisiones: «¿por qué haces esto?».
- Que piensen en términos de los *demás*: «¿te gustaría que te hiciesen esto?». Ayúdales a reflexionar sobre las consecuencias de sus acciones, para ellos y para los demás.
- Enfréntalos con sus *responsabilidades*. Por ejemplo, ante un problema, pregúntales: «¿qué harías tú?».
- Que se sientan *responsables* de la aplicación de sus propias capacidades a su trabajo para poder alcanzar sus propias metas.
- Suprime los *incentivos* que puedan llevarlos a ser egoístas.
- Trátalos con exigencia amable, para que se superen y busquen siempre la *excelencia* en sus actuaciones. Ponles *retos* adecuados al nivel de sus capacidades y situaciones.
- *Fíate* de ellos —y que lo sepan—. Dales responsabilidad y medios. Corre el riesgo de su libertad y deja que se equivoquen.

17. Argandoña, Antonio, *La empresa, una comunidad de personas*, Plataforma Editorial, 2021, pp. 225-227.

- *No seas cobarde* a la hora de corregir sus fallos, pero trátalos con respeto y paciencia. Censura el error, no la persona.
- Acepta sus *limitaciones* e imperfecciones, y que ellos las reconozcan también y se esfuercen por superarlas.
- Conviene que el superior inmediato dé *feedback* frecuente al empleado, reconociendo el buen trabajo cuando lo hace, ayudándole a rectificar cuando proceda y animándole en su desarrollo.
- Procura que el empleado tenga una *visión amplia* de la empresa y de su propósito, que se mueva con naturalidad en los distintos ambientes de la empresa y de su entorno. No dificultes las conversaciones sobre problemas éticos, conflictos y fallos.
- Crea *canales de diálogo y participación* claros, fáciles de seguir y útiles para el gobierno, de modo que todos puedan dar su opinión sobre los asuntos que les conciernen, sin caer en el asambleísmo.
- Que *reflexionen* sobre lo que ocurre en su entorno. Que se impliquen en las decisiones y que tengan iniciativas.

Dirigir personas no es poner en práctica unas técnicas o programas. Empieza reconociendo a las personas, apreciándolas y dándoles confianza, para luego exigirles, no sólo porque lo necesita la empresa, sino, sobre todo, porque lo necesitan ellos. De esta manera, los empleados mostrarán lealtad y compromiso con la empresa, y serán capaces de contribuir a innovar, crear y mejorar lo que tienen entre manos.

Segunda parte

La innovación

4

Personas: el factor clave para desbloquear la innovación

por Kandarp Mehta

¿Por qué la creatividad es tan importante?

Mi carrera académica en el campo de la creatividad y por ende de la innovación en la empresa empezó con una pregunta: ¿cómo debían ser las organizaciones para que las personas fueran más creativas? Encontramos la respuesta en dos factores fundamentales. En primer lugar, el diseño de la organización y, en segundo, el diseño del trabajo. De hecho, fue revelador ver durante mis estudios doctorales que, dentro de la misma organización y trabajando en el mismo tema, diferentes personas pueden ser más o menos creativas por la diferencia en el diseño de sus papeles en la organización. Pero también hemos visto que, con un diseño que fomente la creatividad individual de una forma más amena, se puede no sólo ayudar a las personas a ser más creativas, sino también desbloquear su potencial creativo.

Pero ¿por qué la creatividad es tan importante? Porque la innovación nace de la esencia emprendedora. Si hay más motivación para la creatividad habrá más innovación. ¿Qué pasa en un proceso creativo? El proceso creativo incluye estimulación de creatividad y generación de idea. Cuando la idea generada se implementa se convierte en una innovación. Es necesario que el proceso de innovación no se pare con la creatividad, sino que se convierta en valor con la acción emprendedora. En este sentido las habilidades creativas y emprendedoras se conectan.

¿Por qué las empresas grandes no pueden innovar como las empresas pequeñas?

Las empresas grandes no innovan como las empresas pequeñas. Sí, las empresas grandes introducen innovaciones, pero la mayoría de las innovaciones que vienen de las empresas grandes son innovaciones incrementales. Estas innovaciones tienen el objetivo de mejorar los procesos e incrementar la eficiencia. Una empresa grande tiene un producto o servicio establecido y una clientela fiel. El objetivo más importante para la empresa es crecer con este producto en nuevos mercados y mejorar la rentabilidad en los mercados existentes. Por lo tanto, muchas veces las empresas grandes no tienen el incentivo suficiente para buscar una innovación radical.

Otro problema de una empresa grande es el de acceso a las ideas. A diferencia de las pequeñas, las empresas grandes tienen un problema de acceso a las ideas por la lejanía entre la dirección de la empresa y los trabajadores. Las empresas pequeñas tienen mucha comunicación informal y, debido a la cercanía entre la dirección de la empresa y los trabajadores, la comunicación es más fluida y las ideas que reciben de los empleados de nivel bajo y medio llegan fácilmente a la dirección de la empresa. En las empresas grandes esto no ocurre.

Por último, las empresas grandes tienen otro problema relacionado con el diseño de trabajo. Muchas veces el trabajo en ellas está mucho más especializado que en las pequeñas y, como consecuencia, no hay suficiente diversidad y los empleados no acceden a suficiente información o inspiración para generar nuevas ideas creativas.

Gráfico 4.1. Empresas grandes frente a empresas pequeñas

Fuente: Elaboración propia.

¿Puede una empresa grande innovar como una *start-up*? Si revisamos los informes sobre indicadores de la fundación Kauffman que han salido en las últimas dos décadas, vemos dos cosas muy claras. En primer lugar, la edad media de los emprendedores está en los cuarenta años. Y, en segundo lugar, la fuente más importante de la idea es el trabajo anterior del emprendedor. Resumiendo, la mayoría de las personas que trabajan en una empresa grande tienen un potencial emprendedor muy alto. Por eso, si una empresa grande quiere innovar como una *start-up*, tiene que aprovechar este alto potencial emprendedor que ya tiene en su plantilla.

Estrategias para innovar como una *start-up*

El proceso de innovación se puede dividir en dos fases. Primero, generar más ideas y, segundo, implementarlas. ¿De dónde vienen las ideas? De las personas. Por eso es importante diseñar un sistema donde la gente que está trabajando en una empresa genere nuevas ideas, ideas que pueden ser disruptivas y a la vez crear valor.

Y también intentar crear un ambiente donde la persona —el empleado— tenga más inspiración, más creatividad, y donde se generen más oportunidades para expresar estas ideas en la empresa.

El porqué las empresas grandes no pueden innovar como las empresas pequeñas es uno de los problemas más importantes que afrontan las grandes corporaciones que necesitan innovar y, a pesar de realizar grandes inversiones, no obtienen los resultados esperados. La respuesta a esta pregunta es muy sencilla, lo que favorece a la empresa pequeña es algo que no existe en la empresa grande: la comunicación fluida y el acceso a las ideas de los empleados.

Podemos mejorar el resultado creativo trabajando en tres áreas.

1. En primer lugar, debemos incluir la innovación como una parte de la estrategia, pero no sólo para innovar en lo que ya existe, sino también para hacer algo que no existe. Por ejemplo, en 3M, una empresa muy reconocida por sus prácticas innovadoras, hace mucho tiempo incluyeron en su estrategia un *benchmark* donde dicen que tres cuartas partes de sus ventas tienen que proceder de los productos introducidos en los últimos cinco años. Eso hace que en la empresa, empleados y directivos estén pensando en crear nuevos productos y acceder a nuevos mercados. Integrar la innovación en la estrategia de la empresa crea un contexto importante para los empleados.
2. En segundo lugar, crear incentivos para las personas. Cuando hablamos de incentivos, no hablamos sólo de incentivos económicos. Muchas veces las personas no expresan ideas dentro de la empresa por el miedo al juicio. Piensan que, si la idea que tienen no es buena, sus compañeros los juzgarán. Otra razón para el miedo por expresar estas ideas es tener conocimiento o hipótesis sobre qué tipos de ideas les gustan a los jefes. Por ejemplo, cuando un jefe siempre intenta mirar el problema desde el punto de vista económico, diciendo cosas como

«no me traigas una solución sin saber cuál es el impacto sobre el *bottomline*», el empleado sabe que no puede sugerir algo con mucha incertidumbre o sin tener la información completa. Esta actitud baja el nivel de exploración. Y esto da como resultado una actitud donde las personas siempre procuran lo cierto. No poder aguantar la incertidumbre es un obstáculo muy grande para la creatividad.

3. Otro elemento del incentivo es el incentivo extrínseco. Muchas veces las personas no generan o expresan sus ideas porque piensan que si la idea se implementa y no funciona bien, eso afectará a su carrera negativamente. Es muy importante crear incentivos para que las personas experimenten con sus ideas sin miedo al fracaso. Cuando los empleados ven que la organización está dispuesta no sólo a escuchar sus ideas, sino también a llegar a implementarlas, están más motivados a generarlas y expresarlas. Ofrecer un bonus no es la única manera de crear incentivos, asegurar que no hay penalización también es un incentivo.

Es muy importante que el empleado tenga la oportunidad de involucrarse en la actividad de generación de ideas. Es necesario crear un espacio donde el empleado pueda expresarse libremente, hacer proyectos que puedan no estar directamente ligados a la empresa, pero que pueden tener valor. El hacer es la motivación también según el modelo Verbideas que nosotros hemos desarrollado. Una persona es creativa cuando crea. Tener ideas en la mente no es suficiente. Es importante tener la oportunidad de implementarlas. Es importante para un empleado saber que existe una plataforma para expresar las ideas que se pueden implementar. Por ejemplo, un fondo interno de la empresa para invertir en los proyectos propuestos por los empleados. O crear una alianza con universidades o escuelas como IESE, donde los empleados pueden tener una formación de mentalidad emprendedora y pueden convertir sus ideas en propuestas de valor para la empresa.

Gráfico 4.2. Los tres pilares de la innovación

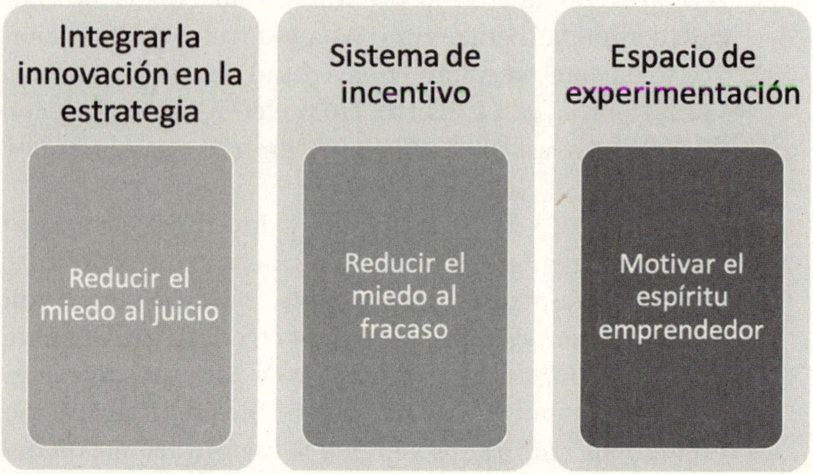

Fuente: Elaboración propia.

En resumen, los tres pilares de innovación para la empresa grande son: una estrategia con foco en la persona, incentivos para la persona para ser más creativa y crear buenas prácticas mostrando con el ejemplo que ser creativo forma parte de ser miembro de la organización de la empresa.

Hoy vivimos en un ambiente con mucha incertidumbre. La pandemia de la COVID-19 ha demostrado que nadie puede pensar que lo logrado se quedará para siempre. La innovación ya no es una opción para las empresas, es una obligación. Por lo tanto, estimular la creatividad de los empleados, captar sus ideas nuevas y convertirlas en valor es la obligación más importante para las empresas. Las estrategias desarrolladas en este capítulo forman el primer paso en esta dirección.

5

Visión y valores para una innovación atemporal: la Sagrada Familia, Gaudí y las ideas de verdad, bondad y belleza

por Yih-Teen Lee y Alberto Ribera

Tras ciento cuarenta años de construcción, la Sagrada Familia se acerca por fin a su culminación. Aunque el plan era acabarla en el 2026, no podrá ser debido a los trastornos provocados por la pandemia. Aun así, nadie duda de que la obra maestra de Gaudí se va a completar en los próximos años con tres fachadas y dieciocho torres que cambiarán para siempre el *skyline* de Barcelona.

Desde principios de la década de los dos mil, la Sagrada Familia recibe cada año un mayor número de visitantes y se ha convertido en el lugar turístico más visitado de España. Los debates sobre la conveniencia de continuar su construcción en la década de los setenta hace tiempo que se disiparon. Gente de todo el mundo se siente atraída por la Sagrada Familia porque es, literalmente, una de las iglesias más singulares que han existido, con un diseño arquitectónico altamente innovador al que hay que añadir que su legendario proceso de construcción, que dura más de un siglo, tiene como única fuente de financiación las donaciones realizadas por particulares. En algunos aspectos, estamos asistiendo a la finalización de un legado arquitectónico asombroso.[18]

Aunque fue la capacidad creativa de Gaudí la que definió el

18. Giralt-Miracle, Daniel, *Essential Gaudí*, Libros de Vanguardia, 2013.

diseño único e innovador de la Sagrada Familia, su construcción en curso depende en gran medida de un elevado número de personas de generaciones posteriores que comprendieron su visión, y que se sintieron conmovidas por sus obras y conectadas con su propósito y misión. En otras palabras, además del genio arquitectónico de Gaudí, que puso los cimientos iniciales, muchas personas de las generaciones posteriores han contribuido y se han comprometido con el proyecto para que pueda completarse con éxito. Las personas son la clave. Para conseguir unir a la gente en torno a este proyecto es necesario poseer ciertas aptitudes de liderazgo que Gaudí, sin saberlo, dominaba a la perfección en el mundo de la arquitectura de su época.

Desde el 2013, hemos estado trabajando con compañeros de profesión para desarrollar, en torno a la Sagrada Familia, una actividad mediante la cual se puedan aprender las cualidades asociadas al liderazgo. También hemos escrito un análisis, *Gaudí and la Sagrada Familia: leading beyond presence*,[19] y un artículo, «Espíritu innovador: lecciones de liderazgo de la Sagrada Familia»,[20] publicados en *IESE Insight* en el 2019. Las lecciones clave de liderazgo que solemos tratar en estos debates giran en torno a tres temas: visión, misión e innovación, que suelen calar hondo en los directivos y además son una fuente de inspiración que les insta a reflexionar más profundamente sobre sus funciones de liderazgo.

En este capítulo, adoptaremos una perspectiva ligeramente diferente para compartir ideas sobre cómo el diseño creativo de la Sagrada Familia por parte de Gaudí aprovecha las ideas de verdad, bondad y belleza —también denominadas trascendentales del ser—, para movilizar y unir a las personas y conseguir así resultados asombrosos sin ningún apoyo oficial, especialmente en el frente financiero, por parte de instituciones gubernamentales o culturales. Nuestra presentación seguirá el orden de belleza, bondad y verdad, que reflejan el cómo, el porqué y el qué, respectivamente.

19. Lee, Yih-Teen; Ribera, Alberto; y Sastre Boquet, Isaac, *Gaudí and La Sagrada Familia: leading beyond presence*, IESE Publishing, 2019.

20. Lee, Yih-Teen; y Ribera, Alberto, «Espíritu innovador: lecciones de liderazgo de la Sagrada Familia», *IESE Insight*, 1 de diciembre de 2019.

Belleza

La belleza está relacionada con la forma de expresión, el «cómo» de un proyecto. Cuando las personas visitan la Sagrada Familia, suelen quedarse inmediatamente impresionadas por su belleza expresada en un lenguaje gaudiniano único, cuyos detalles y escala son asombrosos. Aunque Gaudí tenía un fuerte apego a sus raíces locales, en Cataluña, la forma de su arte y su belleza transmiten un atractivo universal que trasciende fácilmente las fronteras culturales y llega al corazón de personas de todo el mundo. Esta belleza puede apreciarse en la rica narrativa de las fachadas exteriores, las torres y las diversas decoraciones, así como en el interior del edificio, que muestra una sencillez fluida con referencias al bosque y la naturaleza. El uso que hace Gaudí de las luces, los animales, las frutas, las plantas, los colores, las líneas y las formas geométricas estimula continuamente los sentidos de los visitantes y puede crear una fuerte resonancia emocional en ellos. Católicos y no católicos se reúnen en la iglesia y, motivados por la belleza creada por Gaudí, se sienten invitados a conectar con cierto propósito superior y trascendencia.

La belleza, expresada como forma de arte, sirve de vehículo para transmitir mensajes. Permitió a Gaudí transmitir su visión de forma atractiva y convincente en la construcción de la Sagrada Familia. En particular, sabiendo que no vería terminada la obra, Gaudí centró su atención en la construcción de la fachada del Nacimiento, que no pudo terminar debido a su muerte accidental. La belleza incrustada en la vívida decoración y la singular narración sobre el nacimiento de Jesucristo en esta fachada lograron que los posibles donantes y seguidores comprendieran la visión de Gaudí y mantuvieran sus estándares incluso un siglo después de su ausencia. La belleza es una poderosa herramienta que los directivos pueden utilizar para unir a la gente y movilizarla para una acción concreta.

Bondad

La bondad está relacionada con el «porqué» del trabajo. Como templo dedicado a la Sagrada Familia (Jesús, María y José; de ahí el nombre, la Sagrada Familia) de la fe católica, el proyecto tiene una clara misión relacionada con la bondad. Tanto las narraciones religiosas de la fachada como la referencia arquitectónica a la naturaleza llaman a las personas a ir al «Origen», o a Dios. Se hace evidente que lo que motivó a Gaudí a construir la Sagrada Familia fue servir a Dios y a las personas acercándolas a la fe. Cuando la bondad se convierte en el motor principal de un proyecto, la gente ya no se preocupa sólo por el dinero o la fama, sino que puede conectar con el propósito y el sentido de la obra. Este sentido de misión también motivó a los seguidores de Gaudí de varias generaciones a continuar la construcción, alineando su visión con la del autor, y a «mirar hacia donde Gaudí estaría mirando».

Un elemento de la bondad que Gaudí evoca a menudo es el «amor». Una famosa frase de Gaudí dice que «para hacer las cosas bien primero es necesario el amor; después, la técnica». En la obra de Gaudí, son muchos los ejemplos de ese amor: su amor a Dios, a las personas (incluidos los trabajadores y la sociedad en general) y a la propia obra. Su amor a Dios le hace buscar la perfección y superar todos los obstáculos que aparecen en el proceso de construcción de la Sagrada Familia. Del mismo modo, su amor por las personas le dio las fuerzas necesarias para seguir adelante con su obra. Su preocupación por los trabajadores se manifestó en su decisión de construir una escuela para los hijos de aquellos que trabajaban en la Sagrada Familia en aquel momento. Su amor por el trabajo le proporcionó una satisfacción intrínseca, ya que le ayudó a idear soluciones arquitectónicas dentro de las limitaciones de los recursos y la tecnología. Ese amor sigue inspirando a los seguidores de Gaudí. Por ejemplo, Etsuro Sotoo, renombrado escultor y ferviente seguidor de Gaudí, comentó: «Lo que hacemos con amor y por amor no desaparecerá con el tiempo».[21] Esto hace que nuestro trabajo sea atemporal.

21. Sotoo, Etsuro; y Almuzara, José Manuel, *De la piedra al Maestro*, Palabra, 2010.

De hecho, la bondad trasciende las culturas y las religiones y une a las personas con valores y propósitos universales. Cualquier proyecto que pueda ofrecer un «porqué» claro dotado de bondad tiene el potencial de movilizar a personas para que se comprometan con él, incluso para que sacrifiquen su interés inmediato por un bien superior.

Verdad

En nuestra opinión, la verdad aborda el «qué» de un proyecto. Tras el cómo (la belleza) y el porqué (la bondad), necesitamos el qué (la verdad), plasmado en la técnica utilizada, para anclar una visión que ha de materializarse. En la Sagrada Familia, esta «verdad» son los aspectos científicos del proyecto. Es necesario que la ejecución de la innovadora y bella forma de arquitectura diseñada por Gaudí se base en principios científicos como los de la física. En la construcción de la Sagrada Familia, Gaudí buscó constantemente las mejores técnicas y se esforzó por acercarse a la verdad. Su afinidad con la naturaleza no se debe sólo al deseo de plasmar la belleza de ésta, sino que también tiene que ver con los principios estructurales científicos que la sustentan. Observó las leyes de fuerza, funcionalidad y estabilidad de la geometría en la naturaleza, y las reprodujo en sus edificios, no sólo en la Sagrada Familia.

De hecho, la geometría está en el corazón de las formas estructurales de Gaudí, permitiendo soluciones elegantes que además aportan solidez estructural y estabilidad. Un ejemplo famoso son los arcos catenarios, cuya forma está determinada por la gravedad, es decir, por la naturaleza. Al invertirse, la distribución del peso es perfecta y equilibrada. En el diseño de la Sagrada Familia, Gaudí también utilizó otras formas y superficies regladas como el hiperboloide hiperbólico, el paraboloide hiperbólico, el helicoide recto y la parábola. Como resultado de todo ello, la visión de Gaudí puede ser muy innovadora y, al mismo tiempo, estar basada plenamente en la realidad científica. La ciencia, como forma de verdad, ofrece métodos para la innovación y para convertir la visión en realidad. Este principio también ha sido adoptado por los seguidores de Gaudí, ya que siguen utilizando las últimas tecnologías y los materiales más novedosos para crear la solución arquitectónica más adecuada para la Sagrada Familia. Mantenerse cerca de la verdad y confiar en los métodos científicos permite seguir aprendiendo siempre de forma fundamentada y evitar el riesgo de presentar sueños irrealizables en nombre de la innovación.

Integrar las tres cualidades de forma armónica

El verdadero genio de Gaudí reside en su capacidad para integrar la belleza, la bondad y la verdad. Con ello Gaudí fue capaz de combinar estructura, funcionalidad y simbolismo de forma asombrosamente armoniosa en sus edificios, especialmente en el diseño de la Sagrada Familia. El gráfico 5.1 presenta el marco conceptual de esta integración.

Gráfico 5.1. Integración de la verdad, la belleza y la bondad en la Sagrada Familia

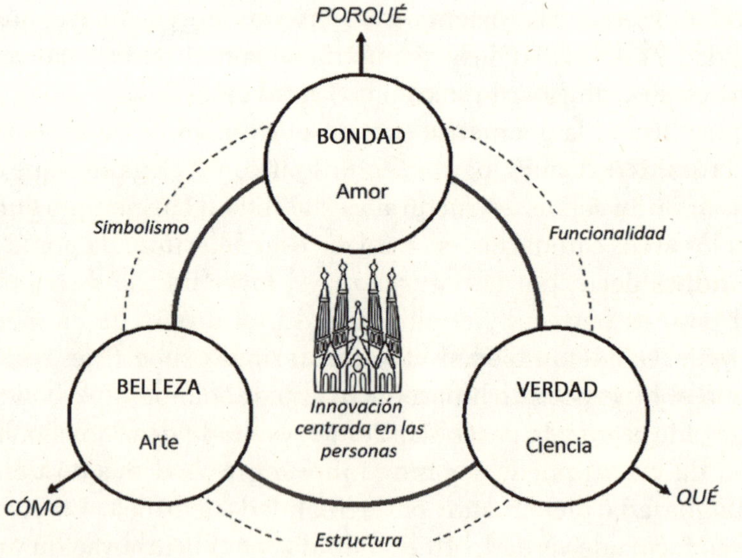

Fuente: Elaboración propia.

Podemos ver esta integración en casi todos los aspectos de la Sagrada Familia. Nos gustaría llamar la atención del lector sobre un ejemplo de esta habilidad del genial arquitecto. En 1909, Gaudí tuvo la idea de construir una escuela para los hijos de los trabajadores de la Sagrada Familia. Debido a la limitación de recursos, tenía que ser un edificio económico y eficiente que se levantara en muy poco tiempo. Este edificio es especialmente famoso por el tejado ondulado que recuerda la forma de las hojas, con los muros curvos que demostraron ser muy resistentes (es decir, la ciencia como verdad). Su sencillez y elegancia (es decir, el arte como belleza) atrajeron la atención y los elogios de otros destacados artistas, como Le Corbusier y Dalí. La intención de Gaudí de cuidar de aquellos que trabajaban en la construcción de la Sagrada Familia y de sus hijos muestra ciertamente la bondad de este proyecto. Vemos, pues, una vez más los tres elementos presentes.

Sin embargo, esto no es todo. Un aspecto menos conocido es que el diseño de la escuela contiene igualmente un significado simbólico. De hecho, su forma corresponde a tres corazones superpuestos. No es difícil adivinar su significado: se refieren a los corazones de Jesús, María y José, la Sagrada Familia. En otras palabras, se trata del amor. Este simbolismo se ha integrado perfectamente con su bella forma y con los principios científicos de su construcción. Es una forma de innovación sencilla, pero muy profunda, que puede inspirar a la gente más allá de la arquitectura.

Conclusión

El propósito de este texto es explicar cómo Gaudí y la Sagrada Familia aprovechan la fuerza de la verdad, la belleza y la bondad para unir a las personas y lograr grandes resultados innovadores. No se trata de promover a Gaudí como modelo de liderazgo. Gaudí es principalmente un arquitecto. Sin embargo, podemos inspirarnos en él y en la Sagrada Familia para defender la innovación con nuestros propios estilos, combinando verdad, belleza y bondad. Esto puede permitir a los directivos fomentar la creación de valor para las empresas e incluso sentar las bases de un legado duradero.

Con la inspiración de la Sagrada Familia, los directivos pueden empezar a reflexionar sobre las siguientes cuestiones: ¿cuáles son las formas de innovación que pueden generar una belleza que atraiga a la gente? ¿Cuál es el propósito de la innovación y cómo se pueden crear valores que sirvan y motiven a la gente? ¿Cuáles son los conocimientos y datos que pueden hacer que la innovación tenga una base científica? ¿Cómo pueden integrarse eficazmente estos tres elementos de forma armoniosa y elegante? Estas preguntas no siempre son fáciles de responder. Sin embargo, Gaudí nos ha proporcionado grandes ejemplos con el proyecto de la Sagrada Familia que pueden inspirarnos a nosotros y a muchas generaciones futuras a luchar por la excelencia, tanto en la dirección de las personas como en nuestro trabajo.

6

La creatividad no sólo va de genética: se forma

por Joan de Dou

Si una persona nace creativa o si se convierte en creativa potenciando determinados modos de hacer es una cuestión discutida. Hay cierto consenso en que la creatividad artística, como la musical y la pictórica, tiene un sustrato neurológico. Pero, en términos generales, la creatividad trasciende la personalidad. Ser o no creativo, ser más o menos creativo, depende menos de la manera de ser con que se nace —del sustrato genético— que de las actitudes que uno va adoptando en la vida y de las virtudes y habilidades que va adquiriendo.

En estas líneas se entiende por creatividad la capacidad de una persona para realizar una actividad nueva (elaborar un producto, prestar un servicio) y para inventar una manera original y más eficiente o barata de sacar adelante una tarea ya establecida. También es creativo quien crea una oportunidad (o sabe detectar y aprovecha una que aparece) que permite poner en marcha una iniciativa inédita y provechosa. Y aquel que es capaz de imaginar e implementar un enfoque radicalmente distinto a la actividad que desarrolla una organización.[22] Algunos hablan también de la aptitud de tener un pensamiento paralelo.

Sin creatividad no hay progreso. La civilización (y la empresa

22. Nueno, Pedro, *Emprendiendo hacia el 2020*, Deusto, 2009.

es parte de ella) avanza impulsada por descubrimientos e inventos, manifestaciones de un espíritu creativo que ha tenido éxito. Para la pervivencia a largo plazo de la empresa y otro tipo de organizaciones también se requiere cierta creatividad: un continuo reinventarse para no quedar obsoleto y ser desplazado por algún competidor, tradicional o nuevo. Fomentar la creatividad, propia y de los colaboradores, vale la pena.

Un prototipo de creatividad en el Renacimiento fue el florentino Leonardo da Vinci (1452-1519), una persona muy polifacética: ejerció de pintor, escultor, poeta, anatomista, botánico, arquitecto, ingeniero. Fue un prolífico inventor en muchos ámbitos. Por ejemplo, diseñó un órgano de tubos de papel, máquinas voladoras (precedentes del helicóptero), el telar mecánico, máquinas de cardar y de pulir espejos, grúas de gran tamaño, la campana de buceo, armas... En la edad contemporánea, una de las personas más creativas fue el estadounidense Thomas Alva Edison (1847-1931). Es conocido sobre todo por inventar una bombilla incandescente de efecto duradero, y el fonógrafo, aparato para grabar y reproducir sonidos.

Factores a favor

Hay factores y actitudes personales que favorecen y potencian la creatividad. Como la extensión de este escrito es limitada, aquí se exponen en formato sintético, en algún caso telegráfico:

- **Inquietud por cambiar el presente**. Aspirar a solucionar problemas y hacer mejorar en algún aspecto la sociedad. Estar dispuesto a abandonar la rutina y romper con el conformismo. Tener curiosidad intelectual y espíritu emprendedor, sentido aventurero para afrontar retos. Aceptar el riesgo de equivocarse.
- **Sentirse libre**. En la medida en que crear supone salirse del cauce establecido (del *statu quo* imperante), para que aflore la creatividad hay que sentirse libre, también interiormente. Eso implica desprenderse de algunas ideas pre-

viamente fijadas en la mente, como: «ésta es la única manera de afrontar tal situación», «aquel problema no tiene solución» o «es imposible». La innovación muchas veces surge de atreverse a relacionar cuestiones que en principio tienen poco que ver entre sí o forman parte de muy dispares áreas de conocimiento, sectores o lugares.

- **Equilibrio entre inteligencia y voluntad**. La libertad es obra conjunta de la inteligencia (por la que conocemos la realidad) y de la voluntad, que es la que adopta la decisión de actuar de determinada manera. La inteligencia predispone a la voluntad a tomar una decisión correcta cuando sus conocimientos son verdaderos (no erróneos) y suficientemente completos: dispone de todos los datos relevantes (no hay ignorancia).[23] La voluntad influye en la inteligencia en sentido positivo cuando la persona está dispuesta a aceptar y poner en práctica —aunque le resulten costosas— las conclusiones del análisis de aquello que se plantea o le plantean hacer.
- **Saber**. La creatividad es un proceso en el que entran en relación varias neuronas, que han de tener información: es preciso disponer de datos e ideas. Conocer a fondo las cuestiones implicadas es imprescindible para dar el paso de una ocurrencia brillante a un proyecto viable. Por ejemplo, antes de empezar a desarrollar un producto que uno considera nuevo, convendrá conocer lo que ya se sabe de este tema.
- **Visión global**. Los conocimientos exclusivamente técnicos o mecánicos encadenan la mente y estrechan el horizonte. Para crear hay que haber encontrado sentido a las cosas: no saber sólo *cómo* funcionan, sino también *qué* son, *por qué* y *para qué*. Estas preguntas abren a la trascendencia y ayudan a tener una visión global de la persona.
- **Humildad**. Ser humilde es estar en la verdad, conocer bien la realidad. La falsa seguridad en uno mismo es limitadora.

23. Burggraf, Jutta, *Libertad vivida con la fuerza de la fe*, Rialp, 2006, pp. 56-60.

El cultivo del buen juicio y la prudencia contribuye a que la persona sea consciente de los límites de su conocimiento y, por tanto, sepa lo que no sabe.

- **Tener criterio**. Para salir del cauce o carril establecidos sin descarrilar o estrellarse hay que tener criterio, buen juicio, discernimiento, prudencia... Manifestación de estas virtudes: ante una situación nueva, ser capaz de distinguir entre lo que es relevante y lo que es coyuntural o accesorio; saber relacionar de manera adecuada un caso particular con un principio general.

  Desde otro punto de vista, demuestra buen juicio el directivo que, antes de adjudicar una misión a una persona, valora si a ésta le conviene. Este tipo de análisis va más allá del mecanicismo, que se limita a *cómo* hay que desarrollar esta actividad, *cuándo* y *dónde* hay que hacerla, *cuánto* dinero proporcionará. Requiere una visión humanística: *quién* ha de llevarla a cabo, cómo *motivarle*, qué *costes personales y familiares* deberá afrontar.
- **Realismo**. Antes de lanzarse a ejecutar su ocurrencia, uno debe ponderar si efectivamente están a su alcance los medios necesarios para hacerla realidad. Leonardo da Vinci fue un genio, pero no logró que funcionasen bastantes de sus ingenios, quizá por no haber tenido suficientemente en cuenta que en su época no había tecnología disponible para hacer realidad lo que imaginaba. Por el contrario, Thomas Edison tuvo la habilidad de hacer efectivas casi todas sus ideas y de buscar y encontrar rendimiento económico a su aplicación. A lo largo de su vida inscribió 1.093 patentes, que impedían que el producto fuese copiado por otros y le proporcionaban unos ingresos de otras personas o empresas que utilizaban su invento. Fue uno de los fundadores de la empresa que luego sería General Electric, hoy GE.
- **Sosiego**. Dedicar momentos al silencio exterior e interior. Las ventajas de Internet y la telefonía móvil son evidentes, pero su uso compulsivo dificulta al usuario pensar profunda y creativamente. Sin pararse a reflexionar sobre lo que

se ve, oye y lee, es fácil aceptar sin cuestionarlos los datos e ideas que se presentan. Si nos atascamos, conviene dejar las ideas en reposo: no estar todo el día dando vueltas y revueltas a los proyectos. Con frecuencia la solución aflora cuando uno está desarrollando otra actividad, con la mente ocupada en la práctica de un deporte, contemplando un paisaje o una obra de arte, conversando con la familia o un amigo, conduciendo el coche.

Factores limitadores

Limitan la creatividad actitudes o factores contrarios a los que la favorecen: ignorancia, activismo, imprudencia, soberbia, miedo al cambio, acomodamiento o resignación, etcétera. También muchas carencias intelectuales y defectos morales. De nuevo se presentan sintéticamente:

- **Relativismo**. Relativismo en el sentido de creer que la verdad es lo que uno piensa, lo que se le ocurre. La verdad no está en la mente de cada persona, sino fuera de ella: ha de buscarse. La realidad es como es, al margen de cómo la perciba cada sujeto.
- **Perfeccionismo**. Es la tendencia a mejorar indefinidamente un trabajo sin decidirse a considerarlo acabado. El sujeto se fija unos estándares de calidad superiores a los necesarios y nunca considera haber alcanzado un resultado satisfactorio.
- **Voluntarismo**. Es voluntarista quien otorga mayor protagonismo a la voluntad en perjuicio de la inteligencia. El entendimiento queda supeditado al querer. La consecuencia es un esfuerzo agotador por ajustarse a reglas de conducta y procedimientos que no se han interiorizado. En no pocas personas el voluntarismo deriva del miedo a decidir: adoptan como criterio seguro un listado de normas u órdenes concretas emitidas por su superior. Para salir del voluntarismo es útil tener criterio propio y apoyarse en las

virtudes, principios firmes que «nos proporcionan el equilibrio afectivo necesario para que la razón pueda discernir rectamente el comportamiento adecuado en cada situación».[24]

- **Miedo**. Pero los elementos que más restringen la creatividad tienen que ver con la carencia de libertad causada por algún tipo de miedo:
  - *Miedo a equivocarse*. No tener iniciativa y limitarse a cumplir reglamentos (órdenes dictadas por otros) y procedimientos (modos predeterminados para ejecutar algunas tareas). Uno no se plantea el sentido que tienen y no se cuestiona su grado de eficacia, o si ha visto incoherencias no se atreve a manifestarlas.
  - *Miedo al jefe*. No sólo a superiores con mal carácter, sino también a aquellos que no delegan y adoptan decisiones en temas que son competencia de sus subordinados. Si la dirección de una empresa fomenta la innovación, pero penaliza los errores, disminuye la creatividad de los empleados.
  - *Miedo al «¿qué dirán?»*. Excesivo temor a que otras personas evalúen negativamente las propias actuaciones. En casos extremos deriva en una dolencia denominada «fobia social».

En definitiva, toda persona puede estimular su creatividad o despertarla si estaba latente. La base es el autoconocimiento de las potencialidades y carencias. Sobre este conocimiento propio, se trata de ir disminuyendo los factores limitadores (especialmente, los miedos) y, a la vez, ir incorporando o impulsando aquellas virtudes y habilidades que cada uno necesita.

24. Diéguez, Julio, *Sin que él sepa cómo*, Letragrande, 2020, pp. 82-95.

Tercera parte

Liderar personas, liderar empresas

7

Liderar es educar, una suma de inteligencia y carácter

por Guido Stein

> La vida siempre es enormemente complicada para alguien sin principios.

Un rasgo característico de nuestra época es que lo común y corriente es pensar poco y de cualquier manera; no son muchos los que piensan y menos los que discurren con acierto, es decir, los que piensan bien para actuar bien.

Para pensar bien se precisa, en primer lugar, amplitud de visión para considerar todos los aspectos pertinentes del asunto, dando a cada uno la prioridad explícita oportuna; en segundo lugar, supone profundidad, es decir, conocer los hechos con el nivel de detalle preciso; y, en tercer lugar, entraña anticipación de las consecuencias previsibles de las acciones. Pensar bien, en definitiva, favorece elegir la mejor acción de entre las posibles.

Otro rasgo que afecta de lleno al desarrollo personal es que vivimos en un modelo social organizado por y para adultos infantilizados (muy cercano al llamado «perfil Peter Pan»), que han sido colonizados por una adolescencia que se alarga y alarga, resultado de la desidia y falta de esfuerzo, situación desconocida antes en la historia, que tiene en parte la causa en que la entrada en la madurez se haya retrasado casi una decena de años, a la vez que en los ya maduros brota una segunda adolescencia, con notas más virulentas que las que tiñen la primera.

La formación de la inteligencia

El primer paso es recobrar un espíritu de finura, según Blaise Pascal, donde cada realidad es irrepetible e insustituible, y lo menos sustituible de todo es la persona. El crecimiento de una persona comienza por su formación y educación. Educar requiere valentía y fortaleza porque supone exigencias para el educador, que enfrenten a las personas con su mejor versión posible. Se educa la inteligencia y se entrena la voluntad; la materia sobre la que se actúa son los conocimientos y las habilidades prácticas; se fortalece el carácter a base de desarrollar hábitos, que se traducen en comportamientos, frecuentemente reflejos.

El auténtico crecimiento educativo, la madurez personal e intelectual, no se logra en medio del activismo ruidoso, sino a través de la reflexión serena que precisa de tranquilidad y quietud, porque para pensar hay que pararse a ello. No se trata de ser capaces de hacer más cosas, sino de llegar a ser más por ser más. De ahí la necesidad de ser, en alguna medida, contemplativos en medio del mundo; necesidad que no se satisface plenamente con sucedáneos más o menos de moda, como las prácticas de meditación de matriz oriental.

Educar no equivale a adiestrar ni a transmitir habilidades, siendo algo valioso por práctico, sino a «enseñar a pensar con rigor y entusiasmo»,[25] para lo que hay que superar el conformismo imperante, caracterizado por los cortos vuelos pragmáticos, fruto de bulimia consumista y anorexia cultural.

Las cosas importantes de esta vida no se enseñan, sino que se aprenden a base de ensayo y error, un afán que madura y da fruto sólo con tiempo y esfuerzo. No hay otro modo cabal de afrontar una realidad que es variada y variable, y que cada vez hay que contextualizar por ser coyuntural y pasajera. Lo que resulta vital

25. Alejandro Llano, profesor y rector de la Universidad de Navarra.

es saber, llegar a saber, a aprender. El conocimiento es un rendimiento que enriquece a quien lo posee; en definitiva, se trata de un viaje que consiste en avanzar hacia el yo más íntimo.

Una de las necesidades imperiosas de los miembros de la generación más joven —como les ha ocurrido, con distintos matices, a todas las que la han precedido y les acontecerá a las que la sucedan— es entender qué son y qué quieren a carta cabal. Las personas somos realidades poliédricas, que no nos dejamos capturar por explicaciones unidimensionales; precisamente el verdadero humanismo, que es siempre nuevo por renovado en cada persona, se distingue por apostar por una visión pluridimensional amplia y a la vez unitaria, con sentido del hombre y de su mundo.

El esfuerzo determinado por adquirir una formación profunda y actualizada, no construida con base en meros datos y eslóganes, sino sobre criterios y valores, principios fuertes a la vez que adaptables a las coyunturas vitales, es una responsabilidad intransferible de cada persona. Esos principios se trasmiten por ósmosis, convivencia y cercanía, y, precisamente, ésa es la influencia recíproca entre padres e hijos, jefes y subordinados, o colegas, entre generaciones. La permeabilidad demanda diálogo, estudio y reflexión, sin evitar las dimensiones profundas de la realidad y las cuestiones que apuntan a la trascendencia. Se trata de cultivar una actitud y desarrollar unos hábitos vitales en cada generación, que son absolutamente necesarios y que no se trasmiten sin dedicación y esfuerzo de la anterior. Quizá ésa sea la mayor carencia desde el inicio de este siglo XXI, y sus consecuencias empiezan a salir a la luz.

Los jóvenes de cada generación han de descubrir por sí mismos que la fecundidad de esta actitud de entrega y esfuerzo es más importante para ellos que la eficacia a corto plazo o el bienestar. Supone el tronco de la libertad y, por tanto, de la creatividad, que se riega con dosis de sacrificio y esfuerzo no compensados inmediatamente: «Se supera así —subraya Llano— esa inmadurez hedonista, ese infantilismo sentimental que está en la raíz de tantos fracasos educativos y sentimentales».

Para desarrollar a las personas no es suficiente, aunque sin duda ayuda, que se lo pasen bien y se les ahorren obstáculos inútiles; por mucho que haya progresado la tecnología, sí conviene afrontar las dificultades y los esfuerzos para lograr llegar a ser lo que se puede ser, que es el núcleo de la verdadera autenticidad; y es necesario subrayar el riesgo de que uno mismo se disuelva o disperse en las infinitas identidades que nos ofrecen los juegos informáticos o las propias redes sociales. Los más jóvenes no necesitan ahorros de esfuerzos, pues son sacrificados para lo que les interesa, sino que necesitan empeñarse con un sentido que les llene como personas. El conocimiento es sólo para quien lo trabaja, es decir, para quien piensa; no hay conocimientos innatos ni automáticamente transferibles; para saber hay que llegar a saber, pues saber y aprendizaje son inseparables, y constituyen la fuente e inicio de los cambios, aunque su motor efectivo sea la voluntad.

Si a las nuevas tecnologías, y su carácter de multimedia, se les quiere sacar el maravilloso partido que pueden ofrecer, es esencial advertir que son medios y no fines, que sirven en la medida en que lo hacen para otra cosa de mayor valor que ellas mismas y su uso. Su mera instalación o empleo no aumenta el conocimiento o la felicidad. El secreto reside en que nos ahorran un tiempo a la vez que multiplican su eficacia, pues nos evitan gran cantidad de tareas rutinarias, lo que nos permite dedicarlo a algo que nos rinda más como seres racionales.

En la sociedad del conocimiento y la desidia, la clave no se halla en lo sabido, sino en el saber, fruto del esfuerzo sostenido. La creatividad y la innovación, tan íntimas a nuestra generación, proceden de la capacidad intelectual, emergen de la inteligencia cultivada, no amueblada, y perseverante. Lo importante ahora es avizorar el futuro y proyectarlo; en todo proceso de cambio, lo básico y decisivo es acertar con la nueva dirección, que no se justifica por el éxito logrado, sino por la capacidad de lograr un éxito nuevo.

La educación del carácter

«La capacidad de sufrimiento define la calidad de un ser humano», sostiene el filósofo alemán Friedrich Nietzsche; aunque no hay duda de que conviene evitar o reducir el dolor y su impacto, su presencia o la posibilidad de sufrirlo confiere seriedad a la vida de cada uno. Es un rasgo que nos hace conscientes de que esto es real y va en serio. No se trata en absoluto de buscarlo en un afán patológicamente masoquista, pero tampoco de hurtarlo, pues con él se roba la capacidad de aguantar ante las adversidades que presenta la vida a todo el mundo. La última generación no se distingue por su capacidad sostenida de aguantar lo que no le gusta, que es un resultado básico de saber sufrir; menos aún la caracteriza la capacidad de afrontar lo que ahora, con demasiada facilidad, se denomina frustración; y éste es un rasgo del que se han contagiado sin la menor dificultad las demás generaciones posteriores con las que coincide. Basta con recordar el choque brutal que ha supuesto la última y terrible crisis financiera, cuyas consecuencias sufren aún hoy, diez años después, innumerables millones de personas.

Una de las claves de una buena educación aparece al encarar lo que no nos gusta, nos disgusta, e incluso nos desestabiliza emocionalmente o nos aturde moralmente: ¿qué hacer? Basta con plantearnos la pregunta para que la respuesta haya de comparecer; evitarla es ya una opción vital que entraña la seguridad de que volverá con mayor intensidad. La realidad nos presenta con tozudez su lado áspero, porque lo tiene; no querer verlo sólo presagia un mayor desagarro; aceptarlo como parte del paisaje vital, como compañero de viaje, supone ganar en realismo y, por tanto, en la probabilidad de acertar con una respuesta, que como todas las pertinentes, será siempre personal e intransferible. Asumirlo como una oportunidad de aportar a los demás significa armarse para el reto de ganarle terreno a la pereza y a la desidia. Se trata en definitiva de que afrontar la realidad les ayude a crecer en experiencia y sensatez.

Si no estamos en condiciones de conocer la verdad del dolor

y sobrellevar sus consecuencias, no podremos actuar con plena libertad. Se trata de una conexión esencial.

Instinto ético: la nobleza de los sentimientos

Donde nos la jugamos es en acertar con los objetivos que nos proponemos, más que en conseguirlos. Para alcanzar una vida feliz, o, como dice Aristóteles, lograda, las emociones y los sentimientos desempeñan un papel insustituible por la inteligencia y sus conocimientos, ya que nos prestan una cierta orientación acerca de qué está bien y qué mal.

Los sentimientos y las emociones ayudan a interpretar las situaciones complejas, que los hechos presentan de modo mostrenco, y lo hacen con una cierta anticipación, penetración e inmediatez que escapan a la inteligencia; aportan lo que se denomina un conocimiento connatural o empatía. Actúan como un sismógrafo antes que la inteligencia, que luego aportará el enfoque esencial para interpretar ajustadamente lo sentido: la inteligencia sin los sentimientos está vacía; los sentimientos sin la inteligencia son ciegos.

Las virtudes, que ahorman la inteligencia y la voluntad, no son habilidades o destrezas, y su carácter tampoco es innato, sino que se adquieren por el ejercicio repetido. Ni los jóvenes son sinceros por ser jóvenes, ni los viejos son sabios por ser viejos. Como apunta Aristóteles en la *Ética a Nicómaco*:

> Para saber lo que tenemos que hacer, hemos de hacer lo que queremos saber... No adquirimos los sentidos por ver muchas veces u oír muchas veces, sino a la inversa: los usamos porque los tenemos, no los tenemos por haberlos usado. En cambio, adquirimos las virtudes por el ejercicio previo, y no de un modo individual, sino en comunidad.

Cuando uno todavía no es bueno, ha de comportarse como si lo fuera, por obra de una educación hecha de enseñanzas, buenos ejemplos, reproches y rectificaciones; de hecho, la decisión y acción correctas son las corregidas. Como no hay reglas para aplicar las reglas, se requiere un conocimiento cuasi intuitivo de la situación concreta y la exigencia ética implicada. Nuestras decisiones no están siempre y completamente respaldadas por el saber explícito y formal; de ahí que la experiencia moral tenga mucho de experimento: en la acción humana la necesidad de decidirse excede las posibilidades del conocer.

La elección o decisión consiste, según Aristóteles, en la colaboración entre un saber que uno no sabe y un querer saber lo que no se sabe; en definitiva, el hombre es un *deseo inteligente*, de ahí que haya que trabajar en ambos elementos antropológicos. La decisión apunta a un decidir que es siempre, simultánea e inseparablemente, un decidirse que se traduce cada vez en un compromiso y un esfuerzo concretos. Al hilo de esos empeños morales se construye un instinto ético: una persona noble es aquélla a la que lo bueno le parece bueno y por eso le gusta. Todos podemos, y por eso debemos, crecer en nobleza.

La decisión incluye una tendencia recta, por rectificada, y un conocimiento verdadero, por reflejar la realidad. El éxito de la propia vida no es innato, sino adquirido; no se hereda, sino que se logra; no viene inscrito en la frente, sino que es fruto del esfuerzo. Todos nos encontramos ante la alternativa de la alegría y la desgracia, que no se deben hurtar a nuestros hijos, o a quienes de nosotros dependen, sino enseñar a encararlas como recomendaba Rudyard Kipling.

La felicidad es «lo mejor, lo más hermoso y lo más agradable», continuaba diciendo Aristóteles en *Ética a Nicómaco*; todo lo demás es un medio o un instrumento, que no son aquélla, pero sin los que no se alcanza; no se puede llevar una vida miserable, o sin amigos, y ser cabalmente feliz. No obstante, la sobriedad inducida en una persona joven —y en quien ya no lo es— por andar corta de dinero la ayudará a valorar a las personas más que a las cosas. La felicidad no es algo que se consiga a fuerza de buscarla, como la comodidad o el placer, sino un rendimiento vital conseguido, que sólo se alcanza con el esfuerzo sabio de toda una existencia.

La persona feliz posee un temple que no es inconstante ni

variable, que las desgracias, los vaivenes y la desilusión inseparables de la vida humana pueden erosionar, pero no derribar; le ayuda a afrontar lo único que el hombre y la mujer no pueden cambiar y que entraña la realidad absolutamente irrepetible que es la muerte.

Un apunte sobre el éxito

La moda a favor del talento de alto rendimiento, el éxito de los ganadores, el afán por ser más o triunfar a toda costa, empaña una verdad perenne, cuyo olvido se halla en la base de las patologías personales, morales, sociales y empresariales que padecemos; que lo oigamos todos, también los *millenials*: **Lo importante no es ser el mejor, sino ser bueno.**

Tabla 7.1. Liderar educando la acción emprendedora para crecer en... (Buscar verdad, encontrar bondad y hacer belleza)

AUTENTICIDAD	DESARROLLO DEL VALOR	ARMONÍA
Esfuerzo y métodos para trabajar la realidad, empatizando, percibiendo, mirando, trayendo a la consciencia.	Esfuerzo y compromiso para crecer en nobleza, ver lo bueno, elegirlo y definirlo. Relacionando, intuyendo, probando e ingeniando para cancelar y evitar negativos.	Esfuerzo y método para rehacer la realidad, para empezar, originar y construir el logro nuevo que representa la innovación: foco (pensar qué quiero hacer), *quantum* (conocer la realidad disponible para hacer lo nuevo).
Enriquecer, conocimiento, evidenciar.	Elaborar con entendimiento, compasión para ver lo bueno.	Voluntad de construir, sistema, persistencia.

Fuente: Elaboración propia.

8

Liderar la innovación con eficiencia: lo que un líder debe saber

por Mireia las Heras

Sólo las personas podemos liderar

Que las personas son las artífices del valor no sólo significa que ellas son las que aportan ideas y soluciones, sino también que son las que se conocen y entienden entre ellas. Sólo las personas tienen la capacidad y empatía necesarias para identificar sus necesidades y definir los mejores modos de satisfacerlas, y son las únicas que pueden captar la totalidad de lo que supone ser.

Por ejemplo, solamente una persona puede comprender que otra con discapacidad, o capacidad alternativa distinta de lo habitual, necesita relacionarse, y buscar además los medios tecnológicos, sanitarios, psicológicos y hasta terapéuticos para satisfacer esa necesidad. La máquina podrá ayudar a medir la capacidad de asimilar el oxígeno, o de movimiento, fuerza, velocidad, audición o visión, por citar algunas, pero no puede deducir las necesidades psíquicas, afectivas o emocionales para sentirse estimado, para sentirse integrado, ni sus capacidades para sentirse realizado y poder crecer como individuo.

Por consiguiente, solamente las personas pueden liderar. Es preciso convencerse de lo que supone para el liderazgo la realidad de que sólo las personas seamos capaces de captar nuestras necesidades, nuestra potencialidad y nuestras limitaciones. Somos personas en relación con otras y el liderazgo siempre trata de entenderse y servir a otras personas. Esto sitúa la tecnología, las bases de datos y la digitalización como herramientas para medir y precisar correlaciones de datos. Es decir, los líderes ejercitan esa capacidad de asimilar, de conocer, de comprender y de integrar que sólo se da en el ser humano, ayudados por la tecnología y otras herramientas que son y tienen que seguir siendo precisamente eso, herramientas. Los algoritmos o lo extraído de una base de datos no pueden tomar decisiones porque, además de estar sesgados por decisiones previas, no pueden captar la totalidad de la persona. De hecho, cuando se habla de inteligencia artificial se incurre en una contradicción, porque la inteligencia es natural y pertenece al ser humano. Lo que es artificial es una deducción, una extrapolación de datos, pero no es inteligencia.

Las personas, y también los líderes, se hacen, crecen y se desarrollan

Nacemos sin haber desarrollado todas nuestras potencialidades. Se habla de personas con alto potencial para referirse a aquellas que asimilan con mayor rapidez la formación en algún área específica, como podría ser el diseño, la generación de algoritmos, tocar un instrumento musical, practicar un deporte o las lenguas, entre otros, llevándola incluso más allá de lo que se le ha enseñado de una manera más o menos evidente.

Pues bien, el potencial con el que las personas nacemos se va alcanzando a través de las experiencias que adquirimos en nuestra familia, en nuestro entorno social, educativo y, por supuesto, laboral. Las personas necesitamos a los otros para crecer, somos sociales, aprendemos y mejoramos nuestras potencialidades haciendo. Esto quiere decir que trabajando nos hacemos. Así, cuando servimos a los clientes, externos o internos, desarrollamos alternativas para solucionar sus problemas y los de personas de nuestro equipo, colegas y colaboradores, nos hacemos efectivamente. Por lo tanto, con nuestro trabajo no solamente ganamos un dinero, recibimos alabanzas y conseguimos una reputación, sino que también crecemos y nos desarrollamos. Nuestro trabajo constituye un área de excelencia en la que nos construimos como personas, como ciudadanos y como miembros de la sociedad.

También el líder, a través de lo que hace, puede mejorarse o empeorarse a sí mismo. Una persona que vive la integridad en su trabajo se hace íntegra, una persona que ejercita la creatividad se hace creativa, una persona que ejercita la generosidad se hace generosa. El líder también crece en sus competencias. Se hace más empático, más comprehensivo, más relacional, aprende a ayudar más a crecer a las demás personas en la medida que lo ejerce.

Liderar según los tres ingredientes de la acción emprendedora de las personas[26]

Potenciar la comprensión de la realidad, buscar verdad

En la acción emprendedora se ha de partir siempre del instante social económico-político en el que nos encontremos. No puede nacer de la ilusión volátil, quizá infantilizada, de un sueño. No, la acción emprendedora sólo es posible sobre la realidad y no será real si parte de datos falsos o excesivamente incompletos o de una necesidad irreal. Es decir, debe responder a lo que ciertamente ocurra en la persona y sociedad a los que irá destinada con un resultado de valor que sea un bien o servicio que mejore su situación.

Por ejemplo, está claro que no se emprende ni se crea valor fomentando la drogodependencia, al contrario, se ocasiona una pérdida de libertad y un empeoramiento en las condiciones de la salud. Éste es un caso extremo que ilustra la destrucción de valor que se deriva de una necesidad no real. La comprensión de lo

26. Se entiende como «acción emprendedora» de la persona su acción de creación de valor. El proceso emprendedor es un proceso de creación de valor, emprender es crear valor.

que las cosas son en su realidad ya representa poder acelerar la creación de valor, porque permite orientarse hacia la sostenibilidad desde el principio. Hay que partir siempre de la realidad de lo que son las cosas y de cómo la innovación verdaderamente afecta a los usuarios o consumidores del bien o servicio.

El líder debe impulsar el contacto con la realidad y su conocimiento en la organización, entre las personas que dirige, tanto con respecto al mercado, los competidores, los clientes, los proveedores y el entorno, entre otras realidades externas, como en lo que se refiere a los recursos y operaciones de la propia empresa, a sus procesos, sus productos, sus resultados y la efectividad en general de su actividad empresarial, entre otras realidades internas. Se trata de potenciar la búsqueda de realidad, actualizar su conocimiento desde distintas perspectivas en los distintos niveles de la organización para nutrirla del realismo necesario para crear valor.

Estimular la elaboración de valor, encontrar bondad

La acción emprendedora tiene que encontrar bondad para crear valor. No es una bondad vinculada a creencias religiosas que, por supuesto, tenemos que respetar en cualquier parte del mundo. Estamos hablando de la bondad de lo que sirve a la persona directa o indirectamente. A la hora de definir propuestas de valor es clave que el criterio sea servir a esa persona, o grupo de personas, a tener una vida mejor, sea en el campo de la medicina, de la nutrición, de la educación, del deporte, de las comunicaciones, en nuestro tiempo de ocio o en cualquier ámbito. Esto significa también que hay que conocer cuáles son los límites de esa propuesta, producto o servicio para comunicar y evitar eventuales efectos negativos. Por lo tanto, para servir hay que volver siempre a la realidad, buscar la verdad de lo que son las cosas y cómo puede afectar de un modo positivo o no a los que vayan a estar utilizando aquel bien o servicio.

Esta bondad, servir a la persona que vaya a recibir o que vaya a utilizar el bien o servicio, puede consistir en que crezca intelectualmente, en hábitos positivos, en que tenga unas mejores condiciones de salud o en que no las empeore, también en que no ponga en riesgo su seguridad financiera o social o emocional. Cualquier acción emprendedora debe tener en cuenta el bien de la persona que vaya a utilizar ese bien o servicio y todos los efectos que la trascienden, que van más allá, impactando con perjuicio personas y sus necesidades reales.

Promover planes y acciones siempre con propósito, hacer belleza

Grandes arquitectos, diseñadores de moda y productores de cine de tiempos no tan lejanos tuvieron en cuenta la belleza cuando crearon obras de arte que perduran, buscando que tuviesen un impacto en las personas para llevarlas a la reflexión, sensibilizarlas o moverlas hacia temas y direcciones diversas. Por el contrario, en la actualidad, parece que nos estamos acostumbrando a convivir con feísmos, con lo grotesco, lo que no es sereno pero sí estridente y que no nos lleva a conectar con nosotros mismos, con nuestra propia naturaleza, con el medioambiente, ni siquiera con la trascendencia de nuestras acciones.

La belleza que busca un impacto, que mencionaba al principio, es mucho más que apariencia. Aunque en algunos casos destaque la estética y lo visual, es potenciar planes y acciones con sentido: un propósito que hay que mantener presente en todo momento en la organización como los artistas lo tenían en su creación. Este sentido, además, será lo que conferirá armonía a la acción de diferentes personas trabajando en la misma empresa, en un nosotros compartido.

Cualquier acción emprendedora que se haga con un sentido debería ser mucho más apoyada por los inversores, porque en sí misma es un bien para cada uno de nosotros y la sociedad. No me refiero a acciones que fomenten el arte en su más pura esencia, como expresión de una interioridad, de esa policromía, de esa capacidad de entender mejor el entorno. No, estoy pensando en líderes de fabricantes de automóviles o de componentes de automoción, que hacen belleza dando espacio a la seguridad de las personas que vayan a utilizar sus vehículos y teniendo en cuenta materiales que después se van a reutilizar para conseguir un entorno mejor, o de otras empresas industriales y de servicios que trabajan en sectores tan diversos como la salud, la alimentación, la maquinaria pesada, la confección, la energía, las telecomunicaciones, entre otras, que hacen belleza, innovando con nuevas realidades con valor y sentido para las personas.

Mantener vivo el propósito en la organización y movilizar la profundización en él

Dada la importancia del propósito en la acción emprendedora, es tarea principal del líder comunicar la misión, hacer profundizar en todo momento a las personas en el propósito para que ellas puedan desarrollar valor en sus realidades respectivas y crezcan haciéndolo.

Hace falta claridad en la definición de cuál es la misión, saber por qué estamos en una organización. Es necesario dejar claro el resultado que se espera, cuál es el propósito, sus vertientes y su riqueza. No será el mismo trabajando en un hospital que en una empresa de programas de juegos infantiles. Por ejemplo, la misión de un hospital podría ser no sólo devolver la salud física, sino también la anímica, la serenidad, a personas que están sufriendo por el motivo físico o psíquico que sea, y quizá también a sus familiares. En una empresa de juegos infantiles la misión podría ser entretener, pero con un propósito, en una dirección determinada, para conseguir algo que les sea muy relevante como puede ser una educación en valores, en algún tema o técnica específicos.

Esta misión, que es distinta en cada empresa y que también se declina diferente en cada puesto de trabajo, tiene que estar clara y los líderes deben mantenerla viva. Es clave para desarrollar competencias, para que las personas puedan aportar según como son y experimentar, para que sepan trabajar juntas, para que sepan en qué dirección crean valor, para que sepan pedir ayuda, proponer inversiones, plantear retos de innovación.

Fomentar el «nosotros» en la organización

Hemos dicho que el propósito ayudaba a construir un nosotros y también la empatía. Juan Antonio Pérez López decía además que el primer requisito para poder fomentar la motivación altruista, es decir, la motivación para aportar y contribuir al otro, era no poner impedimentos a que el otro aporte.[27] Esto es, que alguien esté siendo generoso, dé su tiempo, comparta su talento o ayude a otros a desarrollarse en ningún caso puede estar reñido con su evaluación del rendimiento o con sus metas personales.

Ocurre, en ocasiones, en empresas que toman la aportación individual como medida de evaluación, que algunas personas pongan la zancadilla a otras, que no quieran dedicar el tiempo necesario para enseñarle, o que no deseen ir más allá para solventar la necesidad de un cliente en un momento dado, porque eso pueda ir en contra de sus aportaciones individuales.

Por lo tanto, muchas veces, lo primero que hay que hacer en las empresas para fomentar el nosotros es eliminar los impedimentos a que las personas quieran fomentarlo. Las personas por naturaleza somos sociales, nos gusta relacionarnos, nos sentimos satisfechos cuando tenemos relaciones sociales positivas de amistad, de confianza, de cariño mutuo, de respeto... Sin embargo, si se fomenta un exceso de competencia entre los empleados, se hace también que no se busque el bien del otro, esa aportación al otro, esa contribución que le ayudará. Se trata de evitar todo lo que sean medidas individualistas del rendimiento.

Por otra parte, en el mundo actual, las contribuciones de valor con mucha frecuencia provienen de una multitud de factores. Es muy difícil que en investigación, en ventas, en servicio al cliente, en generación de algoritmos, en resolución de problemas o en producción, por citar algunos ejemplos, una persona sola consiga buenos resultados, porque hacen falta conocimientos múltiples, experiencias variadas, competencias distintas. De ahí que

27. Pérez López, Juan Antonio, *Fundamentos de la dirección de empresas*, Rialp, 1993.

las empresas que tienen el reto de fomentar el nosotros deban empezar evitando medidas que lleven al individualismo.

Instaurar sistemas y procesos coherentes con las personas

Todos nacemos capaces de crear valor, artistas de alguna manera. El problema es que, a veces, después, esa capacidad creativa y artística queda sofocada debido a interacciones en el sistema educativo, en el entorno y también en el mundo laboral porque se favorece la estandarización, el seguimiento de procesos operativos para la eficacia y eficiencia. Todas ellas cosas buenas, pero que deberían ser compatibles con dejar espacio para que las personas piensen sin ahogar su propia creatividad y capacidad de ver el mundo desde una perspectiva absolutamente distinta.

Por este motivo, lo que debe hacer el jefe o líder que quiere promover la creatividad y la innovación es quitar esas capas que sofocan la capacidad innovadora, creativa y proactiva de las personas que están trabajando con él. Así deberá preguntar mucho, dejar espacio a la aportación, poner los medios para hacer pequeños experimentos, habilitar modos que permitan a las personas expresar y decir cuáles son sus percepciones, cuáles son sus sugerencias y también equivocarse sin consecuencias negativas para ellas. Creo que en esto el líder, más que poner, lo que debe hacer es quitar obstáculos.

Las personas aportamos con nuestra subjetividad, con nuestra experiencia, con nuestros conocimientos y con todo aquello que hemos sido capaces de elaborar internamente. Por lo tanto, en las empresas hay que trabajar para que puedan aportar y que tengan autonomía en la resolución de problemas y de necesidades de los clientes internos o externos. Cuando se crea, se inventa, se innova, las cosas no salen bien a la primera, y hace falta generar una tolerancia entre los que dirigen u organizan entornos laborales hacia el error de las personas. Por supuesto, tienen que ser equivocaciones controladas, que no generen daños irreversibles en la salud o en la seguridad de nadie. Pero es necesario abrir espacios para hacer posible esta capacidad y que exista el deseo por parte de los trabajadores de probar en un entono de seguridad psicológica en el que puedan crear e innovar para que se hagan proactivos, innovadores y emprendedores. Al mismo tiempo se deberán poner en marcha sistemas que ayuden a prestar mejor servicio al cliente, con mayor eficiencia tecnológica, con un impacto menos negativo en el entorno y más positivo en todas las personas. Una tarea importante del líder es organizar el seguimiento de la efectividad del logro del propósito en sus vertientes clave, no sólo económicas, de los objetivos, de los planes, del crecimiento de las personas. Un seguimiento objetivo, del que aprender para redireccionar, sencillo, que incluya incluso la autoevaluación.

9

De cómo las virtudes potencian el liderazgo

por Ignacio Ferrero

Una aproximación a la figura del líder

Hablar de liderazgo es entrar en un mundo altamente complejo.

A lo largo de los siglos se ha reflexionado mucho sobre la figura del líder. Las primeras teorías sobre el liderazgo surgen en el contexto político, analizando a reyes y gobernantes, y en el contexto militar o bélico. La misión principal de estos regentes y gobernantes era defender a su pueblo de invasiones extranjeras. En el siglo XX, emerge una nueva acepción del líder, al compás del desarrollo de las organizaciones empresariales. Conforme se fueron creando las primeras empresas, y éstas fueron creciendo en tamaño y complejidad, la literatura empresarial se fue fijando en la importancia del directivo de estas organizaciones, dando lugar a una nueva disciplina, que se ha mostrado tremendamente prolífica: el liderazgo directivo.

En 1930, Lewin, Lippitt y White escribieron un artículo en *The Journal of Social Psychology* titulado «Patterns of aggressive behavior in experimentally created social climates» que se considera como la primera piedra de la literatura del liderazgo. A partir de ahí, y durante las siguientes décadas, el liderazgo se fue convirtiendo en uno de los temas más tratados en la literatura empresarial. Actualmente, esta literatura es enorme, y su importancia en parte se debe a los inmensos retos y dificultades a los que se enfrentan los actuales directivos de las corporaciones: las empresas se han hecho más grandes y complejas, el ritmo del cambio se ha acelerado, ha aumentado la competitividad, los mercados de capital son más volátiles, existe una mayor diversidad social y cultural, surgen enormes desafíos sociales y ambientales, existe una gran incertidumbre política y regulatoria y, por último, las tecnologías disruptivas y la inteligencia artificial están cambiando las industrias en todo el mundo.

En este mundo volátil y cambiante, la disciplina del liderazgo directivo pretende definir cuáles son las características más importantes que deben encarnar las personas al mando de la dirección de las organizaciones.

El estudio de las necesidades en la dirección de las organizaciones ha dado lugar a infinidad de teorías del líder, dependiendo de si el foco de atención se centra en unas cuestiones o en otras. Parece razonable que una estructura organizativa empresarial que sea jerárquica y rígida necesite un directivo de perfil muy distinto que el que necesita una estructura organizativa plana, dinámica y cambiante. En el primero conviene que el directivo sea una persona ordenada, rigurosa y sistemática, mientras que, en el segundo caso, el directivo deberá ser más bien empático, motivador y ágil. Es importante tener claro que en general un perfil no es mejor que otro, sino que lo es para una empresa concreta. Cada perfil es distinto, y necesario de modo distinto también, por eso lo importante es buscar el que se ajuste mejor a las necesidades de cada organización.

Por otra parte, las necesidades a lo largo de las distintas fases de la vida de una empresa no son las mismas. No es igual dirigir una empresa consolidada, que disfruta de una buena senda de crecimiento y en un entorno con pocas amenazas, que esa misma empresa en un momento en el que necesite una reconversión, un cambio más o menos fuerte, bien por desgaste, por apatía, por acomodamiento, o bien porque la competencia le está ganando terreno peligrosamente. En esas circunstancias, o cambia o perece, o incluso puede que ya esté cerca de la quiebra sin saberlo. En el primer escenario, la empresa necesita un directivo seguro que destaque sobre todo por su orden y consistencia, mientras que en el segundo caso necesita un líder renovador, creativo y creíble.

La gran mayoría de las teorías sobre el liderazgo se mueven por un mismo objetivo: definir qué es un líder, intentar aislar los elementos definitorios de un líder. En definitiva, responder a la pregunta sobre cuáles son los rasgos esenciales que definen la figura del líder, y cómo diferenciar un buen líder de uno que no lo es, es decir, ¿cuándo podemos decir que un líder es un buen líder?

Sería reduccionista decir que un líder se define sólo por su capacidad para amasar seguidores o implicarlos en la búsqueda de un objetivo común. No basta con tener seguidores para ser considerado un líder. Para empezar, habría que distinguir si ese seguimiento es fruto del poder o de la autoridad, una distinción clásica en los estudios sobre el liderazgo. El seguimiento por obediencia al poder establecido es real pero no es auténtico, su fundamento es la coerción, ya que no hay más remedio que obedecer. Mientras que el seguimiento por autoridad, es decir, porque la persona al mando tiene autoridad moral sobre sus seguidores y le siguen abandonados a su criterio, hunde sus raíces en la confianza, que es un fundamento mucho más sólido, y que no cambiará cuando el líder deje de estar investido con poder.

Por eso, es pertinente preguntarnos si tenemos que esperar algo más de los buenos líderes. Ésta es una de las cuestiones más recurrentes en los estudios del liderazgo, como han puesto de manifiesto los académicos más influyentes en estas cuestiones.[28]

La historia está plagada de personajes que han puesto sus condiciones de mando al servicio de propósitos perversos o corruptos. ¿Cabría cabalmente considerar a estas personas líderes en sentido estricto? O más bien un líder necesariamente ha de conducir a sus seguidores hacia el bien, sea particular o común. Nosotros pensamos que el líder, tanto por el destino al que se lleva a sus seguidores como por el camino por el que los conduce a la meta, ha de hacer mejores personas a sus seguidores.

Este trabajo pretende mostrar cómo el desarrollo de las vir-

28. Ciulla, Joanne B., *Ethics, the heart of leadership*, Praeger, 2014.

tudes, y en especial la prudencia, es esencial para un buen liderazgo.

La tríada del liderazgo: adhesión intelectual, volitiva y afectiva

La confianza por la cual los seguidores auténticos siguen al líder, diferenciándose por tanto de un seguimiento por necesidad, se genera y consolida, en mi opinión, por medio de la presencia de tres elementos:

Coherencia con unos valores

El líder ha de tener unos valores claros y definidos que orienten su comportamiento y decisiones, permitiendo, por un lado, su coherencia personal y, por otro, que sea percibido por sus seguidores como coherente. No basta con ser coherente, sino que ha de ser percibido como tal. Para esto es absolutamente imprescindible que el líder especifique claramente cuáles son sus valores, y que éstos sean intelectualmente consistentes. O existe un propósito definido y claro, una meta realizable, algo que vale la pena conseguir y que es percibido como valioso, o no hay motivos para seguir a nadie. Nadie se adhiere a algo o a alguien si no entiende que vale la pena. La coherencia con un conjunto de valores propuestos por el líder genera una adhesión intelectual, que viene porque al seguidor le gusta este proyecto y por eso se implica y compromete.

Como hemos dicho, para que este conjunto de valores cumpla su función es imprescindible que los seguidores los conozcan, por tanto, han de comunicarse bien. El líder debe saber comunicar sus valores personales.

Para que el líder ejerza un liderazgo conveniente a la institución u organización, es necesario que sus valores personales sean de algún modo consistentes con los institucionales o corporativos, concretados en la misión o la visión, o en un propósito claro y definido.

Integridad y consistencia en el comportamiento

Además de tener claro un conjunto de valores que definen un propósito y que se comuniquen adecuadamente, el líder necesita credibilidad y que tanto sus obras como sus palabras manifiesten autenticidad. Para eso es imprescindible que los seguidores vean que el líder se esfuerza por vivir esos valores y se comporta coherentemente con ellos.

La confianza necesaria para seguir a un líder es consecuencia de su credibilidad, y ésta se gesta como resultado de la integridad de su comportamiento. A su vez la integridad implica coherencia con los valores y consistencia a lo largo del tiempo en las decisiones, sean cuales sean las circunstancias. Si, por unas circunstancias muy especiales, la decisión no se tomara basada en esos valores, el líder siempre debe saber explicar y dar razón del porqué no se han seguido en esta ocasión particular.

Para conseguir esta integridad en el comportamiento son imprescindibles las virtudes. Se entiende por virtud un hábito adquirido por repetición de actos, que nos ayuda a actuar de modo siempre, o casi siempre, consistente y consecuente. Las virtudes nos facilitan comportarnos realmente como dictan nuestros valores, como sabemos que debemos actuar e incluso proporcionándonos afición, gusto por el bien. Es decir, que actuar bien y consecuentemente no supone obrar contra nuestra inclinación natural, siempre y cuando la tendencia natural esté cultivada por medio de las virtudes. El virtuoso disfruta haciendo el bien y lo hace por convicción, no por coacción o apariencia. Por eso, un conjunto de virtudes proporciona un carácter estable.

El conjunto de virtudes que puede adquirir el ser humano es muy amplio. Tradicionalmente se distingue entre virtudes intelectuales y virtudes morales:

- Las virtudes intelectuales son aquellas que perfeccionan nuestra capacidad de razonar, tanto para conocer los primeros principios lógicos (inteligencia) como para profundizar en las causas de los fenómenos (sabiduría) y, por último, para seguir un razonamiento adecuado y llegar a conclusiones consistentes (ciencia).

- Las virtudes morales son las que perfeccionan la voluntad, ayudándonos a discernir lo que se debe hacer en cada momento (prudencia), moderando las posibles tendencias desordenadas de buscar nuestro propio interés en perjuicio de los demás (templanza), mediante una adecuada relación con el bien de los demás (justicia) y fortaleciendo nuestro carácter para realizar esas acciones, aunque nos cueste, superando los obstáculos que puedan presentarse (fortaleza).

Junto a estas virtudes, llamadas fundamentales o cardinales por la importancia que tienen en el conjunto de las virtudes, hay muchísimas más virtudes, que de algún modo guardan relación con estas cuatro: afabilidad, alegría, constancia, diligencia, generosidad, humildad, laboriosidad, orden, paciencia, responsabilidad, valentía... No es fácil decir cuál es la virtud más importante, porque cada situación reclama el ejercicio de una virtud u otra, pero en la toma de decisiones, muy relacionada con el ejercicio del liderazgo, la virtud esencial es la prudencia.

La prudencia es la virtud propia de la toma de decisiones, por eso la llamaba Platón el auriga de las virtudes, la que manda en el carro alado que compone la personalidad. Por la prudencia, el ser humano es capaz de considerar simultáneamente multitud de elementos antes de tomar una decisión. Por un lado, recoge información que procesa considerando la realidad exterior, en concreto, los antecedentes significativos y circunstancias relevantes de una situación que demanda una decisión, así como las posibles consecuencias de las diversas alternativas. Por otro, integra esta información con el conocimiento y formación cultural que el individuo tiene, con una serie de principios morales que ha ido formando, así como con su experiencia personal y lo que se aprende de la experiencia ajena. A la vez, combina ese conocimiento con la luz que proporciona la conciencia al contrastar la acción que se está a punto de decidir o ejecutar con los principios morales y valores personales, y por último con las emociones que provoca esa posible o posibles decisiones.

Por medio de la virtud de la prudencia, el directivo sabe en cada momento cuál es la decisión acertada, considerando las diversas circunstancias relevantes, y las consecuencias esperadas de las distintas alternativas que se presentan en la toma de decisiones. El acierto en la decisión se concibe como la adecuada conexión entre la acción y el último fin de la persona o corporación, definido por los valores comentados previamente.

Por resumir este segundo elemento, la integridad y credibilidad consiguen el asentimiento volitivo, no sólo el intelectual que se conseguía por medio de los valores.

La empatía con los demás

La empatía no es sólo la capacidad de ponerse en el lugar de los demás, sino de compartir el mismo camino que los demás. Por la empatía sabemos comprender a los demás, motivarlos, animarlos y acompañarlos en el camino de la vida, ayudándolos a alcanzar sus metas y a ser mejores personas en el proceso.

Cuando los seguidores comprueban que el líder es una persona empática, que los comprende porque ha sabido ver sus necesidades y ponerse en su lugar, es más fácil que confíen en él y que sigan sus indicaciones y consejos. La empatía genera el seguimiento afectivo.

Por tanto, por medio de los valores cautivamos la inteligencia; por medio de las virtudes y la integridad, la voluntad; y por medio de la empatía, la afectividad y los sentimientos.

Esta tríada de elementos recuerda a lo que ya Aristóteles, hace veinticinco siglos, exigía a un orador, en su obra dedicada a la retórica, si quería que su discurso tuviera éxito. Todo discurso debería tener *logos*, *ethos* y *pathos*. El discurso debe tener un contenido interesante desde el punto de vista lógico que atraiga la inteligencia de los que escuchan (*logos*), enmarcado en un mensaje bueno y ético que conecte con la voluntad del público (*ethos*) y presentado de un modo atractivo que conmueva los sentimientos de la audiencia (*pathos*). Esta tríada de elementos se puede traducir en el ámbito personal por valores, virtudes y afectos, y aplicado al ámbito relacional y, por tanto, organizacional, se convierten en coherencia, integridad y empatía.

Si un líder procura ser coherente con unos valores lógicos y consistentes, ser íntegro en su comportamiento y consistente con estos valores, y empático sabiendo ponerse en el lugar de los demás y ayudarlos en la búsqueda de sus objetivos personales, generará la confianza necesaria para que sus seguidores le sigan naturalmente.

Gráfico 9.1. La tríada del liderazgo

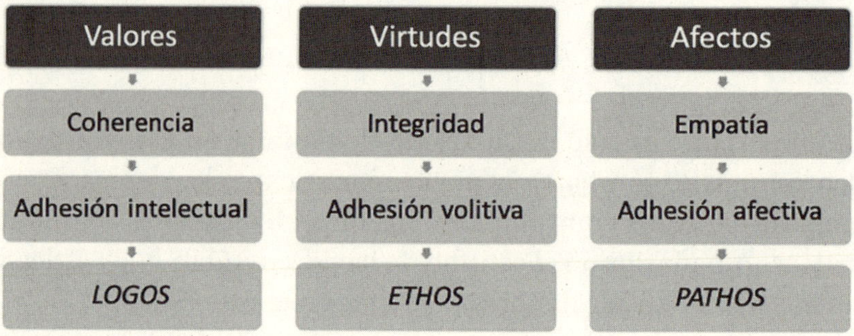

Fuente: Elaboración propia.

El directivo, entre líderes y *managers*

Es habitual que al pensar en líderes nos vengan inmediatamente a la cabeza personalidades extraordinarias que han sido capaces de cambiar el mundo y atraer a miles de personas, pero objetivamente hay muy pocas personas así. Tendemos a idealizar la figura del líder, alejándolo del mundo real, convirtiéndolo casi en una quimera.

Por este motivo, creo que es más interesante analizar en qué consiste ser un buen directivo, un buen *manager*.

¿Qué debe hacer un buen directivo? Un buen directivo sencillamente es aquel que dirige bien la empresa, más bien a las personas que componen la empresa. Pero esto, más allá de ser una obviedad, ¿qué significa? De entrada, dirigir bien una empresa no es tarea fácil porque, como dijimos al comienzo, dirigir una empresa es manejar una organización compleja, supone manejar la complejidad.

Por tanto, para saber qué condiciones debe tener un buen directivo, conviene revisar las tareas que debe ejecutar al dirigir la empresa. Así será más fácil localizar las condiciones y cualidades requeridas.

En primer lugar, el directivo debe conocer la misión y la visión y el propósito corporativo. La determinación del propósito de la empresa es importante por un doble motivo: por un lado, ayuda a considerar si la actividad que desarrolla es útil y conviene a la sociedad, y, por otro, aporta criterios para analizar si está teniendo éxito en la consecución de sus objetivos y, por tanto, si está siendo bien gobernada.

El propósito particular de cada empresa suele concretar lo que en líneas generales se establece en la «misión» y la «visión» de la empresa:

- La misión de la empresa es aquello que da razón de ser a la empresa, el motivo por el que existe, es decir, el objetivo que busca cumplir en la sociedad.
- La visión corporativa describe lo que los dueños o promotores de la empresa quieren que ésta sea en el futuro, en el medio o largo plazo.
- El propósito de la empresa sería el negocio legal, ético, rentable y sostenible por el que la empresa crea valor a largo plazo, considerando a todas las partes interesadas, que son fundamentales para su éxito: accionistas, empleados, clientes, proveedores y comunidades.

Estos documentos son muy importantes y es conveniente que estén escritos o expuestos de modo explícito, para que quede claro su contenido y así todas las personas que componen la empresa puedan alinearse fácilmente con ellos.

En segundo lugar, el directivo debe establecer una estrategia alineada con el propósito, la misión y la visión. La estrategia establecerá el camino que ha de seguir la empresa para alcanzar sus objetivos —concreción del propósito—, tanto en el corto como en el medio y largo plazo. De esta primera tarea se desprenden dos condiciones de todo buen directivo: visión estratégica y capacidad de planificación.

Tanto para planificar como para articular una estrategia se requiere un conocimiento muy cercano, inmediato, de la realidad de la empresa. Entender quiénes somos y con qué recursos contamos, tanto materiales como intangibles. Con base en este conocimiento el directivo debe tomar decisiones. Debe, con la ayuda de su equipo, elaborar un presupuesto y decidir la asignación de recursos para poder ejecutar la estrategia. Por tanto, las dos siguientes condiciones son la capacidad de conocer la realidad y la capacidad de tomar decisiones.

Entre estas decisiones que el directivo debe tomar, unas de las más importantes son las referidas al diseño y conformación de los equipos. Esta tarea incluye definir perfiles, organizar sesiones de trabajo, distribuir tareas. Para diseñar bien los equipos y distribuir adecuadamente las tareas, es absolutamente imprescindible conocer bien a las personas con las que cuenta la empresa. Este conocimiento se tendrá si previamente el directivo ha sabido generar la confianza necesaria para que los empleados se abran y cuenten los problemas o dificultades que puedan tener, si sabe escuchar y atender. Para esta tarea es especialmente útil la empatía, la capacidad de ponerse en el lugar de los empleados y que ellos lo valoren así, que sepan que el directivo es alguien en el que pueden confiar.

Una vez diseñados los equipos, el directivo tiene un papel esencial para saber delegar y facilitar que estas personas asuman las responsabilidades que les tocan. De la mano de la capacidad de delegar viene la capacidad de motivarlos para que hagan bien su trabajo y sean proactivos. Por tanto, aquí destacamos tres capacidades más: conocer a las personas, saber delegar y saber motivar.

Una vez puestos en marcha los equipos, es necesario que el directivo tenga un control y seguimiento, directa o indirectamente, del desarrollo de la actividad y de los resultados. Esta monitorización requiere orden para que sea eficaz. En la medida en que se sigue el desarrollo de la actividad, aparecerán conflictos y problemas, tanto personales como organizativos o logísticos. Por tanto, el directivo debe tener capacidad de análisis y evaluación; a la vez que capacidad de negociación para saber resolver los conflictos que seguro que surgirán en el día a día; y fortaleza para exigir y pedir cuentas, mientras no se les deja de motivar.

En todo proceso siempre cabe la mejora y la introducción de novedades y cambios que aumentan la eficiencia, consecuencia del análisis y la evaluación. La implantación de esos cambios requiere credibilidad.

Por último, es imprescindible que el directivo evalúe los resultados finales contrastándolos con la estrategia y los objetivos que la concretan, sin perder de vista que la empresa sea fiel al propósito que la define. En esta última tarea son esenciales dos virtudes: la humildad para aceptar los resultados, sean cuales sean, y la prudencia para saber tomar decisiones acertadas tanto en un escenario positivo como negativo.

Como se ve, las condiciones de un buen directivo son muchas y no es tarea fácil ser bueno. Si tuviéramos que destacar dos cualidades necesarias para estos directivos serían el orden y la consistencia.

¿Cómo pasa un buen directivo a convertirse en un excelente líder? Si una persona consigue, o lucha por conseguir, desplegar esas cualidades y cubrir esas tareas, está muy cerca de convertirse en un líder. Sólo le resta incorporar los tres elementos descritos: coherencia, integridad y empatía, para convertirse en un auténtico líder, en un verdadero referente para su equipo.

Para eso debe:

- Vivir de acuerdo con unos valores altos, con contenido, claros y definidos, convenientemente comunicados a los demás, y alineados con los valores de la organización, es decir, siendo coherentes.
- Desarrollar un conjunto de virtudes que compongan un carácter equilibrado y atractivo, que nos haga ser íntegros y consistentes en nuestro comportamiento, y, por tanto, creíbles.

- Procurar ser empáticos, poniéndonos en el lugar de los demás y procurando ayudarlos y servirles en lo que podamos.

De este modo el directivo se convierte en líder sin buscarlo. Este liderazgo no es un liderazgo por nacimiento, por haber recibido unas condiciones extraordinarias, sino que es un liderazgo que se hace en el día a día, luchando por ser cada vez mejor profesional y mejor persona. Este liderazgo es el más necesario, tanto en las organizaciones empresariales o del tipo que sean, como en la sociedad.

Del liderazgo personal al liderazgo de equipos

El liderazgo personal debe empezar por el autoconocimiento. Podemos decir que el primer paso en cualquier proceso de autoliderazgo es el conocimiento de uno mismo, tener una autoconciencia de los talentos, fortalezas y debilidades, del propósito vital, valores, creencias y deseos. Ésta es la base de la veracidad sobre cada uno. En esta primera fase hay una virtud que se presenta absolutamente necesaria, que es la humildad, la virtud que permite aceptarse como cada uno es, andar en verdad.

Sobre esta base de autoconocimiento, el segundo paso sería el autodominio o autorregulación.

Para conseguir el autodesarrollo o autodominio, hay que trabajar el temperamento en la búsqueda de un carácter equilibrado. El temperamento viene dado por naturaleza, y sobre éste, por medio de las decisiones y las acciones el ser humano incorpora un conjunto de virtudes que forjan un carácter equilibrado y, en última instancia, una personalidad atractiva.

En función de cómo sea el temperamento habrá que trabajar unas virtudes u otras para conseguir una personalidad equilibrada. La personalidad es la conjunción de temperamento y carácter.

Junto con las virtudes destacadas en función del temperamento, se presentan como apoyo necesario en el autodesarrollo dos virtudes de las llamadas fundamentales: la fortaleza —capacidad de superar obstáculos y ser persistente en los propósitos— y la templanza —capacidad de orientar adecuadamente los deseos y fuerzas vitales, para que en la búsqueda del bien propio no se atropellen los bienes ajenos.

Con esta base, se puede acometer el autodesarrollo, que consiste precisamente en adquirir una personalidad equilibrada. Para esta fase son convenientes además la combinación de la justicia —que ayuda a mantener una adecuada relación con el bien de los demás— y el amor —que ayuda a acertar en las decisiones que afectan a otras personas—, así como la prudencia, que es la virtud clave en la toma de decisiones.

El último paso es el autoliderazgo. Se produce cuando una persona vive la coherencia con sus valores personales, claros y definidos, la integridad y consistencia en el comportamiento con esos valores gracias al ejercicio de las virtudes fundamentales, que le va a proporcionar credibilidad, ganará la adhesión y seguimiento intelectual y de la voluntad de sus colaboradores. Los valores definidos atraerán la cabeza de los seguidores, y la integridad moverá su voluntad. El tercer elemento, el círculo que consuma el liderazgo, es la empatía en el trato con los demás, pero llevándola al siguiente nivel, es decir, además de ponerse en el lugar de los demás, deberá fomentar otros aspectos como crear un clima de confianza, un ambiente laboral de ayuda y colaboración, donde se primen las relaciones personales, y se ayude a ir creando pequeñas comunidades, alineadas a grandes propósitos y fines. Lo más importante es acompañar a los demás en el camino hacia su bien, hacia su felicidad. Esto no es otra cosa que el amor, saber querer a la gente. Este liderazgo está al alcance de todas las personas.

Este camino que pasa del autoconocimiento al autodesarrollo y al autoliderazgo es el modo de pasar del liderazgo personal al liderazgo de equipos, y resulta clave para convertirse en buenos líderes, usar todos nuestros talentos y capacidades en hacer mejores a las demás personas, a que sean líderes de sí mismas y de otras, aprendiendo a quererlas con radicalidad.

Cuarta parte

Personas creando valor en distintos ámbitos

10

Lógica comercial: servir más y mejor

por Vicente Font

Para emprender, ser empresario, lo primero es la oferta. ¿Qué tengo? ¿Un producto? ¿Un servicio? ¿Un invento? Tanto la innovación, entendida como transformar una idea en valor, crear algo nuevo de valor, como la comercialización empiezan con una idea.

Lo segundo es ver si ésta le interesa al cliente: ¿sirve para algo? ¿Cubre una necesidad? Inventar es descubrir algo que le sirva a alguien. Ésta es la clave, estamos hablando de servir, de ser útil a otro, no nos hemos referido al valor económico.

Lo tercero es mirar si este servicio lo presta otro: ¿se hace algo parecido? Para ver si lo hago mejor, más bueno, más rico, más efectivo, más barato, más de todas las variables que se deseen.

Después ya viene el cómo lo doy a conocer: ¿cómo se lo hago llegar a los clientes? ¿Necesito vendedores? ¿Hago publicidad? La clave en la innovación es que haya una idea que resuelva lo que nadie ha resuelto. Si ya tenemos esto, empezamos a empujar el tema, tenemos que generar demanda de distintas maneras. En este esquema, verdad es que hay producto real y resuelve cosas realmente, bondad es que tiene interés para los clientes y belleza es cómo organizo todo esto: ¿voy solo? ¿Me asocio? ¿Nos complementamos? ¿Subcontrato? Y, por supuesto, ¿me van a pagar?

La fórmula comercial

La comercialización está en función de la relación entre cuatro elementos: el producto, el precio, la distribución y la publicidad y promoción, de los que derivan y se suceden numerosas variables y herramientas. Y en todos ellos hay que innovar: un canal nuevo de venta, un sistema nuevo de contactar al consumidor para fidelizar, una promoción distinta, por citar algunos ejemplos. Aunque la tecnología vaya superando y suplantando innovaciones del pasado, la imaginación y la intuición siguen siendo obligadas.

Por ejemplo, hoy en la segmentación de mercados, gracias al análisis de datos, se saben muchas más cosas de los clientes y se multiplican las oportunidades de innovación. Un buen software permite ver los datos de muchas maneras: el que compra, el que repite, el que no, el que prueba, qué más hacen, qué más les gusta, y en base a eso se pueden configurar la oferta y el mensaje adecuados.

En la actualidad, se segmenta y personaliza mucho más la oferta porque se puede predecir, experimentar, hacer análisis de sensibilidad, saber en qué se gasta el dinero. Pero esto será así mientras se acepten las *cookies*. Cuando esto no ocurra, habrá que inventar un sistema nuevo: ¿cómo llego a los clientes sin *cookies*? Es decir, en la fórmula comercial hay un cambio continuo en el peso de los elementos y en las variables que se derivan de éstos.

Los problemas comerciales

Los problemas comerciales giran alrededor de todas estas variables: que no se me ocurra nada, que haya gente que lo haga mejor, que yo lo haga demasiado caro, que no existan medios para hacer publicidad y darlo a conocer, que las promociones destruyan los márgenes. ¿De qué problemas se trata? Pueden ser todos, cualquiera.

¿Y las alternativas para resolverlos? Puedo bajar precios, los puedo subir, puedo ir a otros países. Tengo un montón de caminos entre los que elegir, viendo pros y contras de cada uno. ¿Qué es mejor: bajar los precios o mejorar la calidad? ¿Vender espacio o vender tiempos? Innovar está en todo, es cambiar un anuncio también, pero siempre girando alrededor de necesidades humanas. Quien no inventa o descubre algo no tiene futuro. No se trata de que sea o no superfluo, de que sea imprescindible. Se trata de que sean cosas buenas para la persona, que le sean convenientes en las circunstancias que sean y de hacerlo bien.

Como decíamos, desde la realidad de una oferta, viendo su relación con la competencia y organizando la venta, la innovación empieza con una idea y culmina en el «conjunto final» de la oferta y acción comercial que representa todo lo realizado en la puesta en marcha de ésta.

La lógica comercial

En mi trabajo como profesor discutimos casos mucho más que comentar teorías. Plantean situaciones y temas que se dan en la realidad de las empresas todos los días. En todos hay un problema que resolver. ¿Cómo vender más? ¿Cómo entrar en una cadena líder de supermercados? ¿Cómo vender más caro? ¿Cómo presentar el producto? ¿Cada cuántos días voy a ver al cliente? Entre otros.

Son muchas las cosas que se hacen y las que se pueden hacer. Soy matemático y procuro resolver problemas, buscar soluciones alternativas, definir los criterios y encontrar argumentos de pros y contras para cada opción. Existen muchos libros sobre cómo atraer y vender, pero el mecanismo que hay debajo de todo ello es siempre el mismo: que sea útil para alguien, que este alguien esté dispuesto a pagar por él y que pague más de lo que te cuesta. La utilidad puede que sea para alimentarse mejor, para abrigarse en invierno, para presumir, por poner algún ejemplo, y en la medida en que te lo llevan a casa, le pongan tu nombre o lleve un empaquetado que también te sirve para otras cosas, la oferta será mejor.

Para definir los criterios hay que incluir todos los temas irrenunciables: la facilidad de uso, el margen unitario o el margen de la empresa, entre otros que pueda haber. Una vez que tengo un buen número de criterios que apoyan una alternativa u otra, es cuando hay que decidir.

Llegamos entonces al plan de acción: ¿quién lo hace? ¿Cómo lo damos a conocer? ¿Con qué lo hacemos? ¿Cuándo? ¿Tienes fuerza de ventas? ¿Haces promoción? En resumen, decisiones y fallos comerciales relacionados con los recursos, presupuestos y acciones.

En resumen, un gimnasio para que los directivos entrenen y desarrollen músculo bien entrenado en la toma de decisiones lógicas. Esto es lo que hacemos, aprendizaje experiencial, ¿sobre qué? Como decía Antonio Valero: «Lo que ha sido un tema interesante para unos directivos en su empresa es de lo que hay que tratar en las sesiones».

El sentido comercial es servir más

La relación comercial es de personas a personas. Sí, lo que tú aportas le tiene que interesar a alguien. Todo es personal, todo es la calidad, el servicio, el color y lo demás; son cosas nobles, bonitas, que se hacen y se presentan con los mínimos recursos, y todas ellas hacen que el cliente decida comprar o no.

Sentido comercial es pensar en los demás, ¿cómo llegar a más gente? ¿En qué servirles más y mejor? Y para servir, servir. Ayudar, comprender, ver por qué no le gusta, por qué no reacciona, fidelizar a lo largo del tiempo. Muchas cosas son reversibles, prueba y error, si me equivoco, cambio y si no, sigo, elijo lo mejor. El sentido comercial es servir más. El núcleo de la venta es muy simple: ¿esto sirve o no sirve? El sentido comercial es además tener claro quién es el posible cliente y qué es lo que le llama de la oferta.

Vender es vender, y después viene lo que ayuda a vender más cantidad, más deprisa, a más personas, con temas operativos que van complicando el proceso. Cada empresa hace lo que hace, tiene planes comerciales y asigna responsabilidades a personas. Hay teorías sobre si se debe organizar la venta por mercados o por productos. En alimentación, por ejemplo, se plantea si hacer marca blanca o no, vegano, sin plástico, sin lactosa, todo lo que está de moda, y cuando se reduce el mercado, como a los hoteles con la pandemia al viajar menos sus clientes, algunos cambiaron su servicio, comenzando a alquilar las habitaciones por tiempo para cosas diversas en lugar de estancias: inventar buscando siempre lo que sirve y cómo hacerlo. En la esencia se trata de llegar a alguien a quien eso le sirva para algo.

¿Cómo ayudar a mejorar en lógica comercial? Estimular el razonamiento comercial

En los casos que utilizo se presenta lo que la empresa tiene, lo que le pasa: ¿con quién compite? ¿Qué experiencia positiva tiene? ¿Y negativas? Lo que tiene en la cabeza el responsable, lo que piensa y hace la gente que opina distinto. Los casos son una copia de la realidad. El objetivo de la sesión es que cada uno de los alumnos llegue a una solución y que razone por qué la ha elegido. Que en su razonamiento integre argumentos de pros y contras que han citado otros. Un razonamiento que sea coherente, sin saltos lógicos, en el que no falten datos, no falten argumentos y se incluyan los criterios. Cuando aparece un nuevo criterio puede ser que la línea de razonamiento no sea la correcta y hay que saber pivotar.

Cuando asesoro a una empresa hago lo mismo, escribo el caso y después empiezo a pensar cuál es el problema, las alternativas y los criterios, con ellos o solo, hasta que se llega a una posible solución. Los alumnos, cuando descubren que no han pensado en alguna cosa, ya sea desde el punto de vista de los clientes o del consumidor, piensan más la siguiente vez. Este descubrir nuevas cosas es lo que los motiva a preparar nuevas cosas. En la empresa, entornos muy rápidos y de realidad cambiante exigen resolver el problema con agilidad. Hay que tomar decisiones. Los alumnos al empezar dicen que no saben, tienen miedo, incluso complejo de no saber, hasta que se dan cuenta de que pueden identificar problemas, contar, hacer los números, montar planes de acción después de haberles presentado muchos problemas que al final resuelven con facilidad.

Para estimular el razonamiento comercial hago preguntas alrededor del problema: ¿subo el precio? ¿Sí o no? Si sí, ¿lo subo un 20 o un 25 por ciento? ¿A todos los clientes o sólo a unos cuantos? ¿Les aviso días antes o no? Son preguntas que ayudan a los alumnos a discutir. Los participantes en la discusión van considerando todas las variables, algunas de las cuales pueden no haber visto o no haberse dado cuenta del impacto que tenían de manera individual.

Todo el mundo puede ser vendedor, de hecho, todo el mundo vende sus ideas, vende algo que hacer para ser útil. En las empresas se dice que todos tienen que vender. ¿Qué hay que hacer entonces para que las personas vendan más? Estimular el sentido común, o venden o se cierra, ayudar a ver la realidad, a no olvidar variables, ejercitar, reaprender, que pierdan el miedo a vender, darles seguridad, que si no es por aquí sea por allá, ver si el producto está bien, ver más clientes, preparar la visita, ver los argumentos. En ocasiones, se ven cosas aparentemente contradictorias: quieren vender calidad, pero juegan a precio o al revés. Si les funciona, puede que sea incoherente o no, puede ser coyuntural, la cuestión es que todo tenga sentido en cada momento.

Sencillez

Es interesante que los departamentos de marketing se mantengan en la sencillez porque para la empresa lo importante es vender y producir barato. Las nuevas tecnologías ayudan a conocer a la gente mucho más y proporcionan información y permiten intuir. El robot ve cien cosas, pero falta la interpretación. El algoritmo es un esquema de trabajo para analizar los datos, para decidir, para gestionar. También es el resultado del trabajo de una persona con una intuición que deberá actualizarse e interpretarse adecuadamente.

Cambio continuo

El vendedor sirve a los clientes. Se prepara la visita, sabe cuándo tiene que preguntar, insistir, es leal, le ayuda. No le vende a un robot, le vende a una persona. Llama a alguien, la información que envía la lee alguien. Los vendedores tienen información, los que están en contacto con las personas siempre saben más. Sí, hay empresas realizando parte de su venta con un robot, ganando en flexibilidad, ahorrando con centros de atención telefónica y sistemas de autoservicio, incluso máquinas recomendando compras, elige el más barato, a partir de aquí compra, pero detrás siempre hay alguien que ha pensado y se tiene que seguir pensando. La tecnología multiplica y, al mismo tiempo, provoca cambio y el cambio requiere personas que descubran algo nuevo. ¿Qué pasará sin las *cookies*?

Innovación comercial: servir más en la fórmula comercial con coherencia

Si hay un área de la empresa en la que está más claramente presente la innovación es en la comercialización. Si en algún lugar las cosas cambian deprisa es en la comercialización. También es en esta área donde se afrontan las incertidumbres, las turbulencias y, al mismo tiempo, donde se hace posible el valor mínimo de supervivencia de la empresa: sin venta no hay beneficio.

El movimiento comercial debe sumar y anticiparse: lógica y más lógica para servir más, y necesita encontrar modos de acelerar una buena comercialización en sus cuatro elementos y las variables que se van derivando, como se puede ver en la tabla 10.1, sirviendo en todo momento más y mejor. Anticiparse representa creatividad, imaginación, descubrir cosas nuevas. Es el trabajo del personal de marketing, que piensan más en sólo vender mientras que los vendedores venden. Lo interesante es que todo debe referir al objetivo que se busca, todo debe ser coherente en la fórmula comercial.

Tabla 10.1. Elementos de la fórmula comercial y algunos ejemplos de variables y derivadas

PRODUCTO	PRECIO	PUBLICIDAD/ PROMOCIÓN	DISTRIBUCIÓN
Ingredientes Proporciones Tamaño Sabores Cantidad Formato *Packaging* Idiomas Otros	Al consumidor Al distribuidor Margen Por formato Otros	Anuncio Medios Redes Consumidor Distribución Vendedores Expositores Inversión Otros	Canales Cadenas Tiendas Online Campañas Lineales Exposiciones Eventos Otros

Fuente: Elaboración propia.

Verbideas para I+D comercial

Recurrir a la filosofía de Platón impulsa a descubrir cosas nuevas, pensar en servir más y hacerlo realidad. Es un esquema sencillo que simplifica, ayuda a intuir razonadamente y a acelerar acciones en contextos turbulentos e inciertos manteniendo el sentido y la efectividad comercial. Buscar verdad: ver más realidad. Encontrar bondad: servir más. Hacer belleza: la acción, empieza la función, transformar la idea en una realidad con valor.

A este impulso le hemos llamado Verbideas.[29] Aplicar además la lógica de Aristóteles a este proceso de innovación, de hacer realidad una idea y transformarla en algo nuevo con valor, lo facilita y acelera. Tomar su esquema como una descomposición factorial para inventar y construir cosas nuevas nos proporciona un sistema a aplicar en toda la fórmula comercial, en alguno de sus elementos o en algunas de sus derivaciones variables.

29. Verbideas es el resultado de la aplicación de las ideas de Platón a la acción emprendedora.

El sistema consiste en una construcción en la que hay dos factores imprescindibles: el primero, ¿tienes claro el resultado que buscas? Y el segundo, ¿conoces lo que tienes para hacerlo? Si las respuestas son negativas pregúntate: ¿qué tienes que conseguir? ¿Vender más? ¿Más clientes? ¿Diversificar? ¿Servir más? ¿Mejorar el margen? Y al mismo tiempo estudia tus recursos y tu actividad: ¿cuánto vendes? ¿A cuántos les vendes? ¿Cuántos vendedores tienes? ¿Cada cuánto visitan? ¿Se vende regularmente o el 70 por ciento sólo en Navidad? ¿Cuántos días tardas en entregar? Contar es conocer y permite introducir variaciones en la fórmula comercial.

Entre los demás factores propuestos, hay otro muy relevante: la efectividad del resultado que esperas con relación al cliente, consumidor, entorno, actividad de entregas, compras, lo que te permite identificar elementos a ajustar.

En resumen, un simple rehacer de recursos que concreta mejoras y cosas nuevas en el sentido de servir más, apoyando el objetivo todo el tiempo. Cuando ahondamos en los objetivos y en la actividad de la empresa siempre habrá maneras de rehacer aspectos para servir más al objetivo a cualquier nivel y en cualquier momento. Si en la oferta comercial falta coherencia, toca rehacerla otra vez, la marca y la apariencia no cambian la realidad. Para servir, servir.

Gráfico 10.1. Construir valor comercial con Verbideas

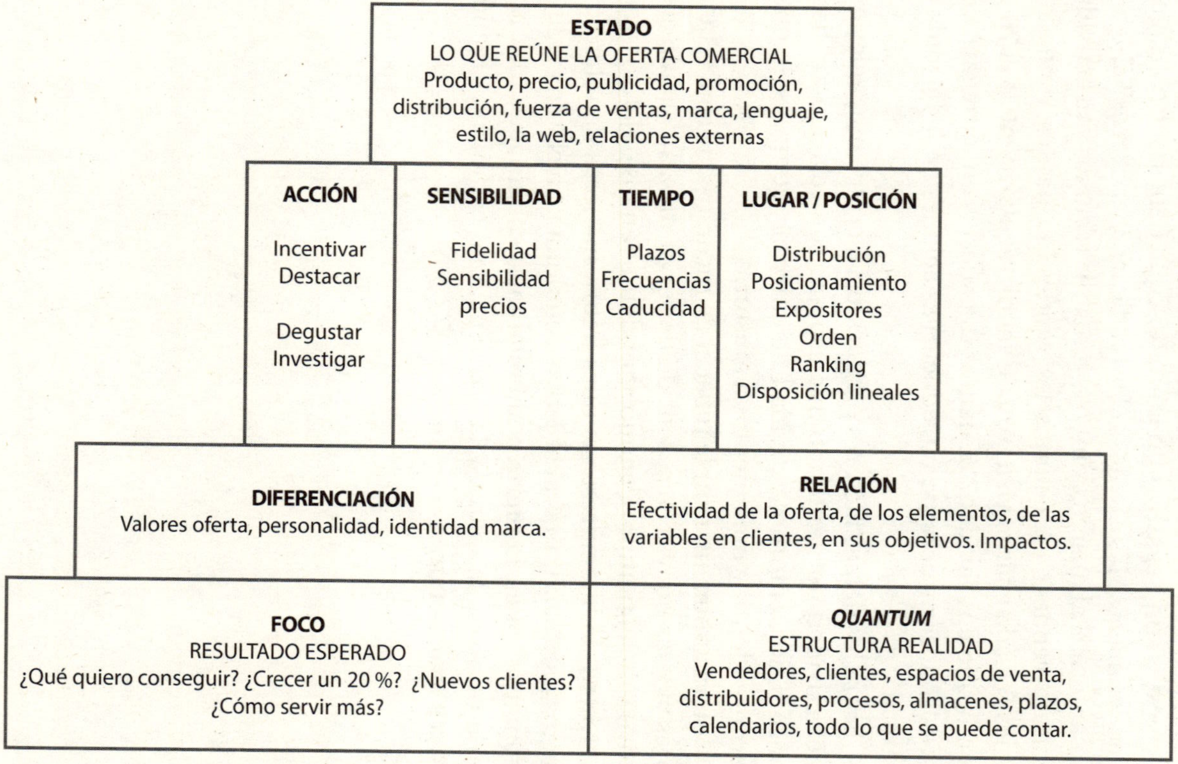

Fuente: Elaboración propia.

11

El vehículo eléctrico: nada es gratis

por Mike Rosenberg

En los últimos años ha surgido un interés sin precedentes por los vehículos eléctricos. El caso del vehículo eléctrico es interesante porque en él se juntan varios temas diferentes que muestran tanto la complejidad de nuestra sociedad industrial como los costes que ésta impone al mundo natural. Es fundamental comprender que todas las soluciones tecnológicas tienen costes diferentes y que el papel de la política, a todos los niveles, consiste en compensar esos costes.

¿Por qué ahora?

A finales del 2022, prácticamente todos los fabricantes de automóviles del mundo ya se habían comprometido a desarrollar y comercializar vehículos híbridos y eléctricos. Algunos han ido más lejos: Volvo fue el primero en comprometerse y anunció que pretenden que, en el 2025, el 50 por ciento de sus ventas sean de vehículos eléctricos. General Motors ha asumido un compromiso aún más audaz al afirmar que dejará de fabricar coches con motor de combustión interna hacia el 2035.

En mi opinión, este impulso se debe a la influencia de tres tendencias paralelas: la convicción de la comunidad financiera internacional de que el futuro será eléctrico, el creciente interés de las administraciones municipales, regionales y nacionales, y las mejoras radicales que se han conseguido en el coste de la tecnología de las baterías. Lo que, de momento, no va en la misma línea es el interés de los consumidores por la tecnología o sus prestaciones, aunque hay un segmento creciente de la población que compra y conduce estos coches.

Financiación

La prueba del interés expresado por la comunidad financiera es el precio de las acciones de Tesla Motors y de algunas de las empresas que esperan emular su éxito. A finales de noviembre del 2021, Tesla cotizaba a más de mil cien dólares por acción, lo que suponía una capitalización bursátil de más de un billón de dólares. Al mismo tiempo, ¡era el doble del valor de las acciones de General Motors, Ford, Volkswagen, Daimler y BMW juntas!

La propia Tesla es rentable gracias a los créditos para vehículos eléctricos que otros fabricantes de automóviles le están pagando con el fin de cumplir con las regulaciones gubernamentales que existen a nivel estatal en Estados Unidos. Encabezados por California y Massachusetts, en la actualidad hay diez estados norteamericanos que obligan a los fabricantes de automóviles a garantizar que un determinado porcentaje de sus vehículos no produce ni CO_2 ni contaminación atmosférica. La legislación permite a una empresa que esté por debajo de su objetivo comprar créditos a otra que lo supere. Como Tesla sólo fabrica vehículos de emisiones cero, puede vender créditos por cada uno de los quinientos mil vehículos que venda, siempre que esas ventas se hagan en los estados autorizados.

Los críticos de Tesla señalan que este modelo de negocio es esencialmente defectuoso, ya que el coste de producción de sus coches es algo mayor que su precio de venta, pero el mercado bursátil parece no estar de acuerdo. Según otro punto de vista, estamos al principio de una gran disrupción industrial y sólo las empresas de vehículos eléctricos sobrevivirán a ella.

La estrategia empresarial de Tesla, por ejemplo, tiene que ver con la venta de coches y camiones eléctricos como parte de una estrategia más amplia que incluye datos (cada Tesla está conectado a los potentes servidores de la empresa), baterías para coches, hogares y servicios públicos, y tejados solares.

Regulación

Aunque los sistemas políticos varían, los gobiernos de la mayoría de los países del mundo acaban reflejando la voluntad de la sociedad civil. Y la sociedad quiere ver avances en materia de reducción de la contaminación atmosférica y del cambio climático. Estas dos cuestiones son, por supuesto, muy diferentes, pero el coche eléctrico aborda ambas, aunque de maneras muy distintas y con grados de certidumbre muy diferentes.

La razón más importante que justifica que los coches y camiones ligeros del mundo pasen a ser eléctricos es la mejora de la calidad del aire de las ciudades. El 52 por ciento de la población mundial vive en ciudades.

Aunque las ciudades ofrecen una serie de ventajas, un problema al que se enfrentan muchas de las urbes más grandes y de más rápido crecimiento del mundo es la contaminación atmosférica. La Organización Mundial de la Salud, por ejemplo, calcula que el 91 por ciento de la población mundial respira aire que no es saludable. Aunque las ciudades más contaminadas del mundo se encuentran en la India, Pakistán y China, la calidad del aire también es un problema en Norteamérica y Europa.

Los motores diésel producen gases de escape más tóxicos que los producidos por los motores de gasolina y muchas ciudades de Europa y de todo el mundo han prohibido la circulación de coches con motores diésel a determinadas horas del día y anunciado su prohibición total para dentro de unos años.

La tecnología diésel es un buen ejemplo de cómo la política pública es una cuestión de compensaciones. A pesar del problema de la contaminación, el gasóleo ha sido subvencionado por los gobiernos europeos durante muchos años debido a que esa tecnología suponía un gran ahorro de combustible. También es un buen ejemplo de cómo la ciencia mejora con el tiempo, ya que se ha comprobado firmemente la relación entre las partículas finas producidas por los motores diésel y las enfermedades pulmonares.

La ventaja de los vehículos eléctricos es que las centrales que suministran la electricidad pueden estar situadas fuera del área metropolitana y, por tanto, la contaminación causada por ellas no afectará a los residentes de la ciudad. Ciudad de México, por ejemplo, está rodeada de montañas y la contaminación suele quedar atrapada en la urbe debido a los patrones climáticos locales. Una solución ideal sería situar todas las centrales eléctricas de la ciudad al otro lado de las montañas y electrificar todo el transporte.

Una ventaja adicional es que los dispositivos de control de la contaminación en las centrales eléctricas pueden ser muy eficaces, aunque aumentan el coste tanto de la propia central como el de su funcionamiento.

En cuanto al cambio climático, el argumento es mucho más complejo. En primer lugar, la clave es comprender que la energía que se genera para hacer funcionar el coche eléctrico deja una huella de carbono y también hay que tener en cuenta las pérdidas debidas a la transmisión y el almacenamiento de energía. Por poner un caso extremo, un vehículo eléctrico que funcione en ciertas partes de Australia o China producirá más CO_2 que un nuevo motor de combustión interna sólo porque la electricidad se producirá en una central eléctrica relativamente antigua, alimentada con carbón.

El mismo coche eléctrico en Francia, en cambio, producirá emisiones muy bajas, ya que el 70 por ciento de la energía del país procede de centrales nucleares cuya huella de carbono es insignificante.

La parte más compleja de la ecuación es el cálculo de la huella de carbono de la fabricación, utilización y desecho de un vehículo eléctrico frente a la de un motor de combustión interna. Un análisis de este tipo depende del sistema de fabricación y eliminación, así como de muchas suposiciones que hay que hacer para que sea correcto.

Los costes

La última cuestión que ha suscitado un mayor interés es que los costes de producción de muchos de los componentes clave de un vehículo eléctrico se han reducido drásticamente en los últimos años. Básicamente, al comparar un coche convencional con un vehículo eléctrico, la mayoría de las piezas del vehículo tendrán aproximadamente el mismo coste, excepto las piezas críticas que almacenan, gestionan y proporcionan la energía que hace funcionar el coche. En un vehículo convencional, son el depósito de gasolina, la transmisión y el motor. En un vehículo eléctrico son las baterías, la unidad de control eléctrico y los motores eléctricos.

El mayor obstáculo son las baterías, que cuestan unos diez mil dólares, frente al depósito de gasolina y la bomba de combustible, que cuestan menos de cien dólares. Lo que complica aún más las cosas es que las baterías son relativamente pesadas y ocupan mucho espacio, lo que afecta a lo que se denomina el pack o al espacio disponible para personas y equipaje.

La última razón por la que están saliendo al mercado tantos vehículos eléctricos es que el coste de las baterías ha bajado considerablemente en los últimos diez años y se prevé que baje aún más.

¿Consumidores?

Lo que ha faltado hasta ahora es la demanda de los consumidores, a pesar de que hace años que se comercializan vehículos híbridos y eléctricos y de que muchos gobiernos de todo el mundo ofrecen generosos incentivos para comprarlos y utilizarlos.

En parte, esto se debe a que los cambios tecnológicos fundamentales llevan su tiempo y a que la estructura actual de la industria automovilística está muy arraigada en nuestro mundo moderno. Cambiarla tendrá una serie de repercusiones que habrá que financiar y gestionar.

Cambiar el mundo

En un nuevo libro escrito por John Doer, uno de los inversores de capital riesgo con más éxito del mundo, se enumera la electrificación del transporte como la primera de las seis cosas clave que deben suceder para evitar las peores consecuencias del cambio climático. Doer es el presidente de Kleiner Perkins, una empresa de capital riesgo con sede en California que financió a empresas emblemáticas como Netscape, Amazon y Google.

En su libro *Cómo evitar un desastre climático*, Bill Gates también hablaba de la prioridad de cambiar a los coches eléctricos.

En términos de producción de CO_2, la lógica de la electrificación es que, con el tiempo, el mundo podrá sustituir el carbón, el petróleo y el gas por energías renovables y por energía nuclear. En muchos sentidos, esta transición ya está en marcha y ha sido posible gracias a la caída del coste de construcción y despliegue de las energías renovables a gran escala en los últimos años.

Hoy en día, las energías eólica y solar son más baratas que la convencional, y esto no hará más que aumentar a medida que mejoren las tecnologías de producción, transmisión y almacenamiento. Otros avances, como la energía nuclear a pequeña escala y la fusión, podrían acelerar aún más la transición. Una cuestión relacionada es la arquitectura general de la red energética, que cada vez presta más atención a las microrredes que proporcionan una gestión energética integrada a edificios, comunidades, aeropuertos e incluso ciudades.

Un argumento aún más convincente es que se pueden enchufar los vehículos eléctricos a una arquitectura energética descentralizada, ya que la suma de todas esas baterías de coche puede utilizarse como medio de almacenamiento para el sistema en su conjunto.

Sin embargo, como todo cambio, tendrá repercusiones y, en algunos casos, habrá ganadores y perdedores, mientras que en otros será necesario realizar inversiones.

Ganadores y perdedores

Unos ganadores serán los fabricantes mundiales de baterías y los proveedores de minerales específicos como el litio y el cobalto. Parte de la explicación de la elevada valoración bursátil de Tesla tiene que ver con las capacidades de la empresa en materia de baterías. La extracción de estos metales conlleva una serie de problemas, como la huella ecológica de la actividad minera o las condiciones de trabajo en algunas de las minas.

Otro ganador serán las empresas mineras que producen metales de tierras raras, ya que se utilizan en ciertos tipos de motores eléctricos. China domina actualmente la industria de las tierras raras y también lidera la producción mundial de baterías.

Una de las principales ventajas de los vehículos eléctricos es que no se averían tan a menudo como los coches y camiones ligeros convencionales, a menos que sufran un accidente. En la estructura actual de la industria automovilística, los concesionarios desempeñan un papel fundamental y obtienen la mayor parte de sus beneficios de la reparación de coches. Como grupo, los concesionarios han sido lentos a la hora de vender coches eléctricos, en parte porque no les resultan familiares y en parte porque sencillamente no les sacarán tanto provecho económico.

Una industria aún mayor que perderá con el cambio a la electrificación es la petrolera. En los últimos años, el combustible para el transporte ha representado aproximadamente el 70 por ciento de las ventas de la industria. Lo que es aún más crítico es que la industria petrolera refina el petróleo produciendo una variedad de productos diferentes, como gasóleo, gasolina, combustible para aviones, etcétera. Una reducción de la demanda de gasolina causaría enormes problemas a la industria a la hora de decidir qué hacer con esa parte de sus productos.

A nivel mundial, en esa industria trabajan millones de personas, incluido a nivel local en los miles de gasolineras que hay en casi todos los barrios del mundo. ¿Serán sustituidos estos empleos por estaciones de carga eléctrica?

A nivel regulador, una cuestión relacionada son los impuestos que muchos gobiernos de todo el mundo, especialmente en

Europa, aplican a los combustibles. En España, por ejemplo, el impuesto medio sobre la gasolina es algo más de la mitad del precio final y proporciona al gobierno español miles de millones de euros cada año.

Inversiones

Además de algunos de los costes mencionados, la electrificación masiva implicará gastar dinero en la infraestructura necesaria para hacerla funcionar, es decir, destinar dinero a la capacidad general de generación, la transmisión a la red y la capacidad de recarga.

En cuanto a la generación de energía, el aspecto crítico será la forma en que se gestionen las futuras redes o microrredes. Lo que está en juego es la diferencia entre la capacidad energética global (lo que se denomina carga máxima) y los niveles más bajos de necesidad de energía que se experimentan a distintas horas del día y en distintas estaciones. La ciudad de Nueva York, por ejemplo, consume mucha más energía en plena tarde de junio que en plena noche de octubre.

Si los vehículos eléctricos se cargan por la noche, cuando la demanda global es baja, quizá no sea necesario añadir mucha capacidad adicional a la red eléctrica de un lugar concreto. Aunque esto tiene sentido a nivel intuitivo, hay que aclarar todos los detalles y, según bastantes análisis, será necesario aumentar, aunque sólo sea ligeramente, la capacidad global en la mayoría de los mercados energéticos.

Otro punto importante es mejorar la transmisión y asegurarse de que la electricidad llegue adonde tiene que llegar. En general, la infraestructura mundial de transmisión eléctrica está envejeciendo y, en cualquier caso, necesita una revisión completa.

En California, por ejemplo, la combinación de una infraestructura envejecida y un mantenimiento y una gestión forestal deficientes ha provocado incendios devastadores que han matado a muchas personas y destruido propiedades por valor de miles de millones de dólares.

Para gestionar millones de vehículos eléctricos, también habrá que reconstruir y ampliar la red. Una cuestión que se ha de dilucidar es qué tipos de infraestructura de recarga se van a desplegar.

Si un complejo de apartamentos, por ejemplo, opta por instalar puertos de recarga en cada plaza de aparcamiento, no sólo tendrá que cablear el garaje, sino que tendrá que averiguar también cómo llegará la energía a cada plaza y cómo se cargará a cada apartamento. Aunque esto es bastante complejo, es probable que se necesite una nueva línea que conecte con la compañía eléctrica y que haya que reforzar las líneas hasta el vecindario o el bloque.

Otro ejemplo bien diferente tiene que ver con el tipo de estaciones de carga rápida que Tesla ha desplegado por Estados Unidos, Europa y otros lugares del mundo. Estos cargadores funcionan con un voltaje mucho más alto, están preparados para funcionar durante el día y reutilizan conexiones especiales.

Probablemente la parte más fácil de este asunto se encuentre en partes del mundo donde la gente es propietaria de su propia casa y aparca allí, normalmente por la noche. De nuevo, Tesla tiene una solución integrada que incluye una gran batería de tamaño doméstico que denomina «Powerwall» y paneles solares o incluso un tejado solar, además de sus coches eléctricos. Este sistema podría comprar energía a la red por la noche y devolverla durante los picos de carga.

En algún momento habrá que deshacerse de las baterías de los coches, lo que exigirá invertir en instalaciones de reciclado y reprocesado para tratar los metales pesados que contienen.

Todo esto costará dinero, que pagará el propietario de la vivienda, el edificio de apartamentos, la compañía eléctrica o el gobierno local o regional.

Sí o sí

En este momento del desarrollo mundial, los argumentos a favor de la electrificación del transporte superan con creces los problemas y los costes. En primer lugar, necesitamos urgentemente la electrificación para luchar contra la contaminación y el cambio climático.

En segundo lugar, el coste de la tecnología ha bajado lo suficiente como para hacerla competitiva a pesar de los costes ocasionados por el vehículo eléctrico: los costes de mantenimiento y reparación, más el gasto en combustible y otros gastos ocasionados a lo largo de la vida de un vehículo.

Por último, los coches eléctricos son divertidos de conducir y los ingenieros de automoción están encontrando formas inteligentes de gestionar las distintas empresas para fabricar coches y camiones ligeros realmente interesantes.

Lo único importante es reconocer que toda decisión política tiene contrapartidas y que un cambio fundamental en algo tan importante como la industria del automóvil y todo lo que la rodea tendrá ganadores, perdedores y obligará a realizar algunas inversiones necesarias.

12

Construyendo ciudades *smart* centradas en las personas

por Joan E. Ricart

Las ciudades confrontan tremendos retos para transformarse en ciudades más sostenibles y, por tanto, más respetuosas con el medioambiente, más inclusivas, más prósperas y más resilientes. En este esfuerzo transformador, la tecnología se convierte en un instrumento imprescindible,[30] y por ello este movimiento se ha identificado con la construcción de una ciudad inteligente o *smart*. A su vez, *smart* conlleva una doble transformación digital y ecológica que requiere un alto nivel de innovación.

De hecho, muchas ciudades han intentado implantar soluciones tecnológicas para hacer frente a una gran variedad de problemas como la eficiencia energética, la pobreza, la congestión o la recogida de residuos, entre muchos otros, con la intención de mejorar la calidad de vida de sus habitantes de forma más sostenible. Sin embargo, pocos de estos proyectos han sido realmente exitosos. Nuestros estudios de ciudades y entrevistas con alcaldes y expertos en el sector confirman que la tecnología es muy importante, pero el factor decisivo que separa las ciudades verdaderamente inteligentes de aquéllas sólo

30. Berrone, Pascual; Ricart, Joan E.; y Tatge, Larisa, *Cities and technology: building cities in the age of information*, 2022.

aparentemente inteligentes es la noción de «gobernanza inteligente».[31]

La gobernanza inteligente en las ciudades

La gobernanza inteligente se caracteriza por poner en juego los siguientes elementos:

1. **La planificación urbana estratégica**, o la definición del modelo de ciudad basado en un diagnóstico realista y una visión ambiciosa y transformadora que ponga en el centro a las personas, sus ciudadanos y el conjunto de *stakeholders* que intervienen en las ciudades.
2. **La colaboración**, ya que la transformación de la ciudad es un proyecto colectivo. Esa colaboración se hace realidad a múltiples niveles: internamente, rompiendo los silos tradicionales de los gobiernos locales; entre los distintos niveles de la administración, local, metropolitana, regional, nacional, supranacional, ya que todos confluyen en el bienestar de los ciudadanos; entre distintas ciudades incluso más allá del área metropolitana o regional, ya que hay mucho que aprender en las redes o asociaciones de ciudades; la colaboración público-privada en sus múltiples formas es esencial e imprescindible para la transformación *smart*; finalmente, la colaboración ciudadana es fundamental, ya que estas transformaciones cambian el comportamiento de los ciudadanos.
3. **Participación y transparencia**, otro elemento esencial para el proyecto colectivo y la transformación que se quiere poner en marcha. Un instrumento importante asociado a esta dimensión son los datos abiertos que faci-

31. Berrone, Pascual; y Ricart, Joan E., «Gobernanza inteligente: clave para las "Smart Cities"», *Harvard Deusto Business Review*, 254 (2016), pp. 14-21. Berrone, Pascual; Ricart, Joan E., Brito, Esther, *Cities and governance: the rise of cities as global actors*, 2022.

litan la transparencia, la participación, la mejora de la administración y el desarrollo emprendedor local, buscando soluciones a los problemas ciudadanos.[32]

4. **Los nuevos modelos de negocio**, que emergen en las ciudades con la nueva economía colaborativa, digital, verde, azul...[33] Todo un emprendimiento innovador, disruptivo y rompedor que se debe orquestar en una ciudad inteligente.

Cuando estos elementos de gobernanza se juntan con el uso intensivo de la tecnología es posible la innovación transformadora para hacer el camino hacia una gestión basada en datos y enfocada al ciudadano de forma estratégica, que finalmente nos debería llevar a una verdadera ciudad inteligente. Es un cambio en la forma de pensar sobre las ciudades y su gobierno que se sustenta en tres pilares, **la estrategia**, **la colaboración y la innovación**, para transformar la administración local en un **emprendedor para el bien común**.

Creando ciudades más sostenibles[34]

En el 2015, Naciones Unidas lanzó un tremendo reto colectivo: alcanzar en el 2030 los 17 ODS (Objetivos de Desarrollo Sostenible). Pronto, las ciudades reconocieron que, si bien realmente es un reto colectivo que requiere colaboraciones muy amplias, alcanzar estos objetivos se hará realidad en las ciudades, o no se hará realidad. Así pues, las ciudades todavía a medio camino en su transformación digital se dieron cuenta de que tenían que avanzar agresivamente en su Agenda 2030 de transformación

32. Berrone, Pascual; Ricart, Joan E.; y Duch T-Figueras, Ana, *Cities and the economy: fueling growth, jobs and innovation*, 2017.

33. Berrone, Pascual; y Ricart, Joan E., «La economía colaborativa en ciudades», *Harvard Deusto Business Review*, 265 (2017), pp. 50-64.

34. Berrone, Pascual; Ricart, Joan E.; y Duch T-Figueras, Ana, *Cities and the environment: the challenge of becoming green and sustainable*, 2016.

hacia la ciudad sostenible. Incluso más, las ciudades más avanzadas se han dado cuenta de que ambas transformaciones, la digital y la de sostenibilidad, van mano a mano y se refuerzan mutuamente. Las ciudades deben contribuir a liderar el cumplimiento de los ODS y, por tanto, éstos se transforman en el eje vertebrador y el criterio fundamental para evaluar la **estrategia** de las ciudades.

A medida que los ODS se incorporan en la estrategia de ciudad, se hace evidente la necesidad de **innovación** en los modelos de negocio para hacer posible el logro de los objetivos estratégicos. Es necesario hacer las cosas de forma distinta si queremos una ciudad sostenible, y la tecnología es una facilitadora fundamental. Desarrollar nuevas soluciones a los retos de las ciudades es un proyecto complejo sobre el que en general hay poco conocimiento establecido, sea en la ciudad o en sus posibles colaboradores. En definitiva, las ciudades confrontan cada vez más proyectos de transformación muy complejos y novedosos o innovadores, donde es necesario cocrear su solución.

¿Cómo pueden las ciudades encontrar soluciones a este tipo de problemas que se asocian a los llamados *wicked problems*?[35] La respuesta es nuevamente la **colaboración**, la orquestación de un esfuerzo colectivo. Sin embargo, este esfuerzo colectivo va más allá de las colaboraciones más o menos bilaterales a las que las ciudades están acostumbradas y con las que tienen larga experiencia.[36] Es necesaria una amplia colaboración entre múltiples administraciones, múltiples entidades privadas, ONG, asociaciones, sociedad civil, universidades y centros de investigación, y seguramente también ciudadanos. En definitiva, las ciudades necesitan orquestar y liderar (o dejar liderar) ecosistemas con múltiples participantes enfocados en la solución de

35. Van Tulder, Rob, *Business & the sustainable development goals: a framework for effective corporate involvement*, Erasmus University Rotterdam, 2018.

36. Berrone, Pascual *et al.*, «Ciudades inteligentes: siete requisitos para una cooperación público-privada de éxito», *IESE Insight*, 34 (2018), pp. 15-23.

problemas complejos de valor compartido. Un esfuerzo emprendedor disruptivo y de innovación abierta en el que pocas ciudades tienen experiencias y capacidades para llevarlo a cabo.

El modelo Verbideas en ciudades[37]

El modelo Verbideas es una herramienta para ayudar a empresas de todos los sectores y tamaños a innovar, a crecer en su actividad de negocio y a impactar positivamente en sus diferentes áreas. ¿Puede este modelo ayudar a las ciudades en su transformación pendiente? Veámoslo.

El modelo se basa en tres principios cuya utilización tiene como resultado la innovación deseada: buscar verdad, encontrar bondad y hacer belleza; cuyas interacciones promueven tres movimientos que son la dinamización, la colaboración y la integración o composición.

Buscar verdad es el esfuerzo de entender la realidad y las características propias y únicas de la ciudad, diagnóstico imprescindible para cambiar esta realidad. **Encontrar bondad** es el desarrollo del valor compartido que deseamos encontrar con nuestra estrategia. Valor que es realmente compartido y multidimensional si realmente se enfoca a la creación de una ciudad sostenible. Debe buscar prosperidad, pero también inclusión, respeto al medioambiente y resiliencia. En definitiva, bondad para lo colectivo, lo que normalmente llamamos el bien común. Para ejecutar adecuadamente, necesitamos **hacer belleza**, crear los planes, las políticas y las iniciativas que nos permitan poner en marcha modelos de negocio novedosos, innovadores y disruptivos para la verdadera transformación de la ciudad. Para ejecutar todos estos principios necesitamos enfocarnos en involucrar a todas las personas necesarias y colaborar con ellas.

Ya que vemos que el *mindset* asociado a este modelo es el

37. Fité, Rosa M.; Mehta, Kandarp; y Nueno, Pedro, «Verbideas: un modelo nuevo para la innovación continua», *Harvard Deusto Business Review*, 317 (2021), pp. 68-77.

mismo asociado al desarrollo del **pensamiento emprendedor en la administración pública**, podemos aprender de las recomendaciones que dicho modelo conlleva para los líderes empresariales, y aplicarlo a los líderes municipales:

1. *El líder de una empresa o trata de ser líder de innovación de una manera u otra, o no lidera.* Este liderazgo emprendedor es imprescindible también para los líderes locales que quieran transformar sus ciudades.
2. *El líder dirige personas artífices.* La transformación real de la ciudad conlleva la concurrencia de muchos esfuerzos personales y de equipos que se deben motivar y servir, sin crear jerarquías innecesarias. Esta forma de colaborar abierta, transparente, basada en la confianza es quizá la tarea más difícil para los líderes municipales.
3. *El líder debe recordar que la armonía sí es posible en una organización.* Trabajar en hacer belleza de forma estructurada da lugar a planes ágiles, objetivos sostenibles e iniciativas creativas, donde las aportaciones de todos y cada uno se orientan a la creación de valor sostenible.

Construyendo ciudades inteligentes centradas en las personas

En este breve capítulo, hemos visto que es posible construir ciudades inteligentes centradas en las personas y que para ello es necesario ir más allá del uso efectivo de las nuevas tecnologías, debemos poner en marcha una gobernanza inteligente. A su vez, esta gobernanza inteligente requiere la confluencia de una estrategia sólida y fundada en la realidad, una colaboración de todos los sectores de la sociedad y una innovación continua y emprendedora.

Para el desarrollo de esta innovación emprendedora, el modelo Verbideas puede ser una herramienta que ayude a las ciudades de todos los tamaños y de cualquier parte del mundo a innovar de forma continua, a crecer en prosperidad y a impactar positivamente en todos los *stakeholders*, logrando grandes avances en la consecución de los ODS y transformando las ciudades en ciudades sostenibles.

Es un camino difícil, pero necesario para crear estas ciudades verdaderamente inteligentes, centradas en las personas, donde todos podamos crecer individualmente y contribuir colectivamente al bien común. La tecnología, los conocimientos de dirección, los instrumentos de innovación y las personas necesarias están seguramente disponibles. Levantemos las barreras burocráticas existentes, desarrollemos el espíritu emprendedor e innovador necesario y escojamos los líderes capaces de seguir este camino.

13

Innovación sanitaria: médicos creando valor

por Pedro Nueno, Jorge de Muller
y Rosa M. Fité

Desde la antigüedad, la preocupación por la salud y la fascinación por el cuerpo humano de sabios e intelectuales han motivado investigaciones que, especialmente en el siglo XX y en la actualidad, han eclosionado en una abundante y efectiva tecnología. Los resultados hablan por sí solos: reducción de la mortalidad infantil, mayor esperanza de vida y la extensión de la prestación sanitaria en una población mundial cada vez más numerosa, que además continúa preocupada por su salud.

Aunque la medicina destaca por una innovación rigurosa y excelente, las medidas orientadas a la eficiencia y la creciente especialización en los sistemas sanitarios, entre otras, podrían estar planteando a los médicos dificultades para innovar o para progresar en ella. Desde hace unos años, el contexto exige a los médicos y profesionales de la salud, además de una praxis segura, trabajar en una organización basada en procesos y protocolos exhaustivos. Aunque éstos sean en parte resultado de la praxis y se actualicen con ella, muchos médicos, en cierto modo, han pasado de ser artífices de la innovación a ejecutores de ensayos clínicos de nuevos fármacos creados por la industria, que guía y financia la experimentación. En otras palabras, muchos profesionales sanitarios mantienen un papel pasivo en la innovación.

Metas para una mejor innovación en hospitales

Hemos visto a lo largo del libro que la iniciativa emprendedora y la innovación están relacionadas, que ambas son exclusivas de las personas, y que éstas son las artífices del valor en cualquier empresa y organización. Por consiguiente, en los hospitales, en la atención primaria y en la telemedicina, entre otros ámbitos sanitarios, la innovación también depende de los médicos y profesionales de la salud.

El médico, más allá de todos los conocimientos técnicos de los que dispone, quizá también puede mejorar en su acción de crear valor como persona artífice. Avanzar en la aplicación de las nuevas tecnologías sacándoles más provecho, proponiendo mejoras y nuevas aplicaciones, es más innovación que en gran parte dependerá de los médicos y profesionales sanitarios que usan estas herramientas.

Sin embargo, la creciente presión asistencial debida a la afortunada expansión de los servicios sanitarios no deja apenas tiempo al médico para pensar en innovar. Por otra parte, cierta falta de interconexión entre departamentos y la jerarquización en los centros de salud tampoco facilitan intercambios de perspectivas y conocimientos que favorezcan innovaciones.

Antes de ahondar en las vertientes y oportunidades que puede aportar esta perspectiva en la medicina clínica, nos gustaría aproximarnos a las metas y necesidades relacionadas con la innovación en los sistemas sanitarios: la innovación desde la praxis médica, la acción de los médicos y profesionales sanitarios.

- **Más resultados de innovación**. A pesar de la sobrecarga asistencial, crece la necesidad de prestar un servicio personalizado y de seguir innovando para seguir resolviendo problemas de salud o relacionados con la praxis médica. Esto requeriría un tiempo «nuevo» para que los profesionales, o al menos más profesionales, puedan desplegar su acción de innovación, un tiempo que, en principio, los hospitales y el sistema parecen no poseer.

- **Innovando continuamente**. La velocidad de cambio es vertiginosa y la necesidad de innovación es continua. Se suceden y simultanean nuevas tecnologías y publicaciones, se actualizan protocolos que, separadamente o en relación, representan mejoras y oportunidades para desarrollar más aplicaciones y conocimientos.
- **Una innovación posible, realista, sostenible**. La regulación del sector sanitario persigue armonizar eficiencia, salud, acceso a la innovación, recursos y financiación. Hacer posible la innovación necesaria exige encontrar maneras de hacer posible lo que parece imposible, optimizando el uso de los recursos disponibles, priorizando el valor adecuadamente para no ahogar la innovación, diseñando fórmulas de financiación y organización para sacarlo adelante.
- **Todos contribuyendo**. La especialización es necesaria y al mismo tiempo también lo es configurar innovaciones contando con distintas especialidades y perspectivas de la medicina. Ayudarán sistemas de comunicación interdepartamental, pero también ser capaz de trabajar con perspectivas de salud integral. Se necesitan distintas perspectivas.

Oportunidades en la gestión hospitalaria y la medicina clínica

¿En qué podría ayudar esta perspectiva a las metas recién identificadas? Que los médicos y profesionales sanitarios sean los únicos artífices del valor traslada el foco de atención desde los procesos y protocolos, que buscan eficiencia, efectividad y seguridad, a la acción de los propios médicos y profesionales sanitarios, y podría permitir potenciar la excelencia en la innovación con rigor y mayor efectividad.

La acción emprendedora y sus tres ingredientes representan un espacio nuevo de trabajo que aporta un detenimiento en la acción que hace el tiempo más fecundo. Lo consigue con un orden en la acción y unas operaciones que ayudan a construir visión en las personas que podrían además desarrollar en mayor medida lo que en la praxis médica se llama ojo clínico. Se trata además de un espacio que permite explorar en el hacer sin interferir en las acciones y protocolos ordinarios, sino al contrario, cuidando de ellos e incorporando la innovación cuando está lista de la manera más adecuada.

El primer ingrediente, la comprensión de la realidad, enfatiza la necesidad de trabajar con evidencias, conocimientos reales, y la necesidad de una actualización de conocimientos constante para mantener una innovación continua. La evidencia en medicina es práctica habitual, pero la visión incluye no solamente el conocimiento científico, sino también el de los recursos con los que se cuenta. La visión de la realidad de referencia del médico debe mantenerse actualizada y quizá sea preciso instaurar sistemas que ayuden a la difusión o actualicen su conocimiento.

En el segundo ingrediente, por su parte, además de la relación de datos e investigaciones que permiten soluciones de valor probadas, se introduce la intuición razonada y el ingenio para la sostenibilidad con el fin de intentar promover la configuración de soluciones de mayor valor. Hablamos de construir una visión de valor, es decir, de ayudar a desarrollar lo que decíamos anteriormente, más ojo clínico.

El tercer ingrediente, convertir esta propuesta de valor en realidad, se compone de las operaciones y planes que van desde los distintos ámbitos que conforman la innovación, con los recursos disponibles y sin interferir en las operaciones ordinarias, hasta conseguir hacer realidad el resultado esperado. El método permite componer la innovación con armonía, hacer posible la realización del valor con los recursos disponibles, con rigor, seguridad y excelencia.

Si bien hasta aquí se han visto algunos aspectos que pueden ayudar a la acción individual de los médicos, se sabe que no basta con que innoven unos pocos y que es necesario el trabajo en equipo y la colaboración en la innovación.[38] Ayudar a que la acción emprendedora de los médicos pueda desplegarse con mayor

38. Fité, Rosa M.; y Mehta, Kandarp, «Creatividad colaborativa en Verbideas», *IESE Publishing*, 6 de marzo de 2020.

colaboración también debería aportar resultados de innovación superiores en efectividad. Asimismo, el paciente, persona artífice, podría mejorar su colaboración si se le otorga la visión más adecuada.

Por consiguiente, la formación en la creación de valor de los profesionales sanitarios, más allá de la formación técnica por supuesto requerida, podría redundar en una innovación mayor y sostenible. Hará falta desarrollar sistemas de trabajo adecuados que combinen trabajo individual y en equipo, modos de estimular el detenimiento en la acción, la intuición y el ingenio, sistemas de comunicación que actualicen informaciones y maneras de propiciar la coordinación de distintas áreas con impacto en el mismo paciente.

Esta perspectiva puede impulsar la acción, visión e incluso la integración de hallazgos entre los profesionales sanitarios a nivel individual y en colaboración. Podría contribuir en contextos especialmente complejos o en situaciones que se deban mejorar significativamente y antes de acometer alguna acción importante, como intervenciones o incluso inversiones. El método especialmente relevante para tratar problemas con impacto en muchas facetas, superar la fragmentación y hacer frente a la incertidumbre. Además de mejorar el rendimiento innovador de las personas, introduce valores que también pueden ayudar a seguir configurando un sistema sanitario efectivo y que estimule el cuidado de las personas y el crecimiento de los propios profesionales de salud.[39]

39. Verbideas introduce la sabiduría de totalidad en la acción emprendedora.

Quinta parte

Organizaciones de personas para crear valor

14

Por una creatividad colaborativa

por Rosa M. Fité, Pedro Nueno, Kandarp Mehta
y Joaquim Vilà

Hemos visto que el proceso emprendedor, entendido como un proceso de creación de valor, es ejercido por personas que realizan acciones emprendedoras, y pensamos que todas ellas deberían poder participar porque tienen capacidad de contribuir con algo distinto y porque crecen y se desarrollan haciéndolo.

El objetivo de este capítulo es proponer modos que faciliten esta activación colectiva a la que llamamos creatividad colaborativa de la que en gran parte depende la multiplicación del valor.[40]

Juan Antonio Pérez López constató que, si bien para que exista una empresa es necesario que haya personas que quieran y sean capaces de organizarse de ese modo, la amplitud de los motivos para la participación de las personas era enorme y tiene impacto en la organización y en los procesos emprendedores. Preocupado por desarrollar un modelo de empresa antropológico, estudió las motivaciones de las personas agrupándolas en tres tipologías:

1. **Motivaciones extrínsecas**, que tienen que ver con satisfacciones externas que conlleva el logro como, por ejem-

40. Pérez López, Juan Antonio, *Fundamentos de la dirección de empresas*, Rialp, 1993.

plo, un salario, el bonus, un incentivo y beneficios fiscales, entre otras.
2. **Motivaciones intrínsecas**, relacionadas con un resultado que queda dentro de la misma persona como, por ejemplo, aprender y crecer, entre otros.
3. **Motivaciones trascendentes**, las referidas a resultados que quedan dentro de otras personas como, por ejemplo, que los demás aprendan y crezcan también, entre otras. Tanto su crítica a modelos de dirección mecanicistas y orgánicos como su definición de empresa antropológica siguen vigentes.

Sobre esta base, Pérez López, para quien la empresa era, «hablando en todo rigor, una realidad antropológica», configuró un liderazgo antropológico. Destacó la importancia del liderazgo como función que trata de mejorar el sistema de motivaciones real y espontáneo de la organización para llevarlo a uno más antropológico que incluya la motivación-resultado trascendente, como es el permitir o dejar que las personas crezcan en su hacerse personas. «También los directivos poseen valores que tendrán impacto en la organización y en los procesos» de creación de valor y decía:

> No es lo mismo reconocer la necesidad de lograr metas económicas que decir que son la única, ni siquiera se puede decir que la empresa lo esté haciendo mejor por tener resultados económicos. Lo que sí caracteriza a las empresas es la importancia de las motivaciones económicas, pero dirigir como si fueran las únicas es un reduccionismo.

Pues bien, esta perspectiva que subraya a la persona como creadora del valor responde y apuntala el modelo de empresa antropológica, incidiendo en que es la persona la que crea valor, es decir, la que crea los resultados económicos, intrínsecos en ellas mismas y trascendentes en los demás, proponiendo una estructuración del proceso de creación de valor que podría ayudar a los líderes en su acción y que tendría también impacto positivo en el valor económico que se configura como necesidad instrumental de supervivencia.

La era de la empatía

Rita McGrath, en «Managment's three eras: a brief history», anunció hace ya una década el abandono de la era de la ventaja competitiva para adentrarnos en la de la empatía, señalando que los *managers* tendrán sólo que crear comunidades con las que trabajar, auspiciando una evolución de las prioridades de ejecutar y tener experiencia a la necesidad de saber empatizar. Desde luego, si estando las personas activadas y sabiendo hacer cosas nuevas no son capaces de trabajar bien juntas, su creación de valor será muy inferior a la posible, quizá incluso inferior a si actuasen individualmente.

Desde luego, hacer sentir que las personas forman parte de algo extraordinario despierta pasión y consigue logros que además atraen todavía más talento.[41] Y aunque no todos trabajamos en Pixar, sí tenemos la oportunidad de formar parte de algo extraordinario con la empatía entendida en el sentido que a continuación se desarrolla. Una empatía que abre a las personas a las aportaciones de los demás y que nos permite interactuar como en una orquesta sin desafinar. Una empatía que, además, motiva porque permite encajar las motivaciones propias y ajenas, porque ayuda a descubrir la existencia de motivaciones positivas en las interacciones cancelando suspicacias y envidias que surgen como consecuencia de malentendidos, porque ayuda también a autoajustar las motivaciones. En definitiva, una empatía que aporta armonía en las operaciones, y acciones en las interacciones.

Así, para innovar, crear valor, motivar y liderar hace falta empatía, y en nuestro caso hemos adoptado la visión de la empatía de Edith Stein por su sencillez y esquema antropológico. Edith

41. Catmull, Ed, «How Pixar fosters collective creative», *Harvard Business Review*, septiembre del 2008.

Stein define la empatía como la experiencia que tiene una persona de que la otra persona tiene también una experiencia, «la experiencia a la que remite el saber sobre el vivenciar ajeno».[42] A la primera la llama originaria, a la segunda no originaria y ambas pueden convivir en una misma persona. Vista así, la empatía no es una invasión personal ni una especie de adivinación ni una estrategia psicológica. Al contrario, es del todo respetuosa con la intimidad. Es vivir la experiencia propia y al mismo tiempo experimentar que el otro está viviendo para algo distinto a lo nuestro, que su punto de partida es otro, especialmente, en el sentido espacial, y que uno mismo no es el centro del mundo.

Un grupo de personas que trabajan con empatía construyen un nosotros que aporta siempre más que la suma de sus trabajos individuales y que se convierte en fuente de aceleración de valor y de rendimiento, respetando además y potenciando la contribución de todos y cada uno.[43]

Activación de la empatía

Nos puede parecer que la empatía es un don reservado para algunos afortunados, pero no. La empatía es una capacidad natural a la persona que se puede desarrollar y activar. No consiste en una reacción emocional automática. La empatía requiere un movimiento superior del pensamiento libre, que es accesible, y nos proporciona una nueva imagen del mundo espacial, aunque conservamos el nuestro. Pasamos a ver nuestro punto cero no como el centro del mundo, sino como un punto entre muchos. Así, una organización que desee mejorar su capacidad innovadora debería propiciar la empatía para abrir la puerta a las contribuciones de los demás y multiplicar el valor. Su activación, siempre siguiendo el esquema de Edith Stein, es muy sencilla:

42. Stein, Edith, *Sobre el problema de la empatía*, Trotta, 2004.
43. Ibídem.

Gráfico 14.1. Activación de la empatía

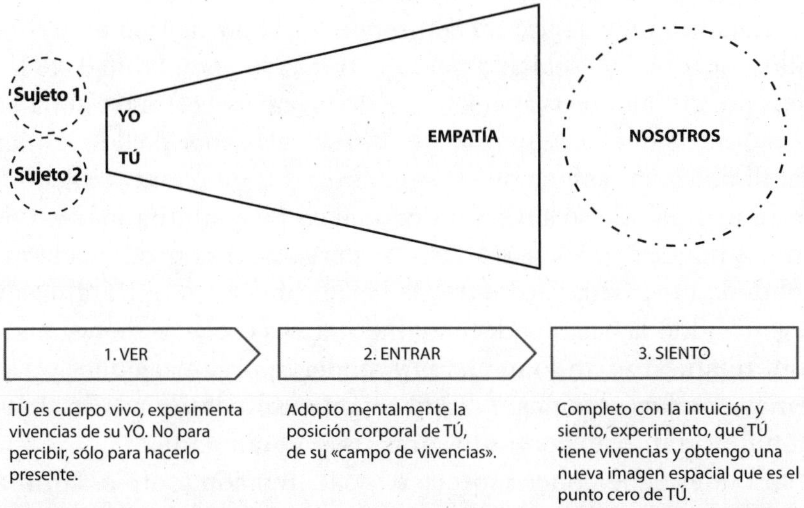

Fuente: Elaboración propia a partir de Stein, Edith, *Sobre el problema de la empatía*, Trotta, 2004.

Estructura de la acción emprendedora y sus implicaciones para el liderazgo

La iniciativa emprendedora y la creatividad son gestionables, tienen un orden, incluso permiten contar. Básicamente exigen una actualización constante del conocimiento de la realidad para asegurar que se trabaja sobre ella, saber ver lo bueno, elaborar valor con la vida intelectual y realizar acciones para construir lo nuevo. En la esencia del proceso emprendedor de la creación de valor encontramos algo de realidad (verdad), que es bueno (bondad) y que ha sido hecho realidad (belleza). Aplicando el saber que va a la esencia de las cosas de la filosofía,[44] el llamado saber de totalidad, hemos encontrado un acelerador emprendedor. Sin este saber, el conocimiento técnico se convierte en freno al crecimiento y al progreso. La persona artífice, el emprende-

44. El saber de totalidad definido por Platón al hablar de los distintos en *La república*, libro IV.

dor, debe ser sabio, debe saber ir a la esencia de las cosas, y el líder también debe comprenderlo, él también es creador de valor.

Esta visión de la acción emprendedora aporta un marco sencillo, universal y escalable para gestionar la complejidad de las acciones de valor de las personas. Esto permite acelerar resultados económicos necesarios para la empresa y es capaz de desarrollar habilidades en las personas y mejorar su acción emprendedora en su realidad tanto a nivel individual como conjuntamente. Los líderes pueden y deben ayudar a las personas a avanzar en el «túnel de la creatividad» dentro de las empresas, impulsándolas y organizando la acción adecuadamente. Las escuelas de negocios continúan estudiando maneras y modelos, organizaciones y sistemas que favorecen este desenvolvimiento para que la innovación fluya tanto en conjunto como individualmente.

El líder debe poner especial e igual atención tanto a dar una visión, en el sentido de dejar claro un resultado esperado y fomentar la profundización en él, como a conocer y dar a conocer la realidad misma y los recursos disponibles. Como acción de personas, el líder debe reconocer en la acción emprendedora la propia interioridad de las personas como un recurso para la creación de valor, así como otras muchas incontables realidades que la persona usa y que no son propiedad de la empresa. Es decir, los recursos que se cuentan en la cadena de valor no son todos los que hay, pero el deber de «cubrir su coste» debería extenderse a éstos con lo que llamamos obligación de gratuidad.

La supervivencia de las empresas ha conducido a la máxima de que lo primero es tener beneficio, si no en teoría, sí *de facto*. Pero, precisamente para garantizar el futuro de las empresas y personas, el líder necesitará poner en marcha instrumentos que midan y gobiernen el valor que da sentido a la empresa y causa el beneficio para no perderlo. De esta manera el beneficio se convierte en valor económico contado, pero no en el valor generado que deberíamos aprender a contar.

Un planteamiento de estas características, que trabaja no ya en la eficiencia sino en la generación de valor, debería redundar en el crecimiento y desarrollo de empresas, y de las personas que trabajan ellas; en la aparición de productos y servicios que sirvan y ayuden a las personas; y en la creación de empleos para que más personas puedan crecer y desarrollarse. Finalmente, nos parece conveniente distinguir rendimiento en términos de productividad y de diferenciación. El primero será posible con las máquinas, pero el segundo exige personas. Entre tanta tecnología disponible y tanta diversidad de necesidades, ¿cómo podría evolucionar el progreso poniendo a las personas lo primero? Las cosas pueden ser mucho mejores, vayamos a por ello.

Gráfico 14.2.

Fuente: Elaboración propia.

15

Alianzas: emprender juntos con visión y confianza

por África Ariño

¿Por qué en contextos de crisis las alianzas parecen tener más éxito?

En entornos acelerados, en épocas de crisis y de incertidumbre es necesario un esfuerzo mayor para intentar anticiparse y estar preparado de una manera adecuada. En estos contextos de escasez de tiempo, de recursos o de información, las alianzas presentan una solución para que las empresas continúen desarrollando su propósito, pues permiten optimizar las capacidades de los socios. Estas alianzas exigen un esfuerzo en gestión: aprender a organizar la acción de las empresas en colaboración, a planear juntos, a actualizar la información, a trabajar todos con el mismo propósito compartido. Todo ello es especialmente relevante para el éxito. En este capítulo, a partir de una reflexión alrededor de las alianzas que se organizaron para hacer frente a la pandemia de la COVID-19, se intentan dibujar nuevos elementos en la gestión de alianzas desde la perspectiva de la persona.

En las alianzas por la COVID-19, empresas muy diferentes fueron capaces de coordinarse en tiempo récord y con gran efectividad para desarrollar varias vacunas, probar su seguridad, conseguir su fabricación, distribuirlas y aplicarlas en varios países priorizando grupos de población. Muchos se preguntan qué facilitó este gran trabajo cuyo éxito se podría decir que fue incluso una sorpresa. Es conocido que se trataba de alianzas complejas que involucraron a organismos internacionales, gobiernos, reguladores, centros privados y públicos de investigación, sistemas públicos de salud, proveedores, fabricantes de productos sanitarios y medicinas, distribuidores, hospitales y centros de atención primaria entre otras entidades. Algunos habían trabajado juntos previamente, pero otros, como por ejemplo Mercedes y SEAT, se sumaron a las iniciativas desde otros sectores.

Se podría apuntar a la presión como una de las razones del éxito de las alianzas por la COVID-19, pero en ese caso parece obligado preguntarse: ¿es que sin presión no somos capaces de conseguir los mismos niveles de coordinación? ¿A qué obliga la presión en estas situaciones? ¿En qué puede la presión hacer cambiar la acción de las personas? ¿Hay algo que pueda ser replicado dejando de lado los aspectos negativos que por motivos obvios conviene evitar? La presión podría aumentar el interés por comprender la realidad y simplificarla. Entender cómo facilitar una visión más rápida y una comprensión de la realidad más operable por la acción, evitando la tensión negativa que la presión lleva asociada, ayudaría a promover un nuevo esfuerzo para un rendimiento superior de la innovación también en las alianzas.

En la experiencia con la COVID-19 destaca la existencia de un resultado esperado que pensamos que tiene un papel relevante en la promoción de la acción y la colaboración de las personas involucradas. Un resultado —en otras palabras, un foco— compartido, concreto, claro y ambicioso: conseguir una vacuna que pudiera detener la pandemia en el mundo. En el trabajo que siguió es necesario subrayar la clarificación constante y compartida de la evidencia científica que, junto con una estudiada simplificación de procesos, permitió a la comunidad científica, empresas e instituciones progresos significativos en la búsqueda de vacunas y tratamientos. Cabe destacar la iniciativa de Gilead Sciences de compartir los resultados de su antiviral remdesivir en los inicios de la pandemia y también el hecho de que, en junio del 2020, había más de 120 iniciativas para desarrollar vacunas, 10 de las cuales esperaban un resultado a final de año frente a los plazos habituales de entre 5 y 15 años. Además, en esas fechas, las agencias reguladoras habían aprobado más de 1.700 estudios relacionados con la COVID-19, 800 de los cuales estaban encaminados a evaluar la eficacia de 180 tratamientos.[45] Ciertamente, el sector sanitario que estaba especialmente habituado a trabajar sobre la evidencia científica, con procesos de certificación de calidad, pudo haber tenido más fácil guiar y propiciar la colaboración de empresas e instituciones.

Avanzar hacia esa visión compartida ayudaría a dar mayor efectividad a todas las alianzas en su rendimiento innovador. Las alianzas se revelan importantes en muchos sectores. Empresas de energía, telecomunicaciones, alimentación, de servicios y tecnológicas, entre otras, unen sus esfuerzos para desarrollar su propósito, conseguir sus objetivos de negocio, de prestación de servicio, y poderlo hacer con los recursos que se tienen, en contextos de mucha interrelación como son los mercados internacionales, cada vez más densos y con mayor actividad. En estos entornos la colaboración es una vía para generar un valor superior para las partes que colaboran. Hoy en día muy pocos discuten el valor del trabajo en equipo. Empresarios y académicos experimentan y subrayan que la contribución de los equipos que saben colaborar es superior a la suma de aportaciones individuales de los miembros que lo integran.[46] Y lo mismo sucede a nivel de trabajo en equipo entre organizaciones.

45. La aportación de Lilly a la investigación en la COVID-19 puede leerse en: <https://www.lilly.es/historias/politica-sanitaria/aportacion-lilly-covid 19>.

46. Verbideas toma la empatía de Edith Stein como eje de una colaboración creativa de equipos para un rendimiento en conjunto superior a la suma de los rendimientos individuales tal y como ella describe en su libro *Sobre el problema de la empatía.*

Fundamentos y retos de la gestión de alianzas

Antes de avanzar en el objetivo de este capítulo conviene resumir brevemente las bases de gestión de las alianzas e identificar eventuales necesidades y ámbitos de progreso.

1. En toda alianza se sobreentiende la existencia de un **resultado esperado**. De no ser así, la creación de la alianza carecería de sentido.
2. Toda alianza representa nuevas combinaciones de recursos y capacidades para hacer algo nuevo o algo que de manera individual se hace con menor valor efectivo al deseado. Así las alianzas se estructuran en una realidad de recursos y en una elaboración de valor a compartir y una relación de equipo respectivamente. Esta elaboración puede consistir en una exploración conjunta para encontrar algo nuevo o en una explotación compartida de los recursos para hacer las cosas de una manera más eficiente. Se distinguen como elementos integrantes de la alianza: **la estructura de la alianza**, el **contrato psicológico** que se genera entre las partes y la **calidad relacional** que se presume determinante para la efectividad de la alianza.[47] Desde el primer momento, las personas valoran continuamente intenciones y contribuciones de unos y otros dando lugar a una especie de contrato psicológico, en el que caben malentendidos o confusiones que pueden llevar al fracaso. Son conocidos, por ejemplo, los problemas que al principio vivió la alianza entre Coca-Cola y Nestlé para la distribución de Nestea y bebidas de café enlatado debido a una diferencia de interpretación inicial de lo que concretamente representaba la acción de «empujar» un producto.

47. Reuer, Jeffrey; Ariño, África; y Olk, Paul, *Entrepreneurial Alliances*, Pearson Prentice Hall, 2010.

Gráfico 15.1. Dirección de alianzas

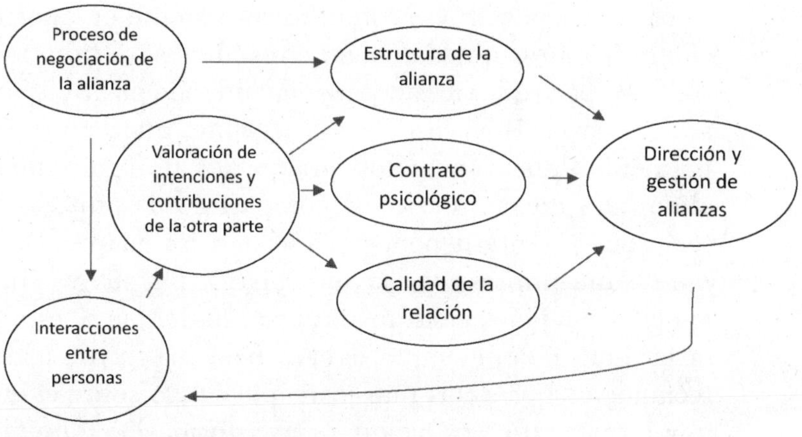

Fuente: Elaboración propia a partir de Reuer, Jeffrey; Ariño, África; y Olk, Paul, *Entrepreneurial Alliances*, Pearson Prentice Hall, 2010.

3. La calidad relacional comprende el conjunto de relaciones entre las personas. Este aspecto personal, resultado del proceso negociador y que se va desarrollando a lo largo de la alianza, se presume determinante para la efectividad de una alianza y condiciona su futuro. Por ejemplo, en la citada alianza de Coca-Cola y Nestlé, diferencias en los esfuerzos de las partes por ajustar su colaboración ante situaciones de cambio y en aspectos críticos tuvieron impacto en la calidad de la relación. Los elementos que contribuyen a configurar una relación de calidad se agrupan en cuatro clases:[48] las condiciones iniciales que permiten el desarrollo de confianza, las interacciones entre los socios que se dan durante los procesos de negociación, las relaciones entre ellos una vez iniciada la alianza —que hacen que puedan colaborar, se comuniquen bien, anticipando objetivos comunes— y los eventos externos que afectan a la alianza.

48. Ariño, África; De la Torre, José; y Smith, Peter, «Relational quality: managing trust in corporate alliances», *California Management Review*, 44, 1 (2001), pp. 109-131.

4. En las alianzas juegan un papel clave las interdependencias. Thompson. J. D. reconoce tres tipos.[49] La primera es la interdependencia conjunta consistente en aportaciones (*inputs*), que dan lugar a resultados (*outputs*) separados, pero que sumados forman un todo positivo para ambas partes. Es el caso de una aerolínea que transporta pasajeros y una cadena hotelera que los alberga y que se alían para crear un sistema compartido de puntos. La segunda es la interdependencia secuencial, en que el *output* de una empresa se convierte en el *input* sobre el que la otra trabaja para dar lugar al resultado que se espera de la alianza. Por ejemplo, es el caso de una empresa biotecnológica que aporta un principio activo sobre el que una farmacéutica trabaja para transformarlo en un fármaco y lanzarlo al mercado, que es el objetivo de la alianza y su resultado esperado. En la tercera interdependencia, llamada recíproca, con el *input* de un socio de la alianza, el otro socio desarrolla un resultado que se convierte a su vez en *input* para el primero. Es el caso de los proyectos conjuntos de investigación en los que las partes se retroalimentan con sus resultados y que requieren una adaptación y actualización de los procesos. La involucración de las personas a lo largo del proceso es determinante y, por tanto, especial.
5. Para la coordinación efectiva de una alianza se identifican cuatro elementos con impacto que es necesario saber recombinar para procurar nuevas maneras de innovar y conseguir resultados de valor en ellos. Se trata de las capacidades individuales de las personas, los datos, los sistemas de coordinación y las rutinas o dinámicas de las personas, es decir, sus procesos.[50]

49. Thompson, James D., *Organizations in Action*, Routledge, 2017.

50. Ariño, África; y Andreu i Civit, Rafael, «Claves para coordinar alianzas de valor. Un modelo “micro” de eficiencia “macro”», *IESE Insight*, 36 (2018), pp. 15-21.

Los retos que presentan las alianzas se relacionan con la dificultad de las partes para compartir objetivos, porque la experiencia demuestra que las empresas en alianza continúan dando prioridad a sus objetivos individuales. La combinación de objetivos privados incompatibles con los compatibles y los comunes a las partes se hace difícil y el peso de estos últimos en las alianzas debería ser mayor. Saber definir y mantener adecuadamente un resultado objetivo compartido es clave.

Por otra parte, las negociaciones a menudo se enfocan en cuestiones formales, reduciendo la estructuración de la alianza a este aspecto, limitándose, por ejemplo, a organizar una *joint venture* al 50 por ciento. Pero el desarrollo de valor que pretende toda alianza va más allá de un planteamiento financiero y legal y, por tanto, debe reflejarse en la estructuración de un equipo de personas, objetivos, recursos, pero también en unos indicadores y maneras de controlar el progreso, en sistemas para organizar la acción emprendedora y promoverla entre las personas. Por otra parte, para el éxito o fracaso de una alianza se considera determinante el factor confianza.

Está claro que en condiciones favorables en donde hay una paridad o una compatibilidad muy manifiesta, es más fácil que la confianza aflore con facilidad, pero lo habitual es tener que colaborar con las personas y empresas en las que puedan no darse esas condiciones positivas. La confianza en realidad debería derivar del compromiso con un objetivo compartido que sacar adelante.

Dirigir la acción emprendedora en las alianzas: vectores de progreso para las alianzas

Como decía al principio del capítulo, en las alianzas entre empresas hay personas y, por tanto, es coherente averiguar qué puede aportar a la gestión de alianzas una mayor comprensión de la persona artífice y de su acción emprendedora. ¿Qué nuevas perspectivas o ángulos de progreso puede plantear? ¿Podrán enriquecer las prácticas para una dirección que favorezca un rendimiento superior? Tal y como la experiencia con la COVID-19 ha demostrado, las alianzas deben poder aspirar a la construcción de resultados superiores mediante la colaboración de personas de empresas distintas. ¿En qué se concretaría todo ello en el modelo de dirección de alianzas?

Del análisis realizado se infieren varios vectores de progreso para las alianzas. Será primordial saber definir un resultado esperado. A veces las empresas no consiguen ponerse del todo de acuerdo, compartir plenamente un resultado. En estos casos, se recomienda elevar la aspiración porque el motor de la alianza será este resultado ambicioso, concreto y compartido. La visión de un resultado esperado que compromete se convierte en remedio a los bloqueos. Será también necesario introducir la visión como motor de la actividad de la alianza, y mantener y construir esa visión a lo largo de la vida de la alianza. Hemos visto que todo ello es causa de confianza y de una más efectiva colaboración entre personas. Por tanto, harán falta sistemas y herramientas, que deben acompañar e incluso desplazar las valoraciones de intenciones y contribuciones para esquivar la subjetividad negativa y por el contrario saber incorporar la experiencia subjetiva positiva.

Verbideas ofrece un espacio nuevo para este vector de progreso que necesitamos. Se trata del espacio de la acción emprendedora de la persona que, tomado como ámbito de dirección, permite estimular la acción emprendedora conjunta entre las personas en el lenguaje y dinamismo que le son propios. Verbideas sirve para impulsar lo propio de las personas, auténticas artífices del valor, para que éstas desarrollen y hagan realidad con las tecnologías y demás recursos disponibles la innovación. Y lo que es más interesante, ofrece un sistema que no interfiere en las operaciones ordinarias ni en los objetivos privados o individuales de las partes en la acción, estando centrada en el cometido de la alianza y así generando confianza. En definitiva, sistemas de trabajo en equipo, formación en acción emprendedora, en empatía, en actualización de visión, en planes y acciones aprovechando los recursos disponibles, entre otros.

El principio de buscar verdad, comprender la realidad, consiste en un proceso para evidenciar. A veces la evidencia es científica y sofisticada, pero otras veces las evidencias son cosas pequeñas. No importa, esas cosas pequeñas son vitales porque sólo se puede construir con lo que hay, con lo real. Trabajar la evidencia además amplía y construye visión compartida. Esta visión en las alianzas es importante trabajarla desde el inicio tanto en la definición de un resultado esperado como en el establecimiento de los indicadores de efectividad. La claridad, y si se permite, la rotundidad del resultado esperado, así como su constante profundización, debería ser razón de progreso. Esta evidencia también puede favorecer la conciliación de objetivos comunes y privados, y deshacer los malentendidos que con frecuencia ocurren. Por otra parte, la visión también debe encaminarse al conocimiento actualizado de las capacidades y recursos de la alianza y en general todo lo que pueda ser incluido en su cadena de valor y en la actividad de las personas. También a la necesaria actualización del conocimiento acerca de los recursos y capacidades disponibles a través de la alianza, que puede permitir llegar a hacer algo nuevo que no estaba previsto al inicio.

El principio de encontrar bondad ayuda a la elaboración de valor. Las capacidades de las personas de la alianza deben ser apropiadamente estimuladas para que todas ellas contribuyan. Esto representa ayudarlas a desarrollar habilidades y a utilizar su pensamiento, también su intuición e ingenio, a nivel individual y en equipo para asegurar que todas aportan. Un proceso en el que las personas van eligiendo y definiendo propuestas de valor en todas sus dimensiones: para el cliente, para la alianza, para la sostenibilidad, para las partes, entre otros. Esto representa mayor alcance en propuestas de valor como el desarrollo de una innovación diferenciada y coherente con el patrón innovador de los socios, y con el resultado esperado y los recursos disponibles.

Por último, el principio de hacer belleza, que consiste en la expresión de la visión, en hacer realidad la propuesta de valor, introduce un sistema que facilita la innovación sin interferir en las operaciones ordinarias. La innovación en forma de mejora o de nueva solución se incorpora cuando está lista, en armonía con el contexto en el que se trabaje. Este sistema abre un detenimiento en la propia innovación que permite construir esta misma innovación con orden, priorizando, manteniendo el resultado esperado en mente, atendiendo a su efectividad y a otros impactos que puedan condicionar el éxito o propiciar el fracaso de las alianzas. En una especie de descomposición factorial, hacer belleza introduce un orden en el caos de la innovación. Es el orden que procede de la visión compartida y de aproximarse a la realidad desde la acción.

El resultado es una mayor visión y, sobre todo, una visión compartida en una organización, un equipo o una alianza. Compartida y profundizada, la visión se convierte en un generador de confianza. Se va viendo mientras se trabaja y, desde el principio, la visión y ambición de un resultado esperado generan convicción y estimulan el esfuerzo en proseguir. En otras palabras, dirigir una alianza es nutrir una visión, ayudar a construir una visión en las personas: una estructura coherente con el resultado esperado y los recursos que se aportan, un contrato psicológico basado en asegurar el realismo y la concreción, y sistemas de trabajo que desarrollen una relación de calidad basada en la visión. Por consiguiente, no estamos hablando ya de valorar las intenciones y capacidades, sino de introducir esfuerzos para llevar a las personas a construir una visión que supere la valoración de intenciones que habitualmente ocurre. Moverse por visión permite avanzar deprisa. Por otra parte, conviene no olvidar que, junto al contrato psicológico y a la calidad relacional en las alianzas, se produce crecimiento de las personas. El gráfico 15.2 ubica estas nuevas perspectivas en el modelo de alianzas.

Estamos en aprendizaje continuo y nos vamos haciendo conscientes de que la dirección de organizaciones es facilitadora de innovación, siempre llevada a cabo por personas en la medida en que les den un foco claro y les permitan contribuir. La innovación sale de las personas, no de los procesos, aunque éstos sí tienen la capacidad de bloquearla o de facilitarla. Las personas son las únicas que pueden aportar valor, para lo cual los procesos externos deben estimularlas, hacerles ver el propósito adecuado, introducir valores, generar espacios para dejarles hacer como personas y organizar un seguimiento que compruebe la efectividad esperada y la creación de valor que suele siempre ser más amplia de lo que se ve.

Las personas en las alianzas pueden contribuir y desarrollarse más si sus actividades se organizan de una manera más adecuada a lo que son. Por ejemplo, la confianza en las alianzas debería poder evolucionar de un hacer visible la dependencia cuando ésta existe a la visión y construcción conjunta de crear más valor, es decir, la visión y ambición de un resultado esperado superior al que individualmente aspirarían los socios. La exposición a esta visión, convertida en foco de la acción, permite el desarrollo de la acción con los recursos aportados por las partes. Así, la visión activa la confianza necesaria para crecer y construir lo nuevo.

Gráfico 15.2. Perspectivas para la dirección de alianzas desde Verbideas

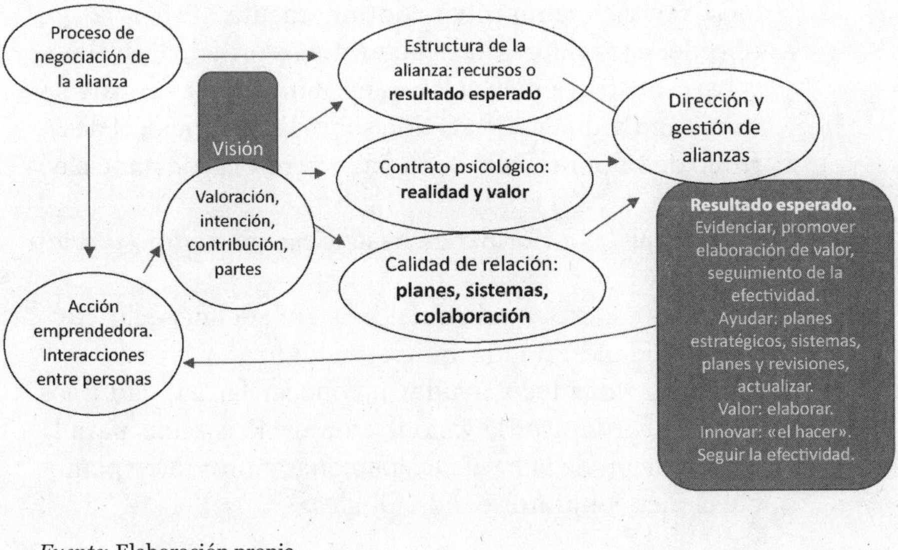

Fuente: Elaboración propia.

Recomendaciones para la dirección de la alianza

1. Definir un resultado esperado ambicioso, ponerse de acuerdo elevando la ambición. Después ya se verá cómo se hace.
2. Que la visión se erija como motor de la alianza representa que todos ven más la realidad, incluidos los recursos propios y lo que hacen. Hacen falta indicadores, espacios, visibilidad.
3. Seguir trabajando en la definición de lo que representa este resultado en las distintas posiciones y contextos. Actualizar la visión periódicamente y profundizar en lo que ésta representa en los distintos ámbitos de trabajo de las personas, de la alianza. Esto representa planes.
4. Promover el esfuerzo por conocer los recursos y la gestión que se está llevando a cabo.
5. Cuantificar los indicadores.
6. Seguir la efectividad del resultado esperado y del impacto de las acciones en los clientes, en los empleados, en la calidad relacional entre los socios, en el entorno, en la sostenibilidad del proyecto. Esto requiere no darlo por sentado, revisar y comprobar continuamente.
7. Atender a los valores de la alianza. Los principales: el nosotros construye más valor que la suma de las construcciones individuales, la gestión sobre la evidencia, el desarrollo de valor más allá de lo financiero y la constancia en la acción.
8. Identificar las prioridades basándose en tiempo o relevancias.
9. Acciones concretas sobre el ecosistema del negocio. Responsabilidades: dónde, quién y cuándo.
10. Liderazgo: dar foco, ayudar a conocer la realidad y los recursos, promover la visión, promover sistemas para la contribución de valor de las personas y promover planes y acciones conjuntos e individuales.

16

Diseñar sistemas de información para innovar

por Christoph Schneider

Introducción

Las organizaciones actuales se enfrentan a retos sin precedentes debido a que los clientes son cada vez más volubles, los ciclos de vida de los productos son más cortos y los competidores son más ágiles.[51] También se enfrentan a desafíos ecológicos, sociales, geopolíticos y de otros tipos. En consecuencia, las organizaciones necesitan fomentar la innovación y aprovechar las fuentes de innovación internas y externas.

El marco Verbideas puede ayudar a promover la innovación dentro de las organizaciones, proponiendo un proceso de creación de valor que reconoce la importancia de las personas como actores centrales de este proceso.[52] Por consiguiente, los directi-

51. Von Briel, Frederik; Schneider, Christoph; y Lowry, Paul Benjamin, «Absorbing knowledge from and with external partners: the role of social integration mechanisms», *Decision Sciences*, 50, 1 (2019), pp. 7-45. Von Briel, Frederik; y Schneider, Christoph, «A Taxonomy of web-based inbound open innovation initiatives», *18th Americas Conference on Information Systems*, (2012).

52. Fité, Rosa M.; Mehta, Kandarp; y Nueno, Pedro, «Verbideas: un modelo nuevo para la innovación continua», *Harvard Deusto Business Review*, 317 (2021).

vos deben centrarse en apoyar a las personas dentro del proceso de creación de valor y en diseñar productos que creen valor. Para ello, Verbideas se centra en tres principios fundamentales. El primer principio, *buscar la verdad*, tiene por objeto fundamentar la innovación en la realidad y establece, como requisito, la comprensión, de manera profunda, de la realidad. El segundo principio, *encontrar la bondad*, tiene por objeto desarrollar el valor; como tal, la atención debe centrarse en la búsqueda de aspectos positivos, en lugar de encontrar deficiencias y problemas. El tercer principio, *crear belleza*, requiere comprender cómo poner en práctica ideas novedosas para captar valor.

A través de los procesos de innovación, las organizaciones pueden aprovechar el apoyo de los sistemas de información para captar, evaluar y aplicar ideas innovadoras. Por ejemplo, las organizaciones han utilizado iniciativas de innovación abierta para aprovechar el conocimiento externo:[53] empresas como BMW, Dell, Starbucks, Clorox y Fisher-Price han utilizado plataformas de generación de ideas para permitir que las partes externas (como los clientes) interesadas participen en el proceso de innovación.[54] Del mismo modo, las organizaciones utilizan sistemas de información internos, como bases de datos de ideas, para que los empleados puedan presentar las suyas y hacer un seguimiento de la evaluación y aplicación éstas.[55]

Sin embargo, aprovechar la creatividad de las personas y convertirlas en intraemprendedores sigue siendo un reto. En este capítulo destacaré cómo las interfaces de usuario de los sistemas de información pueden ayudar a buscar verdad y encontrar bondad, y cómo centrarse en el usuario ayuda a crear belleza.

53. Chesbrough, Henry William, *Open innovation: the new imperative for creating and profiting from technology*, Harvard Business Review Press, 2003.

54. Von Briel, Frederik; y Schneider, Christoph, «A Taxonomy of web-based inbound open innovation initiatives», 18th Americas Conference on Information Systems (2012).

55. Cornelius, Philipp B.; Gokpinar, Bilal; y Sting, Fabian J., «Sparking manufacturing innovation: how temporary interplant assignments increase employee idea values», *Management Science*, 67, 4 (2021), pp. 2231-2250.

Buscar verdad

Este principio sugiere que las nuevas ideas suelen surgir de nuestro entorno, y que la comprensión de la realidad es crucial para que la innovación propuesta tenga éxito.[56] Así pues, debemos tratar de comprender la realidad de tal modo que se minimicen los sesgos que pueden influir negativamente en el potencial innovador. Mientras que en el pasado la falta de datos impedía adquirir una comprensión cabal de la realidad, en la actualidad esta comprensión se ve a menudo obstaculizada por el hecho de disponer de demasiados datos y por la necesidad de ser capaces de interpretarlos. En esta sección, hablaré de dos fuentes de sesgo que pueden bloquear nuestra capacidad para buscar verdad, a saber, los sesgos en los datos y los sesgos humanos en su interpretación.

Minimizar los sesgos en los datos

Ningún dato que encontremos es verdaderamente neutro. Los datos que se analizan con el objetivo de tomar mejores decisiones reflejan las fuentes de las que proceden, los sesgos de las preguntas que formulamos y las respuestas que buscamos, entre otros.[57] Por consiguiente, los directivos deben ser conscientes de estos sesgos inherentes, y ver e interpretar los datos y los resultados de los análisis realizados desde esta perspectiva.

En la búsqueda de verdad, los directivos deben garantizar en primer lugar la integridad de los datos organizativos y asegurarse de que los datos procedentes de distintas fuentes de la organización son coherentes; esto implica crear una «fuente única de verdad» (SSOT, por sus siglas en inglés), de forma que los dis-

56. Fité, Rosa M.; Mehta, Kandarp; y Nueno, Pedro, «Verbideas: un modelo nuevo para la innovación continua», *Harvard Deusto Business Review*, 317 (2021), pp. 68-77.

57. Véase, por ejemplo: McKenzie, Raub, «Bots, bias and big data: artificial intelligence, algorithmic bias and disparate impact liability in hiring practices», *Arkansas Law Review*, 71 (2018), pp. 529.

tintos datos, ya sean sobre clientes, productos, proveedores o procesos empresariales, se definan sin ambigüedades en toda la organización.[58] Hacer posible la innovación exigirá utilizar los datos basados en una SSOT para dar soporte a múltiples «caras» de la verdad (MVOT, por sus siglas en inglés) para poder gestionar e interpretar la información en su contexto, en función de las necesidades de los responsables de la toma de decisiones.[59] El hecho de contar con múltiples «caras» de la verdad permite a los directivos comprender mejor la situación actual, generar ideas sobre los clientes y las condiciones del mercado y liberar todo el potencial de innovación de la organización.

Otra cuestión relacionada con la calidad de los datos que hay que tener en cuenta a la hora de buscar verdad son los sesgos inherentes a éstos. Con los rápidos avances de los algoritmos de aprendizaje automático e inteligencia artificial, los gestores deben saber en qué se basan las recomendaciones o decisiones de estos sistemas. El análisis estadístico de grandes conjuntos de datos puede revelar ideas importantes para las organizaciones; sin embargo, los responsables de la toma de decisiones deben ser conscientes de que tales ideas se basan en los datos en los que se basan los algoritmos, y de que los resultados de éstos reflejarán necesariamente cualquier sesgo inherente a los datos analizados.[60] Por ejemplo, los grandes modelos lingüísticos, como el GPT-3, que utilizan el procesamiento del lenguaje natural (PLN) para generar pasajes de texto en respuesta a las indicaciones de los usuarios, se basan en fuentes de Internet. Como tales, reflejan los sesgos culturales, geográficos y de todo tipo, inherentes a los contenidos que se encuentran en la red; además, aunque el resultado es aparentemente sensato, se basa únicamente en probabilidades estadísticas de secuencias de palabras, y no existe una «comprensión»

58. DalleMule, Leandro; y Davenport, Thomas H., «What's your data strategy», *Harvard Business Review*, 95, 3 (2017), pp. 112-121.

59. Ibídem.

60. Véase, por ejemplo: Gianfrancesco, Milena A. *et al.*, «Potential biases in machine learning algorithms using electronic health record data», *JAMA Internal Medicine*, 178, 11 (2018), pp. 1544-1547.

per se por parte de las máquinas.[61] En la búsqueda de verdad, debemos superar nuestra tendencia a asombrarnos ante tal tecnología y comprender la necesidad de ajustarnos a tales sesgos.

Minimizar los sesgos humanos

No sólo los datos están sesgados, sino que la forma en que se nos presentan influye mucho en el sentido que les damos. Los modelos económicos tradicionales han considerado a los seres humanos como seres racionales que buscan maximizar la utilidad; sin embargo, el ser humano tiene limitaciones cognitivas que le obligan a recurrir a la heurística para interpretar los datos o tomar decisiones.

Por ejemplo, la investigación ha demostrado continuamente que los juicios y las decisiones se ven muy afectados no sólo por los datos y las opciones que se presentan al responsable de la toma de decisiones, sino también por la forma en que se presentan dichas opciones.[62] Al interactuar con cualquier interfaz de usuario de un sistema de información (ya sea un sitio web, un formulario de introducción de datos en un sistema de planificación de recursos empresariales o una aplicación móvil), nos encontramos esencialmente con un entorno de elección digital, en el que los datos o las opciones pueden presentarse de diferentes maneras.[63] Sin embargo, ninguna presentación será neutral, y tanto la presentación de los datos como los campos de entrada o las opciones disponibles afectarán a la forma en que los huma-

61. Véase, por ejemplo: Bender, Emily M. *et al.*, «On the dangers of stochastic parrots: can language models be too big?», *Proceedings of the 2021 ACM conference on fairness, accountability, and transparency*, 2021.

62. Thaler, Richard H; y Sunstein, Cass R., *Un pequeño empujón*, Taurus, 2009.

63. Schneider, Christoph; Weinmann, Markus; y Vom Brocke, Jan, «Digital nudging: guiding online user choices through interface design», *Communications of the ACM*, 61, 7 (2018), pp. 67-73. Weinmann, Markus; Schneider, Christoph; y Vom Brocke, Jan, «Digital nudging» *Business & Information Systems Engineering*, 58 (2016), pp. 433-436.

nos interpretan o aplican lo que ven. Por ejemplo, las personas ajustan su interpretación de un valor numérico cuando se les proporciona un anclaje externo (como algún otro valor numérico), aunque no esté relacionado con la decisión en cuestión;[64] del mismo modo, cuando se les presentan gráficos, las personas perciben la magnitud de los valores o los cambios en las cantidades de forma diferente, dependiendo de las escalas de los gráficos.

Otra fuente frecuente de sesgo es que las personas tienden a buscar información coherente con sus puntos de vista.[65] En consecuencia, para ayudar a buscar verdad, los sistemas deben diseñarse de forma que se minimicen los sesgos (por ejemplo, proporcionando contexto) y se anime a los usuarios a examinar los supuestos subyacentes a la presentación de los datos, por ejemplo, proporcionando alertas sobre posibles fuentes de sesgo.

Encontrar bondad

La aparición de los medios sociales y las aplicaciones web interactivas ha permitido a las organizaciones crear portales de innovación con los que fomentar la innovación interna y externa y aprovechar la creatividad de las partes interesadas, tanto las internas como las externas.[66] Las personas aspiran a encontrar bondad cuando ven que sus esfuerzos contribuyen a alcanzar una visión compartida y cuando están motivadas. Según la teoría de la autodeterminación, la satisfacción de las necesidades de autonomía, competencia y relación de las personas impulsa sus acciones en pos de un objetivo,[67] y el contexto y el entorno social

64. Véase, por ejemplo: Weinmann, Markus; Schneider, Christoph; y Vom Brocke, Jan, *op. cit.*

65. Véase Nickerson, Raymond S., «Confirmation bias: a ubiquitous phenomenon in many guises», *Review of General Psychology*, 2, 2 (1998), pp. 175-220.

66. Von Briel, Frederik; y Schneider, Christoph, «A Taxonomy of web-based inbound open innovation initiatives», *18th Americas Conference on Information Systems* (2012).

67. Deci, Edward L.; y Ryan, Rihard M., *Intrinsic Motivation and Self-Determination in Human Behavior*, Springer Science & Business Media, 2013.

deben facilitar la inclinación de las personas a perseguir el crecimiento.[68]

En consecuencia, los sistemas para apoyar la búsqueda de bondad deben diseñarse con la mentalidad puesta en proporcionar ofrecimientos (*affordances*) motivacionales;[69] en otras palabras, los sistemas deben diseñarse para incluir propiedades que satisfagan las necesidades innatas de competencia, relación y autonomía de las personas. Por ejemplo, se podría proporcionar retroalimentación durante la evaluación de ideas. Como hemos demostrado, en un contexto de generación de ideas, proporcionar una retroalimentación positiva e informativa, en lugar de negativa, puede proporcionar a las personas un sentido de competencia, puede ayudar a las personas a tener una visión positiva de un problema, buscar desafíos y desarrollar una actitud optimista hacia los retos, lo que da como resultado una mayor calidad y cantidad de ideas.[70] Dicha retroalimentación podría basarse en indicadores objetivos, o usar algún tipo de sistema de calificación, como se utiliza en los sitios web más conocidos de comercio electrónico.[71]

Del mismo modo, proporcionar a las personas un sentimiento de colaboración hacia un objetivo común puede ayudar a satisfacer su necesidad de relación. Por último, la necesidad de autonomía puede satisfacerse si las personas sienten que comparten los valores y la visión de la organización;[72] cuanto más se identi-

68. Ryan, Richard M.; y Deci, Edward L., «Overview of self-determination theory: An organismic dialectical perspective», *Handbook of self-determination research*, 2 (2002), pp. 3-33.

69. Véase, por ejemplo: Jung, J. H.; Schneider, Christoph, y Valacich, Joseph, «Enhancing the motivational affordance of information systems: The effects of real-time performance feedback and goal setting in group collaboration environments», *Management Science* 56.4 (2010): 724-742; o Zhang, Ping, «Technical Opinion Motivational Affordances», *Communications of the ACM*, 51, 11 (2008), pp.145-147.

70. Ibídem.

71. Véase, por ejemplo: Weinmann, Markus *et al.*, «When the Stars Shine Too Bright: Assessing the Influence of Multi-Dimensional Ratings on Overall Product Ratings», *Management Science*, (2019).

72. Véase Ryan, Richard M.; y Deci, Edward L., «Overview of self-deter-

fiquen las personas con los valores, la visión o los objetivos compartidos, y cuanto más congruentes sean éstos con los valores personales, más probable será que las personas perciban un alto grado de autonomía, lo que estimulará su motivación y su potencial innovador.

Crear belleza

El último paso de Verbideas consiste en reconocer que cualquier idea, por buena que sea, vale poco, a menos que se concrete y aporte valor al usuario previsto.[73] En consecuencia, es esencial centrarse en el usuario previsto para crear belleza, lo que no sólo implica comprender al usuario y sus necesidades y diseñar el producto o servicio para satisfacerlas, sino también evaluar en qué medida se satisfacen esas necesidades.[74] Eso es más evidente en el caso de los productos o servicios digitales, o los que tienen un componente digital; no existe un diseño único, y los diseños que funcionan en un contexto o para un producto o servicio no funcionan en otros.[75] Sin embargo, los entornos digitales permiten desarrollar y evaluar rápidamente diseños alternativos, por ejemplo, mediante pruebas divididas o pruebas A/B.[76]

Un proceso de evaluación de este tipo podría seguir el ciclo construir-medir-aprender descrito en la metodología *Lean Startup*,[77] que subraya la importancia del aprendizaje validado: cualquier nuevo diseño de un producto o servicio es inicialmente sólo

---

mination theory: An organismic dialectical perspective», *Handbook of self-determination research*, 2 (2002), pp. 3-33.

73. Fité, Rosa M.; Mehta, Kandarp; y Nueno, Pedro, «Verbideas: un modelo nuevo para la innovación continua», *Harvard Deusto Business Review*, 317 (2021), pp. 68-77

74. Véase, por ejemplo, Schneider, Christoph; Weinmann, Markus; y Vom Brocke, Jan, «Digital nudging: guiding online user choices through interface design», *Communications of the ACM*, 61, 7 (2018), pp. 67-73.

75. Ibídem.

76. Ibídem.

77. Ries, Eric, *El método Lean Startup*, Ediciones Deusto, 2011.

una hipótesis, y sólo siguiendo un proceso de aplicación del diseño, probándolo con los usuarios previstos y aprendiendo de los resultados se llegará a los resultados esperados y se creará belleza.

Conclusión

Verbideas puede ayudar a las organizaciones a desarrollar un sistema de innovación continua. Para promover la innovación en su conjunto y mejorar la creación de valor, es necesario comprender la realidad y buscar la bondad, antes de transformar las ideas en realidad. Los sistemas de información se utilizan en todos los procesos de innovación, pero el diseño de los sistemas influye en la capacidad de comprender la realidad y buscar la bondad, y los entornos digitales exigen y permiten probar nuevas ideas a la hora de crear belleza. En este capítulo he esbozado algunos de los retos a los que se enfrenta el diseño de sistemas y cómo los miembros de la organización pueden tomar conciencia de los retos y las formas de superarlos.

Sexta parte

Creando y desarrollando valor sostenible

17

Valorando la naturaleza

por José Luis Suárez y Miguel Jiménez

La preocupación por nuestro planeta es urgente y está presente en los congresos científicos, en el debate político, en la acción de las empresas a nivel local, nacional e internacional y en los medios de comunicación. Es objeto de estudios y de iniciativas que gratuitamente tratan de remediar desastres ecológicos. Se habla de capital natural, de biodiversidad y de servicios de los ecosistemas entendidos como los beneficios que la sociedad disfruta procedentes de la naturaleza.

El impacto de la actividad humana en el cambio climático, en la naturaleza y biodiversidad no sólo está poniendo en cuestión la disponibilidad de estos recursos en el futuro, también de otros que, sin saberlo, dependían de ellos. Por consiguiente, ha llegado el momento de superar de verdad la relación de dependencia entre crecimiento económico y destrucción de ecosistemas proveedores de recursos. Lo primero no puede depender de lo segundo.

Esto representa eliminar las prácticas que son causa de insostenibilidad natural y subsanar los errores posibles. Es una cuestión aparentemente ingente, pues la naturaleza es inmensa, las áreas de impacto son muchas, variadas y muchas veces desconocidas, poniéndose de manifiesto al cabo del tiempo. Las ciencias de la naturaleza abordan múltiples disciplinas y especialidades, la complejidad es enorme. ¿Es posible anticipar los daños a evitar y los beneficios a proteger para gestionar de otra manera el crecimiento de las empresas? Pensamos que sí y que para ello las empresas necesitan saber valorar los ecosistemas y entender el valor que representan, para así poderlos salvaguardar y potenciar en sus planes, acciones y operaciones.

Una oportunidad para las empresas

El Programa de las Naciones Unidas para el Medio Ambiente (UNEP) del 2018 explicita una serie de oportunidades en las que la valoración de ecosistemas puede ser útil. Se trata de ayudar a concienciar sobre el valor del medioambiente, revelar la distribución de costes y beneficios de un proyecto entre ganadores y perdedores, diseñar herramientas más eficaces para la gestión ambiental, diseñar tarifas apropiadas para el uso de los servicios ecosistémicos, calcular el retorno potencial de la inversión para proyectos que impactan el medioambiente, comparar costes y beneficios de diferentes usos del medioambiente, calcular los valores de los servicios ecosistémicos y el capital natural para la entrada en cuentas verdes, o calcular los daños ambientales y establecer compensaciones, entre otros.

Sin embargo, si la empresa, sea grande o pequeña, no es capaz de abordar esa complejidad en la práctica y en su propia realidad será difícil acelerar el cuidado que la sociedad y la naturaleza reclaman con urgencia. Necesitamos anticipar los efectos negativos para cancelarlos, resolver un impacto antes. Extender la prevención y cuidado de la realidad para ayudar a revertir el problema.

Está claro que la valoración de los ecosistemas tiene que seguir avanzando hacia sistemas mejores y en la identificación de directrices. Nuestra propuesta de un marco de trabajo para las empresas pensamos que puede ayudar en diversos sentidos. Las empresas necesitan herramientas que les permitan abordar la práctica de la sostenibilidad en su realidad y trabajar con los mismos objetivos de desarrollo saludable de un medioambiente afectado negativamente.

La valoración de servicios ecosistémicos en la actualidad

Empresas, organizaciones e instituciones están diseñando modelos para custodiar el medioambiente y que este mismo cuidado sea un valor en las empresas, una actividad que redunde no solamente en el valor de una marca, en la reputación de una empresa, sino también en el valor financiero de una acción, entre otros. Existen clasificaciones de las contribuciones de los ecosistemas al bienestar entre las que destaca The Common International Classification of Ecosystem Service (CICES) que puede verse en la tabla 17.1. Las empresas cuentan además con diversos métodos de valoración de ecosistemas, que resume el gráfico 17.1, y con bases de datos como las que muestra la tabla 17.2 para abordar cuestiones diversas como el carbono, el carbón, el agua, entre otros elementos de biodiversidad que basan su seguimiento en un elemento tangible. El patrón suele ser una señal, una huella, una evidencia concreta que convertida en dato permite valoraciones y por consiguiente su gestión.

Tabla 17.1. Clasificación CICES V5.1

SECCIÓN	DIVISIÓN	GRUPO	CLASE	CÓDIGO	TIPO
Aprovisionamiento biótico (nutritivo, material no nutritivo y energía producida de sistemas vivos como también producción abiótica)	Biomasa	Plantas terrestres cultivadas para la nutrición, materiales o energía	Plantas terrestres (incluidas algas, hongos) cultivadas para propósitos nutritivos	1.1.1.1	Cultivos por cantidad, tipo (por ejemplo: cereales, raíces de los cultivos, fruta, etc.)
Regulación y mantenimiento (todas las formas en que los organismos vivos pueden mediar o moderar el medioambiente que afecta a la salud humana, su seguridad o comodidad, junto con equivalentes abióticos)	Transformación de elementos bioquímicos o físicos a ecosistemas	Tratado de desechos o de sustancias tóxicas de origen antropogénico por procedimientos vivos	Biorremediación por microorganismos, algas, plantas y animales	2.1.1.1	Por tipo de sistema vivo o por desecho o tipo de subsistencia
Cultural (todos los productos no materiales, y normalmente no rivales y no consuntivos, de los ecosistemas [bióticos y abióticos] que afectan a los estados físicos y estados mentales de la gente)	Interacciones directas, *in situ* y al aire libre con sistemas vivos que dependen de su presencia en el entorno ambiental	Interacciones físicas y experienciales con el entorno natural	Características de sistemas vivos que permiten actividades que promueven la salud, la recuperación o el disfrute a través de interacciones activas o inmersivas	3.1.1.1	Por tipo de sistema vivo o entorno ambiental
Aprovisionamiento abiótico	Agua	Agua superficial utilizada para la nutrición, materiales o energía	Agua superficial para beber	4.2.1.1	Por cantidad, tipo y fuente

En la última fila se ha añadido un ejemplo de un SE abiótico.

Fuente: Elaboración propia a partir de Hines-Young, Roy; y Potschin, Marion B, «Common international classification of ecosystem services (CICES) V5.1 and guidance on the application of the revised structure», 2018, que muestran los grupos principales considerados en CICES V5.1 con descripciones y ejemplos.

Gráfico 17.1. Resumen de métodos de valoración de servicios ecosistémicos según su nivel de tangibilidad

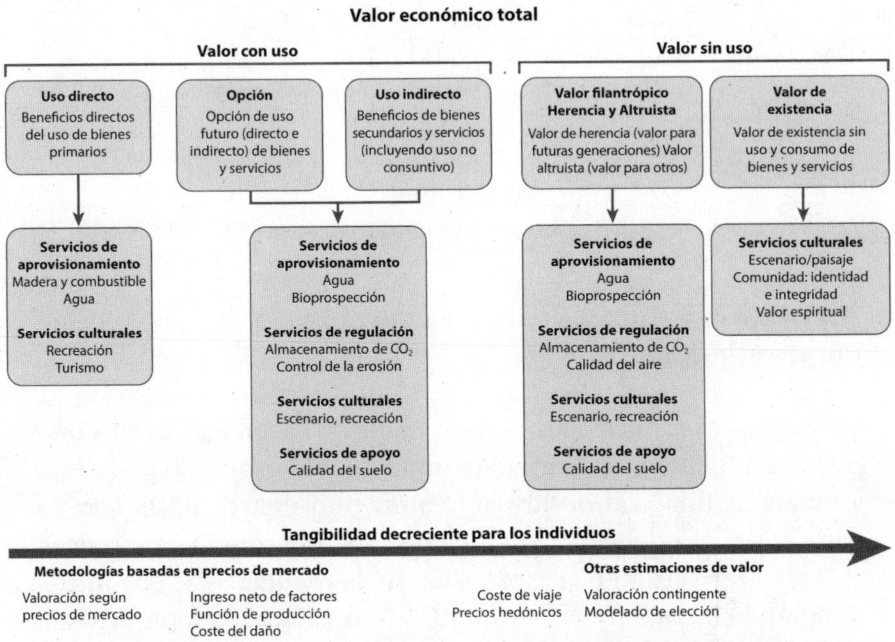

Fuente: Elaboración propia a partir de la adaptación de Ten Brink *et al.* (2011), de White *et al.* (2011) y de Kettunen (2009), que se basó a su vez en Pearce y Moran (1994).

Tabla 17.2. Bases de datos que contienen valores de los servicios ecosistémicos

NOMBRE	ÁREA GEOGRÁFICA	WEB
Environmental Valuation Reference Inventory EVRI	Todas	<https://evri.ca/en>
Ecosystem Service Valuation Database ESVD	Todas	<https://www.esvd.info>
Natural Capital Project Database	Todas	<https://naturalcapitalproject.stanford.edu
Ecosystem Valuation Toolkit	Todas	<https://www.eartheconomics.org/evtoolkit

…/…

.../...

NOMBRE DE LA BASE DE DATOS	ÁREA GEOGRÁFICA	WEB
INCA	Unión Europea	<https://ecosystem-accounts.jrc.ec.europa.eu>
IPBES	Todas	<https://www.ipbes.net>
Marine Ecosytem Services Partnership Library	Todas	<https://icriforum.org/members/marine-ecosystem-services-partnership>
National Ocean Economics	Todas	<https://www.oceaneconomics.org>

Fuente: Elaboración propia basado en UNEP (2018).

Abordar la valoración desde la acción emprendedora

Si las empresas necesitan herramientas que sean prácticas y que puedan aplicarse en su área de impacto, sea grande o pequeña, y en su realidad, abordar esta valoración dentro de la acción emprendedora debería poder ayudarnos. El esquema Verbideas —(1) buscar verdad o comprensión de la realidad, (2) encontrar bondad o elaboración de valor y (3) hacer belleza y operaciones para hacer realidad el valor— podría aportar sencillez a una cuestión muy compleja. Además, al formar parte la sostenibilidad de la propuesta de valor, la anticipa, es decir, la valoración antes de la conversión en realidad representa poder cancelar antes los negativos conocidos que dañarían el ecosistema.

Contar con herramientas y sistemas de valoración no ya dentro del proceso emprendedor, sino dentro del pensamiento emprendedor que va configurando los planes y acciones que orquestan las actividades de valor de la empresa, no solamente ayudaría a procurar un crecimiento económico libre al menos de los daños que se puedan conocer en el medioambiente, sino que nos permite configurar modelos de valoración para realidades concretas que sean coherentes con las prioridades de sostenibilidad globales, pero también desarrolladoras de valor para los ecosistemas particulares y las empresas.

Visión: el valor

La visión, una manera distinta de llamar al objetivo, es desvincular el crecimiento económico del consumo de recursos de una manera inadecuada. La visión es tarea de todos hacerla y conseguirla, cada uno desde su lugar en su realidad. Al igual que en medicina, donde la complejidad y el riesgo vital es claro, se busca curar al enfermo y se trabaja para esta visión. En la empresa, el resultado esperado, planteado correctamente en el ámbito de los ecosistemas, es clave para abordarlo. De una parte, servirán las directrices que indique el regulador, pero no serán suficientes. Con la misma visión será necesario añadir lo que identifique la iniciativa emprendedora de las personas en las realidades de referencia de sus empresas.

Buscar verdad: comprender la realidad

El primer principio de Verbideas, buscar verdad, es comprender la realidad de un perímetro o contexto previamente definido. Un proceso de evidenciar. Hacer aflorar datos, sobre lo que hay, sean realidades tangibles o no, sean de propiedad o no, sean grandes o pequeñas. Evidencias, el valor de lo obvio de todo tipo: exteriores, interiores, conceptos, conocimientos, reglas, recursos, que estén dentro del perímetro. Centrarse en lo que falta parece aportar datos, pero frena la acción al añadir incertidumbre; centrarse en lo que hay proporciona realidades a gestionar adecuadamente. Identificar dependencias. Poner la lupa en la biodiversidad, estudiarla, entender qué leyes internas quedan por conocer. Aprender a mirar y a reunir datos, enfocar, ganar en profundidad. Y actualizar este conocimiento pues la realidad es cambiante.

Encontrar bondad: elaborar valor sostenible

El segundo principio, encontrar bondad, elaborar valor, pone énfasis en la necesidad de ver lo bueno para poder desarrollarlo con la inteligencia. Se empieza a elaborar valor con relaciones o asociaciones que la inteligencia lógica identifica para enriquecer la biodiversidad, proteger el agua, evitar producir daños. También la intuición creadora razonada tiene su papel para encontrar fórmulas que confieran más densidad a las propuestas a través de proyecciones que después se puedan testar, probar y evaluar. La inteligencia de la sostenibilidad consiste en anticipar todo lo negativo para cancelarlo y será clave para evitar la destrucción de valor. Primero, los daños que se pueden conocer, después el examen de lo desconocido para intentar identificar otros.

La elaboración de valor es también desarrollar el ecosistema, añadirle bienes y diseñar herramientas propias para el seguimiento y valoración de nuestro ámbito de referencia. Será necesaria una creatividad adaptada a la realidad con método y rigor dando lugar a un patrón propio que garantice un impacto positivo y arroje evidencias que lo prueben. Algo que las bodegas y fincas forestales vienen haciendo desde hace años, y que también pueden hacer empresas de otros sectores tales como los fabricantes de muebles, de productos químicos, textiles y materiales de construcción, entre otros, colaborando con universidades, clientes y empresas a través de la economía circular o de otras iniciativas. Esto implica una colaboración entre asociaciones de empresas que se unen para alcanzar avances al igual que se hace con el cáncer entre otras enfermedades y en otros ámbitos.

Hacer belleza: hacer realidad el valor sostenible con planes y acciones

El tercer principio, hacer belleza, son los planes y acciones para hacer realidad la propuesta de valor, innovar. La visión que compartimos, el resultado esperado que se convierte en objetivo, desvincular el crecimiento económico de los servicios del ecosistema en los ámbitos de referencia. Qué cosa debemos atender en todo momento para innovar y crear valor en los ecosistemas y con los ecosistemas.

Guía y recomendaciones para las empresas

Las empresas necesitan expertos para los servicios ecosistémicos. Se trata de hacer un diagnóstico sobre las áreas prioritarias y clave de la naturaleza. Al mismo tiempo, también deben estudiar su propio patrón de cuidado del ecosistema. Por supuesto, esto consiste en identificar los daños en los que la empresa participa, directa o indirectamente, en los ecosistemas para cancelarlos, pero también es desarrollar valor con y en los ecosistemas de diversas maneras.

El primer paso es identificar el ecosistema en el que la empresa tiene un impacto. El segundo es poner la lupa para comprenderlo desde distintos puntos de vista, cuantificando las dependencias e impactos, los procesos en la naturaleza, los valores o los daños, entre otros. Seguidamente, con la ayuda de expertos, la empresa podrá trabajar para asegurar un crecimiento económico que valorando la naturaleza la haga crecer en valor.

18

Economía circular y personas

por Miguel Ángel Ariño

Durante décadas, a partir de finales de los años setenta del siglo pasado, la maximización de beneficios empresariales era el objetivo que se impuso en las compañías. Se decía que éste era el objetivo de toda empresa. Con el tiempo se ha visto que este objetivo era problemático. Por un lado, induce a instrumentalizar a las personas. A hacer de ellas instrumentos al servicio de los beneficios, no teniendo en cuenta el impacto que las decisiones empresariales podían tener en los empleados, en los consumidores, en los miembros de las empresas proveedoras, etcétera. Por otro lado, el principio de maximización de beneficios facilita utilizar los recursos de la Tierra al servicio de estos beneficios, sin tener en cuenta el consumo de recursos ni el impacto medioambiental.

Desde hace unos años se nota una mayor sensibilidad en la sociedad que reclama de las empresas una mayor responsabilidad social. No se puede perseguir el beneficio a toda costa. Hay que tener en cuenta el impacto de la acción empresarial en los beneficios, pero también en los demás *stakeholders*: empleados, consumidores, proveedores y la sociedad en general. Aunque esta nueva sensibilidad se percibe en la sociedad y en los discursos de los directivos, a la hora de la verdad el beneficio sigue teniendo un peso muy importante en las decisiones. De modo análogo hay una mayor concienciación en la responsabilidad de la actividad económica en la preservación del medioambiente y en un uso eficiente de los recursos de la Tierra.

Si se mantiene en el tiempo el actual uso de los recursos de la Tierra, en breve serán necesarios varios planetas para mantener nuestra actividad económica. Dicho de otro modo: actualmente, en poco más de medio año, consumimos los recursos que la Tierra tarda un año en regenerar. Esto no es sostenible. Si un bosque tarda cincuenta años en regenerarse, se puede consumir en un año un 2 por ciento de la superficie boscosa. Un mayor consumo tiene como consecuencia a largo plazo el consumo total de los bosques. Esto es así con todos los productos renovables de la Tierra. Los no renovables llega un momento que se terminan.

En este capítulo nos vamos a centrar en esta segunda preocupación de hacer un uso eficiente de los recursos que nos proporciona la Tierra que garantice la preservación del medioambiente. La economía circular es un modo de organizar la actividad productiva que persigue esta eficiencia. Se trata de pasar de una actividad que extrae recursos, produce y tira a una que extrae lo imprescindible, diseña y produce de modo que alargue la duración de lo fabricado, reutiliza y evita que estos recursos acaben en la basura. También la economía circular persigue como objetivo desvincular el crecimiento económico del uso de los recursos de la Tierra.[78]

Partiendo de que es necesario hacer un uso más responsable de los recursos, la economía circular presenta una posible solución, quizá entre otras que la creatividad humana pueda inventar. Las preguntas que surgen son: ¿en qué consiste esta economía circular? ¿Cómo ponerla en práctica? ¿Cómo promoverla

78. El capítulo, y particularmente sus primeras secciones, toma como punto de partida, especialmente en los puntos 1, 2 y 3, los artículos de Ghisellini, P., Cialani, C., y Ulgiati, S., «A review on circular economy: the expected transition to a balanced interplay of environmental and economic systems», *Journal Of Cleaner Production*, 2016; y Bocken, Nancy M. P. *et al.*, «A literature and practice review to develop sustainable business model archetypes», *Journal of Cleaner Production*, 65 (2014), pp. 42-56: dos revisiones de la literatura académica sobre economía circular que analizan y examinan la situación para tratar de ayudar con directrices.

como nuevo modelo de economía? ¿Cómo se podría además acelerar? Y también, ¿por qué un profesor de Análisis de Decisiones piensa que puede ayudar en todo ello?

La economía circular es mucho más que gestionar residuos y exige tecnología, modelos de negocio, procesos industriales, conocimiento del sector, interacción entre los agentes, y, en definitiva, que las personas tengan en mente este mismo modelo. Esto es, que la sostenibilidad esté incluida en las agendas de los responsables económicos y empresariales de modo que pueda dar lugar a un nuevo modelo de crecimiento económico.

Como profesor de decisiones me parece que la economía circular o se instaura dentro de las decisiones de los procesos de decisión de las personas y las empresas, o el tema de la sostenibilidad quedará encerrado en un debate académico sin ningún impacto en la realidad. Porque, así como en los modelos económicos actuales estamos todos de acuerdo en que la empresa tiene que generar un beneficio y todos trabajamos en esa dirección, en la economía circular hace falta un planteamiento de base que dé unidad a la acción de todas las personas que en conjunto trabajan de acuerdo con él. Es un cambio de planteamiento que además puede generar muchas oportunidades de empleo y desarrollo. Como profesor de decisiones, me consta que se puede aprender a tomar mejores decisiones, a emprender y a innovar para avanzar hacia una economía circular.

Algunas claves de la economía circular

La economía circular es un modo alternativo al tradicional de llevar a cabo la actividad económica y productiva. En el modo tradicional, también llamado lineal, se extraen recursos de la Tierra, se procesan, se fabrican productos que se utilizan o se consumen y, una vez que han perdido su utilidad, se dispone de ellos abandonándolos en algún lugar. De esta manera la Tierra actúa como una fuente suministradora de recursos y de almacenaje de residuos. Hay una creciente preocupación porque se están consumiendo los recursos que proporciona la naturaleza a una velocidad superior a la que la naturaleza es capaz de regenerar. Una alternativa prometedora es la economía circular.

La economía circular propone que se diseñen los productos de modo que su vida útil sea lo más larga posible, que se puedan reparar una vez que se hayan estropeado. Que se puedan reutilizar una vez que hayan cumplido su función. Que este ciclo se repita una y otra vez, y cuando el producto ya no dé más de sí, se descomponga o se recicle, de modo que los materiales utilizados puedan emplearse para fabricar nuevos productos. De esta manera es necesario extraer menos materiales de la naturaleza y se generan menos residuos. Evidentemente el modo de organizar la producción cambia. Cambia desde el diseño de lo que se va a fabricar hasta la logística de recuperación de materiales. La transición de la economía lineal a la circular no va a ser fácil.

El modelo presente, basado en el crecimiento del consumo de recursos, no tiene un futuro ilimitado porque nuestros recursos son limitados. Es necesario encontrar un modelo que equilibre y armonice el entorno, la sociedad y la economía. Los orígenes de la economía circular están vinculados con la ecología y con las preocupaciones por el impacto de la industria en el entorno. Si bien en China la economía circular ha sido promovida desde el gobierno, en la Unión Europea y Estados Unidos es una demanda de la sociedad y una herramienta que utilizan empresas para casi exclusivamente gestionar los residuos. En la actualidad, la Comisión Europea tiene el objetivo de desvincular el crecimiento económico del impacto en el entorno. Hay un acuerdo general en adoptar energías limpias y en eliminar residuos. Las continuas revisiones que las empresas están haciendo por la sostenibilidad y por la responsabilidad social corporativa van en esta dirección. La experiencia demuestra que esto se consigue cuando se involucran los distintos actores que participan en este problema. La transición acaba de empezar. Nuestro propósito es hacer un diagnóstico de la actual situación y tratar de ver qué podemos aportar para ayudar en este proceso. [79]

El estudio de la bibliografía alrededor de la economía circu-

79. Ibídem.

lar se estructura en torno a principios, modelos y maneras de implementación a nivel micro en empresas, a nivel meso en los parques industriales y a nivel macro en ciudades y regiones. Las posibilidades son muchas, desde producir con energías limpias hasta el consumo verde, es decir, facilitar el reciclaje de productos en los sistemas industriales y en las regiones promoviendo redes de colaboración y programas con objetivos comunes como el de cero residuos, entre otros. Todo ello forma parte de la configuración de un crecimiento sostenible que deberá ir acompañado de una cuantificación, unos indicadores, que sean capaces de medir los avances. Este capítulo pretende ayudar a avanzar en la sostenibilidad de la actividad económica a través de la economía circular desde una perspectiva humanista. Sostenibilidad llevada a cabo por personas y al servicio de las personas.

Principios clásicos de la economía circular

La economía circular tiene diversos principios, enunciaremos tres de ellos:[80]

- El principio de la reducción, que trata de minimizar el *input* de recursos materiales y energéticos y generar la menor cantidad posible de desperdicios. Para ello, es necesario, entre otras cosas, una mayor eficiencia en la producción, un consumo más responsable, procesos adecuadamente diseñados, un *packaging* simplificado, etcétera.
- El principio del reúso, que se refiere a que cada producto pueda ser usado una y otra vez con el mismo propósito o para otro. Este principio es muy necesario para el cuidado del entorno y suele requerir menos tecnologías porque se está aprovechando algo ya existente.
- El tercer principio es el de reciclado, que consiste en que, con unas operaciones bien diseñadas, se recuperan los materiales utilizados, para fabricar otros materiales que servi-

80. Ibídem.

> rán para fabricar otros productos. El reciclado requiere procesos tecnológicos por lo que es el proceso con más limitaciones porque no todo es reciclable y porque en el proceso de reciclado pueden necesitarse insumos que sean dañinos desde el punto de vista del cuidado del medioambiente; porque, o no todo es reciclable, o para reciclar hace falta procesos que son dañinos.

Estos tres principios están incluidos en las directivas que propone la Unión Europea y requieren ser integrados con otros principios señalados por la MacArthur Foundation como son un diseño apropiado; una reclasificación de materiales en técnicos y nutrientes, cada uno de los cuales requiere distintas técnicas de tratamiento; y también el uso de energías renovables de modo que se pueda reducir la dependencia de las energías fósiles.

Modelos de negocios sostenibles identificados

Bocken, Short, Rana y Evans recomendaron mantener un punto de vista sistémico a la hora de gestionar los cambios que se requieren para la transición hacia una economía circular.[81] Este punto de vista total en el fondo se dirige a generar valor y a regenerar realidad porque se trabaja siempre con y en la realidad. En su estudio identifican unas cuantas maneras para hacerlo. Hablan de un sistema que por una parte minimiza el consumo de algunos productos y que por otra parte maximiza el uso de lo producido, capturando así más valor. En ese sentido, el crecimiento de todos ellos se va produciendo en función de lo que las personas aportan. De este modo, un modelo de negocio sostenible requiere de innovaciones que tengan un impacto menos negativo en el entorno. Esto exige el cambio de algunos aspectos

81. Bocken, Nancy M. P. *et al.*, «A literature and practice review to develop sustainable business model archetypes», *Journal of Cleaner Production*, 65 (2014), pp. 42-56.

de la organización productiva, en la manera de crear, entregar o capturar valor económico.

Los arquetipos de los modelos sostenibles de negocio se agrupan en tres: tecnológicos, sociales y organizacionales. En el tecnológico se trata de maximizar la eficiencia material y energética para crear valor de residuos, sustituir los materiales habituales por aquellos que sean renovables y centrarse en los procesos naturales. El social consiste en entregar una funcionalidad en lugar de propiedad. La empresa fabricante adopta un rol de administradora y propietaria para proteger lo producido. Y en el organizacional se trata de un replanteamiento para la sociedad, que puede consistir, por ejemplo, en desarrollar soluciones escalables, llevar a cabo colaboraciones con franquicias, etcétera. Esto nos sitúa en entornos alrededor de los cuales podríamos captar y regenerar valor. Las empresas y las personas pueden utilizar estos arquetipos para dar forma a su propia transformación a partir de su realidad actual y para encontrar su manera nueva de hacerlo. Es más fácil construir sobre algo real, forma parte de esta regeneración.

El rol de estos modelos es ayudar a generar los avances tecnológicos en la innovación, la aplicación de la perspectiva sistémica que se centra más en las relaciones, en nuevas maneras de colaborar y en la necesidad de educar y de hacer aflorar una reconocida conciencia de la necesidad de adoptar negocios sostenibles y de sistemas de pensamiento que quieran superar los límites y avanzar en el camino de la sostenibilidad.

Decisiones de valor y acción emprendedora

Estando de acuerdo con el objetivo, compartimos el resultado, pero nos vamos haciendo conscientes de que es necesario acelerar la puesta en marcha de todo ello. La gestión de residuos debería evolucionar hacia una gestión de recursos de aprovisionamiento con el objetivo de que éstos generen los menos residuos posibles. ¿De qué modo se puede cambiar? ¿Qué oportunidades representa? Hacen falta diseñadores innovadores que implementen y que provean servicios que hagan posible esta transformación económica.[82] Estos innovadores serán los emprendedores que persigan las oportunidades con estos objetivos.

¿Cómo convertirse en un emprendedor de la economía circular y de la sostenibilidad? La revisión de los materiales y de los métodos publicados concluyen que en el origen de la economía circular prevalece la sostenibilidad, mantener los recursos de la Tierra. El cambio de una economía lineal a una economía circular es exigido por la degradación del entorno que los autores han identificado debido a la provisión de recursos, las emisiones, los desechos y los residuos. Ésta es una realidad que convive con las tecnologías y los recursos existentes y por descubrir, que presentan oportunidades a las personas y a las empresas para desarrollar propuestas de valor. Esta realidad es el ingrediente principal de la acción emprendedora. Es la solución a todos estos efectos negativos que representan costes tan altos para el medioambiente y para las personas. Estas propuestas lógicamente generan valor y tienen coste asociado. Deben, por tanto, formar parte de las propuestas de valor de toda acción emprendedora.

De la misma manera que entendemos que emprender da lugar a algo nuevo por lo que otros estén dispuestos a pagar, porque les sirve y resuelve alguna necesidad, deberíamos poder integrar en este proceso de creación de valor la regeneración de lo dañado como valor. Aunque no se traduzca en mayor precio por razones de mercado, no intentar hacerlo es dejar pasar una oportunidad y dejar que el coste lo asuma la sociedad en general en vez de la empresa que se beneficia de los recursos existentes y que son patrimonio de todos.

En el modelo de acción emprendedora que defendemos hemos visto que la sostenibilidad forma parte del desarrollo de propuestas de valor. Un paso más es, además de dejar de impactar negativamente, regenerar recursos reutilizados, reducir el uso de

82. Ghisellini, Patrizia; Cialani, Catia; y Ulgiati, Sergio, «A review on circular economy: the expected transition to a balanced interplay of environmental and economic systems», *Journal Of Cleaner Production*, 114 (2016), pp. 11-32.

estos recursos y reciclar lo máximo posible. Así podríamos hablar de generación y de regeneración de valor, de creación y recreación. Si la innovación y el emprendimiento, procesos de creación de valor, representan un servicio y una regeneración al mismo tiempo, el motor económico dejaría de ser el consumo para ser sustituido por consumo regenerador que en su misma esencia lleva la sostenibilidad.

Acelerar la creación de valor con menos recursos, conseguir una economía más consciente, innovar en circular y regenerar requiere un planteamiento amplio y el desarrollo de medidas en diferentes ámbitos. Representa nuevos patrones, nuevos actores, nuevos diseños de políticas, nuevos sistemas, nuevas maneras de tomar decisiones.[83] Todo ello forma parte y se conjuga en el tercer ingrediente de la acción emprendedora. Dar existencia a esta economía circular en tiempo real y en un mar de operaciones que transforman la realidad es un reto. Pero mirando atrás, al estudiar lo que se ha avanzado, se percibe un orden que da sentido a toda esta acción. Son las decisiones de las personas para operar, sus planes y acciones. Implican compartir con consciencia el resultado esperado y conocer los recursos y la realidad en la que se mueven. Sin esta conexión no se puede hacer la actividad económica, no hay armonía, no se podrá dar vida a las propuestas de valor aquí presentadas. Por el contrario, con tener presentes las posibilidades de la economía circular se podrá innovar con eficiencia.

Si la persona artífice es la única responsable de la creación de valor, la economía circular solamente la pueden completar las personas. Vemos como los esfuerzos de la economía circular son los esfuerzos de la acción emprendedora y por la innovación conformadas por las decisiones de las personas. Es desde este punto de vista desde el que pretendemos aportar un avance de la economía circular, promoviendo un sistema para decidir construir efectivamente valor, realista y sin causar problemas de sostenibilidad. Se trataría de abordar las acciones y operaciones que tienen que hacer realidad el valor manteniendo en mente el resultado esperado, el propósito, y evitando y corrigiendo el daño en

83. Ibídem.

el entorno, en una actualización continua que se pregunte por la efectividad y afectividad de la acción realizada para ir actuando de nuevo desde los distintos ámbitos de la innovación sugeridos en Verbideas. Con ello, se consigue aceleración y armonía.

En resumen, este esquema de generación de valor es también válido en la economía circular. La comprensión de realidad para hacer lo nuevo debe incluir también lo que debe o puede ser regenerado. El desarrollo de valor o incluye lo sostenible, o no hay valor. La regeneración es otra oportunidad para el valor y no afrontarla es disminuir las posibilidades de crear valor. Las acciones necesarias para dar existencia a las propuestas, a nivel individual y en conjunto, se apoyan en tener un foco claro y un conocimiento de la realidad y fijarse especialmente en el impacto que la actividad económica puede generar en ella. Si los agentes económicos se ponen de acuerdo, esto lo podemos alcanzar, o al menos, avanzar hacia su alcance.

Las personas, artífices de la transición

La economía circular exige la participación de muchos agentes. En otras palabras, de muchas personas, porque la realidad está en cambio continuo y conviene tomar las decisiones cerca de ella para acertar. Necesitamos innovar todos en la misma dirección con libertad y con responsabilidad, y contribuyendo a este crecimiento regenerador y al valor. Se puede porque ésas son precisamente las características de la persona. La persona es libre y con iniciativa, la persona es capaz de asumir las responsabilidades, la persona es capaz de crear valor.

Parece que, para avanzar en la implantación de la economía circular, para que se extienda en su sentido pleno, se ha llegado al convencimiento de que se precisa la contribución de todos. El cuidado del entorno en el que vivimos, en el que queremos seguir viviendo sin que nadie nos lo destroce, la voluntad de garantizarnos un futuro a nosotros mismos, a las futuras generaciones y a la sociedad es un objetivo buscado por todos que sólo se puede conseguir con el trabajo de todos, no individualmente.

Todo esto exige un planteamiento muy amplio en cualquier ámbito de la economía. Porque la innovación puede surgir en cualquier área. Porque las oportunidades de reducción de residuos, la reutilización y el reciclaje —que son las acciones básicas de la economía circular—, pueden surgir en cualquier realidad y todas ellas suman. Sabemos que tenemos que encontrar nuevos patrones, que habrá nuevos actores, que surgirán nuevas políticas y nuevos sistemas. En definitiva, que tendremos que tomar nuevas decisiones.

Al impulso de los gobiernos y de las empresas cabe sumar el impulso de las personas. Al convertirse la necesidad de preservar el medio ambiente en un objetivo de todos, la iniciativa intraemprendedora de las personas en sus puestos de trabajo y la iniciativa emprendedora creando nuevas empresas son las que desarrollarán nuevos patrones de innovación, nuevos elementos que medir y nuevos activos que considerar, no solamente para preservar el medioambiente, sino también como servicio a las personas. Tenemos que innovar y además innovar de modo colectivo. Hemos de ponernos de acuerdo en lo que hay que hacer y sobre cada caso. Desde los gobiernos tiene que haber una coordinación de la acción, pero también una responsabilización y un respeto a la libertad y a la iniciativa emprendedora de las personas y de las empresas.

La economía circular nos lleva a un escenario de cambio. Un cambio que debe ser armónico y que puede serlo porque lo impulsan personas. Cambio que no puede ser una cancelación de lo anterior, pero sí una reorganización para conseguir los objetivos. Cambio que es natural porque es antinatural incluir como valor algo dañino en cualquier sentido. Así, se sucederán cambios en la comprensión de la realidad, en su amplitud, en su certeza, en su simplificación, cambios en una elaboración de valor más esforzada que anticipe lo negativo, cambios en la valentía de originar para hacer lo necesario, se vea o no, cambios en el modo de liderar para poner metas y ayudar. La creación de valor debe incluir la sostenibilidad y debemos empezar a contar aspectos relacionados con la sostenibilidad para que también se transformen en valor. En un valor contable, también medible en unidades monetarias.

Este capítulo propone ayudar a la persona en su responsabilidad de crear valor de manera sostenible. En su ejercicio personal, libre y responsable de toma de decisiones para un sistema de generación y regeneración. Si la persona es la creadora de valor, sin ella no se puede llevar a cabo ningún modelo económico. Educar a las personas, ayudarlas en su crecimiento en libertad, en su capacidad de asumir responsabilidades, es algo fundamental que da cuenta de la importancia de potenciar su crecimiento. Los ocho modelos de negocio sostenibles citados anteriormente ofrecen a las personas un punto de partida para la toma de decisiones que fomenten una regeneración que represente no sólo un crecimiento sostenible basado en la economía circular, sino también un crecimiento a nivel personal.

La regeneración del valor en la innovación de la actividad económica puede aplicarse a personas. Las células que regeneran tejidos en el cuerpo, en los sitios más diversos y difíciles, nos proponen un camino. Se debe situar a las personas en realidades en las que aprendan y puedan regenerarse a sí mismas, dejar que creen valor, que aprendan a tomar decisiones. Las empresas pueden pensar en modos diversos de formar y también los sistemas económicos.

Simplificar

Cuando las cosas se dejan sin atender, tienden al desorden y a complicarse. En una casa donde vive una familia, con el tiempo empiezan a acumularse cosas, papeles, trastos viejos, que en su momento se pensó que algún día podrían servir. En un despacho pasa lo mismo, con el tiempo se acumulan papeles, revistas y documentos, por si acaso. Todo esto complica las cosas. Algo que no se va a utilizar sobra. Si una cosa se guarda ante la remota posibilidad de que sea útil más adelante, seguramente más adelante nunca se utilizará, posiblemente cuando la necesitemos no nos acordemos de que la teníamos en algún lugar. Y si nos acordamos, no conseguiremos recordar dónde estaba. El coste de adquirirla seguramente será inferior al coste de tenerla desordenada en algún sitio.

Esto pasa también en las empresas. Conforme crecen los procesos y los modos de hacer, las cosas se van complicando. A veces, esta complejidad es fruto necesario de este crecimiento, pero otras muchas veces es debido a la complejidad a la que tienden de modo natural todas las cosas y todos los procesos. En concreto, ojo en una empresa cuando crecen las ventas y los beneficios se mantienen estables, no crecen. Posiblemente el desorden y la complejidad están impidiendo que ese incremento de ventas se trasforme en un incremento de beneficios. Resumen, a nivel personal hay que poner la casa en orden y el lugar de trabajo también. A nivel empresarial, hay que mirar si se han introducido en la empresa o en un determinado departamento una complejidad innecesaria.

La economía circular no es un estrato añadido a los que ya hace la empresa. Esto sería complicar mucho las cosas. La economía circular implica un cambio de paradigma. Un modo diferente de hacer empresa, que necesariamente lleva, si se hace bien, a la simplificación.

Un cambio de mentalidad

La economía circular se ha posicionado como un nuevo motor de desarrollo empresarial. Pero necesita un marco sólido para poder desplegarse plenamente. Se necesita una herramienta de trabajo adecuada para afrontar la amenaza que representa el entorno, que unifique el valor necesario para el ser humano con el daño necesariamente a evitar también para el ser humano. Esta conciliación no es fácil. También supone un reto ponerle un precio, el precio debe cubrir todos los costes. Los explícitos y los implícitos. Esto también requiere un cambio de mentalidad. ¿Y cómo cambiamos todos de mentalidad? El cambio de mentalidad lo han de abrazar todos los agentes. Basta con que uno de los elementos de la cadena constituyente de la economía circular no funcione, para que no funcione este modelo circular.

El objetivo de esta contribución es presentar las condiciones necesarias para responder a esta necesidad de acelerar el proceso de reconversión hacia la economía circular desde las decisiones de las personas. La literatura académica demuestra los esfuerzos que, en conjunto desde la economía, desde las empresas y desde todos los sectores se están realizando para conseguir estos objetivos. Insistimos en que la acción emprendedora es acción de personas y, por tanto, deben ser las personas las artífices de introducir a las empresas en los principios de la economía circular a través de sus decisiones.

Este capítulo no pretende negar ni corregir la evolución de la economía circular. Se posiciona como una ayuda basada en el poder de decisión de las personas para contribuir a la armonía de este sistema que estamos buscando. La economía circular se nutre de numerosas innovaciones a futuro, muchas de ellas posiblemente todavía desconocidas. Innovaciones que tienen que hacer posible este resultado esperado que buscamos. El cambio es continuo y las recomendaciones son una apuesta decidida por el mismo resultado, que sea compartido por todos para que la persona crezca creando valor y regenerando su realidad, de un modo cada vez más responsable y libre.

Séptima parte

Management emprendedor

19

La lógica emprendedora como capacidad directiva

por Julia Prats y Rosa M. Fité

En la mayoría de las escuelas de negocios, la iniciativa emprendedora da nombre al estudio académico y formación alrededor de la creación de empresas, introduciendo métodos y herramientas para ayudar al éxito de estos procesos. Pero la iniciativa emprendedora es también importante en las empresas grandes en las que personas y equipos colaboran para crear valor de forma sostenida. Así como los expertos en iniciativa emprendedora de la academia han desarrollado herramientas para conducir el esfuerzo emprendedor en la puesta en marcha de empresas y en su crecimiento, ¿qué puede proponerle la iniciativa emprendedora a la dirección de empresas para ayudar a los directivos a estimular y gestionar el esfuerzo emprendedor de las personas de sus equipos? ¿Cómo se dirigen emprendedores? ¿Se podría apuntar a una dirección de empresas más avanzada? ¿Una dirección emprendedora?

En la iniciativa emprendedora se manifiesta la lógica del don:[84] el emprendedor da algo de sí mismo en su proyecto. En las empresas, también las grandes, las personas colaboran unas con otras, se relacionan en un mutuo dar y recibir que las lleva a enriquecer al otro, a mejorarse a ellas, al desarrollo y crecimiento

84. Melé, Domènec, *El desarrollo humano integral*, Iter, 2010.

propios, de la empresa y de las comunidades en las que operan. El proceso emprendedor es un proceso de creación de valor impulsado por la persona. Tanto en la lógica emprendedora que recorre las etapas del proceso emprendedor —la identificación de una oportunidad, la elaboración de ideas que transformen en valor, la configuración y organización de un producto o servicio en lo que llamamos una *start-up*, la venta, la expansión internacional, la evolución y crecimiento de la empresa, la gestión de inversiones y otras decisiones que todo ello representa—, como en la acción emprendedora rigen la inteligencia de la persona, su visión, trabajada con propósito o sentido de resultado esperado. Sin ver la realidad, o la oportunidad, será difícil idear una propuesta que añada valor a la primera o a la segunda. Sin tener un resultado esperado de valor, la conversión al valor será más casual que inteligente. Sin la visión de un sentido o un propósito, será difícil establecer un resultado esperado, organizarse, posicionarse en un mercado, expandirse a otros, diversificar entre otras actividades de la empresa. Sin ver los recursos disponibles, será complicado hacer realidad la propuesta o al menos aprovecharlos para hacerlo. La visión es clave en la acción emprendedora, en el proceso emprendedor, al igual que lo es en la dirección de empresas.

¿Qué aporta la lógica emprendedora a la dirección de empresas?

La ciencia del management, que es relativamente reciente,[85] estudia cómo hacer para que las organizaciones empresariales sean más efectivas y desarrolla mejores maneras de hacerlo y de comprender el sentido de esta efectividad. Nacida en el seno de la experiencia industrial ha alumbrado áreas de conocimiento y especializaciones distintas, acusando también la fragmentación que caracteriza a otras ciencias y que parece representar un fre-

85. Sibbet, David, «75 years of management ideas and practice 1922-1997», *Harvard Business Review*, 75, 5 (1997), pp. 2-12.

no a la creación de valor. Pero situar la lógica emprendedora como una capacidad directiva representa sendas aportaciones que pueden responder a algunos de los retos importantes de las empresas:

- Fomentar una cultura de innovación: la iniciativa emprendedora puede proponer que se promueva una cultura organizativa que valore la creatividad, la experimentación y el pensamiento innovador. Esto implica alentar a los empleados a proponer ideas, asumir riesgos y aprender de los errores.
- Establecer estructuras y procesos flexibles: se puede sugerir que se creen estructuras y procesos que permitan la agilidad y la adaptabilidad en el trabajo. Esto implica eliminar barreras burocráticas y fomentar la colaboración y la comunicación abierta entre los miembros del equipo.
- Proporcionar recursos y apoyo: la iniciativa emprendedora puede proponer que se brinde a los empleados los recursos necesarios, como tiempo, presupuesto y tecnología, para que puedan desarrollar y probar nuevas ideas. Además, se puede sugerir que se proporcione capacitación y orientación para ayudar a los empleados a desarrollar habilidades emprendedoras.
- Reconocer y recompensar el espíritu emprendedor: se puede proponer que se establezcan sistemas de reconocimiento y recompensas que valoren y celebren los esfuerzos emprendedores de los empleados. Esto puede incluir incentivos económicos, oportunidades de desarrollo profesional o reconocimiento público.
- Fomentar la autonomía y la toma de decisiones: la iniciativa emprendedora puede sugerir que se delegue autoridad y se fomente la toma de decisiones descentralizada. Esto permitirá a los empleados sentirse empoderados y responsables de sus proyectos, lo que estimulará su espíritu emprendedor.
- Promover la colaboración y el intercambio de conocimientos: se puede proponer que se establezcan espacios y plata-

formas para fomentar la colaboración y el intercambio de ideas entre los miembros del equipo. Esto facilitará la generación de nuevas propuestas y la creación de soluciones innovadoras.

En resumen, la iniciativa emprendedora puede ofrecer a la dirección de la empresa una serie de recomendaciones para estimular y gestionar el esfuerzo emprendedor de las personas de sus equipos, creando así un entorno propicio para la innovación y el crecimiento.

Tabla 19.1. Algunos retos de la dirección de empresas

EMPRESAS	SISTEMAS ECONÓMICOS	PERSONAS
Organizaciones emprendedoras Innovación continua Complejidad, cambio, incertidumbre Responsabilidad, sostenibilidad Corto y largo plazo Decisiones de valor y propósito Desarrollar y retener talento Valores y cultura Colaboración y trabajo en equipo Digitalización e inteligencia artificial	Creación y ampliación del empleo Sistemas económicos de progreso: productividad Gratuidad Financiar educación Financiar sanidad Sostenibilidad	Trabajo, crecimiento y desarrollo personal Empleo remunerado Poder tener y atender responsabilidades, especialmente las familiares Bienestar/dignidad

Fuente: Elaboración propia.

¿Cómo se dirige a emprendedores?

La acción emprendedora, la acción de crear valor, es exclusiva de las personas, común a todas ellas y causa de su crecimiento como tales. Todas son o pueden ser emprendedoras. Que el proceso emprendedor es un proceso de creación de valor impulsado exclusivamente por la persona representa contar con las prerrogativas de la persona: la libertad, la capacidad de asumir responsabilidades y su capacidad de crear.[86] Verbideas ha tomado como ingredientes de la acción emprendedora la capacidad de crear valor de las personas, las tres ideas de verdad, bondad y belleza de Platón, siguiendo la ruta abierta por Pedro Nueno en 1997.[87] Así, crear valor es el resultado de: (1) buscar verdad, una comprensión, siempre parcial, de la realidad; (2) encontrar bondad, una elaboración inteligente de bien o bienes para la realidad; y (3) hacer belleza, el darle existencia a la propuesta de valor creando una nueva realidad.

Con este modelo de persona y su acción, podemos deducir algunos elementos importantes para dirigir emprendedores de manera efectiva, y por tanto es importante tener en cuenta las siguientes consideraciones:

- Inspiración y visión: los emprendedores suelen estar motivados por una visión y una pasión por su proyecto. Un buen líder debe proporcionar una visión inspiradora y comunicarla claramente para que los emprendedores se sientan comprometidos y entusiasmados.
- Empoderamiento y autonomía: los emprendedores prosperan cuando se les brinda autonomía y se les permite tomar decisiones. Se debe fomentar un entorno en el que los emprendedores puedan tomar iniciativas, experimentar y asumir responsabilidades.
- Apoyo y recursos: es fundamental brindar a los emprendedores los recursos necesarios para que puedan convertir sus ideas en realidad. Esto puede incluir acceso a financia-

86. Verbideas toma las facultades de la persona en acción de la filosofía de Karol Wojtyla, más conocido como Juan Pablo II. Consultar sus libros *Persona y acción*, Palabra, 2017; *Mi visión del hombre*, Palabra, 1997; o *El hombre y su destino*, Palabra, 2011.

87. Verbideas es un modelo práctico para ayudar a la acción emprendedora formando en pensamiento emprendedor e innovador. Es una marca registrada del IESE.

ción, mentores, contactos en la industria y otras formas de apoyo práctico.

- Cultura de aprendizaje: fomentar una cultura en la que el aprendizaje continuo y la mejora sean valorados. Los emprendedores necesitan espacio para probar nuevas ideas y aprender de los errores. Se deben alentar la experimentación y el intercambio de conocimientos dentro del equipo.
- Comunicación abierta y transparente: establecer una comunicación clara y abierta con los emprendedores. Escuchar sus ideas, preocupaciones y sugerencias, y brindar retroalimentación constructiva. La transparencia en la toma de decisiones también es importante para generar confianza y compromiso.
- Gestión de riesgos: reconocer que los emprendedores están dispuestos a asumir riesgos, pero también hay que asegurarse de que se gestionen adecuadamente. Evaluar los riesgos potenciales y trabajar junto con los emprendedores para desarrollar estrategias de mitigación de riesgos.
- Reconocimiento y recompensa: celebrar los logros y éxitos de los emprendedores. Reconocer su arduo trabajo y esfuerzo, ya sea a través de incentivos económicos, oportunidades de crecimiento o reconocimiento público. Esto ayuda a mantener su motivación y compromiso.

Una forma más avanzada de dirigir

La dirección emprendedora es un enfoque más avanzado y dinámico de liderazgo que se basa en los principios y habilidades del espíritu emprendedor. A diferencia de la dirección tradicional, la dirección emprendedora se centra en fomentar la innovación, la creatividad y el espíritu empresarial en todos los niveles de la organización. Algunas características clave de la dirección emprendedora incluyen:

- Orientación al mercado y a la oportunidad: los líderes emprendedores tienen un enfoque centrado en el cliente y en

identificar oportunidades en el mercado. Están atentos a las necesidades cambiantes de los clientes y buscan constantemente formas de brindar soluciones innovadoras.
- Estímulo a la creatividad y la innovación: los líderes emprendedores fomentan un entorno en el que se valoran las ideas innovadoras y se promueve la generación de soluciones creativas. Están abiertos a nuevas perspectivas y alientan a sus equipos a pensar de manera no convencional.
- Fomento de la autonomía y la toma de decisiones: los líderes emprendedores brindan a sus equipos un alto grado de autonomía y empoderamiento. Permiten que los empleados tomen decisiones, asuman responsabilidades y se sientan propietarios de sus proyectos.
- Gestión ágil y adaptable: la dirección emprendedora se caracteriza por su capacidad para adaptarse rápidamente a los cambios y tomar decisiones basadas en la información disponible. Los líderes emprendedores están dispuestos a correr riesgos calculados y a aprender de los errores.
- Cultura de aprendizaje y mejora continua: los líderes emprendedores promueven una cultura de aprendizaje dentro de la organización. Fomentan la experimentación, el intercambio de conocimientos y la búsqueda constante de mejoras en los procesos y productos.
- Apoyo al espíritu emprendedor de los empleados: los líderes emprendedores reconocen y fomentan el espíritu emprendedor de sus empleados. Brindan recursos, capacitación y apoyo para ayudar a los empleados a desarrollar habilidades emprendedoras y llevar a cabo proyectos innovadores.

La dirección emprendedora promueve una mentalidad proactiva, la adaptabilidad y la capacidad de buscar oportunidades en un entorno empresarial en constante cambio. Al implementar este enfoque, las organizaciones pueden cultivar una cultura de innovación y alcanzar un mayor éxito a través de la promoción del espíritu emprendedor en todos los niveles de la empresa. La tabla 19.2 sugiere áreas de estudio para una dirección más emprendedora.

Tabla 19.2. Sugerencias para una dirección emprendedora

PERSONAS Y LIDERAZGO	COMERCIAL	OPERACIONES	CONTABILIDAD	FINANZAS
Liderazgo de personas Estilos de liderazgo Competencias y habilidades del líder Diseño de organización Formación y desarrollo Compensación Evaluación Comunicación interna Bienestar laboral *Dar foco: visión y valores* *Realidad y evidencias*	Fundamentos comerciales y de marketing Estrategias comerciales Redes comerciales Marketing estratégico Comunicación Investigación comercial *Bienes en la realidad, al servicio de la persona* *Hacer patente el valor* *Efectividad*	Estrategias de operaciones Producción de sistemas y gestión de activos industriales Aprovisionamiento/cadena de suministro Gestión de proyectos en entornos industriales 4.0 Logística *Sostenibilidad en las operaciones* *Sistemas de operaciones centrados en la persona*	Contabilidad financiera Análisis de estados contables Contabilidad de gestión: de costes Planificación Control *Ver valor, contar valor, anticipar el valor económico* *IT* Sistemas de información *Al servicio de la creación de valor y de la persona*	Finanzas operativas Finanzas estructurales LP Inversiones, rentabilidad y coste Matemática financiera Mercados e instrumentos financieros ESGl, largo y corto *Armonía en gestión financiera y de valor*

... / ...

... /...

INICIATIVA EMPRENDEDORA/ INNOVACIÓN	TOMA DE DECISIONES	ESTRATEGIA	ECONOMÍA	ÉTICA
Oportunidades Plan de negocio Financiación para el crecimiento Innovación Modelos de negocio Intraemprender Creación de valor y empleo *Acción emprendedora y pensamiento innovador* *Realismo* *Intuición razonada para el valor* *Ingenio para la sostenibilidad* *Visión para reducir la incertidumbre*	Análisis de decisiones de inversión *Sistemas para decisiones de valor* *Simplificar la complejidad* *Decisiones en colaboración*	Dirección estratégica Alianzas Sostenibilidad *Visión del resultado esperado* *Pensamiento innovador para transformación estratégica* *Construir visión* *Planificar valores* *Anticipar la sostenibilidad*	Macroeconomía Economía del sector público Entorno Política económica y actividad empresarial *Sistemas económicos para la persona*	Principios subjetivos de las personas Trabajo decente Antropología de la persona *Valor de la subjetividad de la persona* *La ética como fuente de valor*

Fuente: Elaboración propia.

Para la dirección emprendedora, Verbideas representa un espacio de trabajo nuevo: el de la acción de creación de valor. Puede ayudar a simplificar la gestión; a acelerar la creación de valor superando bloqueos, fragmentación e incertidumbres. Destaca por poder ayudar a formar pensamiento innovador, a construir visión propiciando la colaboración emprendedora entre personas y empresas. También introduce valores como los de autenticidad, compasión y simpatía para ver y desarrollar el valor y, entre otros, armonía para innovar sin interferir en las operaciones ordinarias y enfocar adecuadamente la creación de valor. Responde al reto de formar a directivos que sean de verdad emprendedores.

20

La *downward deference*: fomentando la iniciativa emprendedora en multinacionales

por Sebastian Reiche

En diversos estudios hemos constatado la importancia que la *downward deference* (ceder el poder a los empleados) está tomando entre los líderes internacionales.[88] Ciertamente obligados, al salir de sus zonas de confort en destinos que les son desconocidos, dejan paso a las decisiones de los equipos locales consiguiendo con ello no sólo mejores rendimientos para la empresa, sino también más promociones para ellos mismos. A la vista de estos resultados, aclarando que no se trataba de delegar ni de eliminar jerarquías, sino de humildad muchas veces por necesidad, recomendé las siguientes vías, basadas en su comportamiento, para promover esta deferencia por convicción: reducir distancias sociales, ganarse la confianza y colaborar, transfiriendo el poder de influencia al mercado local y reduciendo las formalidades jerárquicas.[89]

Sin embargo, los crecientes retos del management y del liderazgo internacional, derivados de la creciente complejidad por el aumento de operaciones y de personas que coordinar, al involucrar cada vez más niveles de la organización, y de los costes que

88. Reiche, Sebastian; y Neeley, Tsedal, «The upsides the downward deference», *IESE Insight*, 2021.

89. Ibídem.

la movilidad física y psíquica comportan en las personas, demandan nuevos modos de ayudar en esta cuestión, y con cierta velocidad si fuera posible.

¿Qué puede aportar la perspectiva de la persona en acción al reto del liderazgo global, al *cross-cultural management* y a la extensión de la *downward deference*? ¿Existe alguna conexión entre todo ello? La pregunta que un primer ministro irlandés dirigió a líderes de empresas con motivo del Brexit introduce en parte la respuesta:

> ¿Afrontaréis la cuestión con una mentalidad estática o con mentalidad de crecimiento? ¿Cómo veis la diversidad, movilidad global y funciones internacionales en un equipo de trabajo multinacional, multicultural y con multilingüismo? ¿Como un activo que hacer aflorar o un obstáculo que superar?[90]

Si bien la psicología ha confirmado que la mentalidad puede cambiarse, cultivarse y desarrollarse, las empresas multinacionales precisan métodos sencillos y rigurosos que no representen largos períodos de aprendizaje y contribuyan a desarrollar esta mentalidad.[91]

La acción de crear valor como espacio de trabajo

Esta perspectiva de la actividad empresarial pone énfasis en que la persona es la que crea valor. Conocer cómo las personas crean valor presenta esta acción como un ámbito nuevo en el que poder trabajar. El nexo en común por el que preguntábamos con anterioridad, y veladamente sugerido por el ministro irlandés, es el pensar de las personas que gobierna su acción de creación de

90. Reiche, Sebastian, «Tips for nurturing global leadership talent», *IESE Insight*, 2017.

91. Carol Dweck, una investigadora de la Universidad de Stanford, ha demostrado que una mentalidad fija puede cambiar y cultivarse una mentalidad de crecimiento.

valor. Un pensar que tiene que ver más con el verbo *pensar* que con lo que se conoce, aunque evidentemente el pensar cuente con lo conocido. No hay una persona igual a otra, pero todas ellas son personas artífices.

Los principios de la acción de crear valor son: (1) buscar verdad, comprender la realidad; (2) encontrar bondad, elaborar valor; y (3) hacer belleza, planes y acciones para hacer realidad la propuesta de valor. Y los elementos de este espacio son: (1) la realidad conocida y a conocer, como la de la empresa, el mercado, la interior o la del entorno; (2) la elaboración de valor de las personas para definir propuestas; y (3) la actuación en la realidad. El gráfico 20.1 presenta el espacio de la acción de creación de valor como área de trabajo.

Gráfico 20.1. El espacio de la creación de valor

Fuente: Elaboración propia.

En este planteamiento de origen antropológico, el pensamiento de cada persona se desarrolla y crece, recorriendo las operaciones que integran la acción en el sentido de un resultado esperado. Un pensamiento innovador movido por la visión de un resultado esperado opera en la realidad de referencia. Conocer este resultado esperado y la realidad de referencia es igual de imprescindible para generar valor. Profundizar en la misión, en la parte de misión que a ese equipo corresponda, hacer profundizar al equipo, enseñarle a contar la realidad en el orden adecuado para la empresa, es igual de importante que conocer a los clientes, el mercado local y en general sus características. Sin ambos, no es posible actuar en la realidad completando una misión y, por tanto, no se puede generar valor. Por consiguiente, son complementarios. Por otra parte, la empatía, entendida como la experiencia de que los demás también tienen una visión originaria de las cosas, reduce la propia visión a una más, abriendo la mente a las contribuciones de los demás y propiciando así una creación conjunta de valor que debería ser superior a la suma de las creaciones de valores individuales.[92] Desde los principios de la persona no sólo se comprende la diferencia, sino que se aprende y se descubre el valor de la contribución del otro.

La *downward deference* para liderar la acción emprendedora

Haber constatado que la necesidad ha llevado al éxito a líderes que han sabido reconocer que aportar valor pasaba por ceder el paso a los que conocían el mercado y su realidad ayuda a poner de manifiesto qué aspectos son claves en las interacciones de las personas en las organizaciones sin perjudicar el orden ni la jerarquía. Las personas necesitan saber qué encargo tienen, profundizar en lo que éste representa y en sus derivadas, aprender maneras de conocer su realidad y lo que para la empresa es relevante.

El papel del líder será dar foco, decir con claridad el resultado que se espera en el mercado, en los clientes o en la empresa, enseñar a contar la realidad según la empresa hace, estar disponible para ayudar, para nutrir de recursos, y actualizar este conocimiento porque la realidad es cambiante. Seguidamente, el líder dejará paso a la acción emprendedora, manteniendo los valores adecuados, siguiendo la efectividad de la actividad en el entorno, y observará si la puesta en escena para el resultado esperado reú-

92. Fité, Rosa M.; y Mehta, Kandarp, «Creatividad colaborativa en Verbideas», *IESE Publishing*, 6 de marzo de 2020.

ne todo lo que debe tener o falta algo. Entre los valores de esta fórmula de éxito figura la humildad, que es realismo, y la *downward deference* se convierte en motor de la acción emprendedora, en instrumento de desarrollo de las personas y de colaboración.

Recomendaciones para mejorar el talento en liderazgo global y fomentar la creación de valor

Con el fin de ayudar a la urgencia de las empresas por aumentar el talento internacional recomendé diferentes prácticas de gestión que se pueden agrupar en tres grandes áreas de gestión de talento: la contratación, el desarrollo y la socialización.[93] Las acciones para desarrollar competencias intrapersonales, interpersonales y de negocio recogen más de 160 competencias que expertos de distintas áreas ven necesarias para este liderazgo, mientras que las que hacen referencia a la socialización tienen más que ver con la necesidad de encontrar puntos comunes y combinar interacciones que faciliten este conocimiento mutuo y conexión. Junto a ellas indicaba un horizonte temporal y los diversos límites que la acción presentaba.

Más allá de poder acortar los horizontes temporales, la metodología de Verbideas, que se vincula siempre a retos reales, podría ayudar a rebajar el peso de actividades menos atractivas: organizando actividades que desarrollen el talento al mismo tiempo que crean valor estratégico en equipo, haciendo más fecundos y cortos los períodos de *face to face*, reduciendo los viajes al poder combinarlos con comunicación clara y focalizada, y teniendo sistemas establecidos para contar la realidad, introduciendo valores adecuados, clarificando y actualizando la misión y la parte que corresponde desde cada ámbito, así como introduciendo una efectividad acelerada con impacto duradero que pueda ser actualizable y que se podría escalar en la organización.

93. Reiche, Sebastian, «Tips for nurturing global leadership talent», *IESE Insight*, 2017.

Una formación que no es larga en el tiempo, muy operativa, aunque sin interferir en el negocio ordinario, sino al contrario, cuidando de él, hasta que las innovaciones están a punto. Es además escalable y se adapta a todos los perfiles de personas. Entre sus beneficios figuran la aceleración de resultados y la construcción de equipos, la apertura de talento aportando foco estratégico, resultados de innovación y colaboración. La formación en pensamiento innovador podría ayudar a promover la *downward deference* convirtiéndola *de facto* en motor de la iniciativa emprendedora en las empresas grandes multinacionales, en sus propias circunstancias de orden y de organización.

21

Investigación en acción para innovar en management

por Rosa M. Fité, Pedro Nueno, Kandarp Mehta y Joaquim Vilà

La investigación en acción o el *action research* es un método para analizar problemas y generar dos aportaciones: enriquecer la teoría y ofrecer soluciones prácticas al problema estudiado.[94] Como metametodología presenta ventajas y oportunidades,[95] como poder testar teorías, de interés para la investigación en management en general.[96] Rigor y relevancia son los retos que presenta el *action research*,[97] siendo tres los elementos clave: el diseño, la recolección de datos y el análisis de éstos.

Rigor representa identificar los temas, elaborar las preguntas, su seguimiento, descripción de la acción, generar evidencias sobre afirmaciones, testar la validez de estas afirmaciones, publicar la metodología, comunicar lo aprendido y su significado.[98] La relevancia se puede alcanzar gracias a la colaboración y a herramientas e infraestructuras que soporten la investigación, encau-

94. Alfaro-Tanco, José A.; Avella, Lucía; Moscoso, Philip; Näslund, Dag, «An evaluation framework for the dual contribution of *action research*: opportunities and challenges in the field of operations management», *International Journal of Qualitative Methods*, 20.

95. Ibídem.

96. Ibídem.

97. Ibídem.

98. Ibídem.

cen dimensiones y enfaticen aspectos hasta conseguir la relevancia adecuada.

Verbideas es el resultado de la observación de empresas de distintos sectores que, en cambio, afrontaban problemas parecidos, de la voluntad constante de sumar conocimientos y esfuerzos para ayudar a estas empresas de un equipo de profesores investigadores y de haber podido testar una teoría nueva en un contexto empresarial real que accedió a participar en el proyecto y a financiarlo.[99] Los objetivos de la investigación se definieron conjuntamente con el Departamento de Recursos Humanos corporativo primero y después con el director de la planta de producción en la que se iba a aplicar, concretándose indicadores para el problema empresarial y mecanismos de evaluación para comenzar a validar tanto principios y afirmaciones de la teoría como las herramientas de implementación práctica. La contribución del *action research* ha consistido en hacer aterrizar la teoría y sus operaciones en la realidad con la colaboración de los ejecutivos, lo que ha permitido ir encontrando la relevancia adecuada y las claves de efectividad del modelo. El reto de acelerar la creación de valor se ha vinculado al de gestionar desde el principio de la persona en acción del ámbito de la filosofía con implicaciones de valor en distintas áreas del management y con efecto de crecimiento y desarrollo para las personas. Todavía se sigue trabajando en ello con un marco de evaluación que permita continuar desarrollando valor para las empresas sin perder de vista la voluntad de ayudarlas, de resolver problemas reales y de avanzar hacia un management y organizaciones que favorezcan la creación de valor.

Querer ayudar a las empresas en sus retos, por más difíciles que parezcan, puede dar lugar a acuerdos estables con algunas que, valorando esta doble contribución, se presten a la colaboración para el crecimiento, la transformación, la creación de maneras nuevas en gestión que reviertan en bienes y valores para las empresas y sus personas. Las empresas van por delante, el ma-

99. Fité, Rosa M.; y Mehta, Kandarp, «Un líder comprometido con las personas y la investigación», *IESE Publishing.*

nagement es una ciencia relativamente reciente que se ha desarrollado siguiendo la práctica empresarial. Pero la creciente complejidad de los entornos recomienda intentar anticiparse a los retos y problemas que puedan tener impacto en las empresas y las personas. La investigación en management también puede requerir nuevas fuentes de evidencias bien estructuradas que permitan desarrollar producto, probar efectividad para después venderlo y saberlo aplicar. Probar nuevas teorías y herramientas en management, con rigor y relevancia, contando con una infraestructura adecuada de soporte y con un marco de evaluación consistente puede ser interesante también como escuela de negocio.

Las ventajas para las empresas serían acceso a innovación en management, resolver problemas «garbanzos negros» y participar en el desarrollo de conocimiento. Para la escuela de negocio representa poder aterrizar conceptos quizá relevantes pero difíciles o muy teóricos, transformarlos en operaciones fáciles para sacarlos adelante y ser cauce de una creación superior de valor en las empresas, posicionarse en la sostenibilidad y efectividad acreditada, diferenciarse con valores propios, entre otros.

Sin interferir en sus operaciones de negocio ordinarias, contar con empresas colaboradoras para la innovación en management permitiría generar una fuente de evidencias y un seguimiento cuantitativo de elementos, y crecer en desarrollar valor.

Octava parte

Organizaciones de personas para crear valor

22

Pensamiento innovador para la orientación estratégica de la empresa

por Joaquim Vilà

Muchas de las contribuciones del management fueron creadas bajo supuestos de un mundo que ya no existe. Por ejemplo, la irrupción de crisis inesperadas hace que las estrategias ya no a largo sino incluso a medio plazo pierdan utilidad práctica. Sin embargo, hemos renunciado a repensar la función de planificación estratégica para pasar a estudiar la «estrategia como práctica», tema de interés entre académicos, pero mucho menos relevante para los directivos.

Los esquemas clásicos de diseño organizativo, de procesos, innovación o toma de decisiones, entre otros, no son válidos porque además de haber cambiado el contexto empresarial, mucho más dinámico y complejo, han hecho evolucionar las aspiraciones del constituyente más importante de una empresa: las personas. La empresa necesita regenerarse, no perfeccionarse. El enfoque tradicional para orientar el futuro de la empresa, basado en anticipar movimientos competitivos a futuro y el posicionamiento de las competencias que requiere la posición deseada, ha demostrado ser inadecuado, pero las empresas se aferran a lo que saben hacer. Hace falta coraje y autoconfianza para adentrarse en un campo del que no se tiene experiencia previa.

Este capítulo trata sobre las distintas razones por las que la dirección debería incorporar el pensamiento innovador para construir el futuro de la empresa, y avanza unas pautas de cómo hacerlo.

Principales errores en la dirección de la innovación

Jack Welch, expresidente y CEO de General Electric, decía: «Si el ritmo de cambio en el exterior excede el grado de cambio en el interior, el final de la empresa está cerca». En el enfoque tradicional de estrategia, la innovación es una externalidad, muchas veces fruto del impacto de un cambio tecnológico externo. No se ha incorporado la innovación como un elemento propio motriz de una nueva forma de hacer. No se usan enfoques que integren la innovación en el proceso de estrategia. Cuando la innovación se ve sólo desde la óptica tecnológica resulta una visión miope porque la innovación es multifacética. Hoy hemos de hablar de *business & management innovation*, innovación en cualquier ámbito de negocio y en la gestión.

Las empresas encuentran dificultades en cómo afrontar una innovación amplia y profunda. Los equipos de alta dirección construyen el futuro de forma incremental reactiva. Cuando los cambios de entornos turbulentos invalidan sus estrategias, se inclinan por actuaciones rápidas y el mandato se convierte en «¡seamos ágiles!». Sin embargo, Russell Ackoff (2006) sugiere que la mejor forma de introducir grandes cambios en una empresa es ayudar a la alta dirección a reflexionar sobre qué futuro le espera a la empresa bajo las mismas condiciones de cambios externos que ven y aceptan.[100] Si la dirección ve por sí misma que el curso actual de avance, en la medida que no se introduzcan grandes cambios internos, lleva a la autodestrucción de la empresa, la propia dirección estará dispuesta a introducir formas distintas de operar (*innovación*) que nunca habría esperado iniciar.

Por otra parte, se cambia la forma de actuar en lo marginal.

100. Ackoff, Russell *et al.*, *Idealized Design: Creating an Organization's Future*, Pearson, 2006.

La progresiva aceptación de que grandes cambios son necesarios no suele traducirse en actuaciones firmes hasta que los primeros responsables no se convencen de forma ineludible de la necesidad de transformación y visualizan con nitidez la forma de llevarlo a cabo.

Pienso que los futuros ejecutivos precisan formación al nivel del dinamismo y la complejidad actual. Está plenamente aceptado que una sólida formación de un médico es impensable sin un enfoque real en la práctica médica. Ahora pensemos en cómo se orienta la preparación de futuros responsables empresariales. ¿Qué más podemos hacer para formarlos en la realidad?

El principal obstáculo para la responsabilidad de repensar la empresa está en nuestra propia mente, en nuestras inercias, en nuestras preferencias, en nuestra incapacidad de encontrar una forma efectiva de involucrar a nuestros colaboradores en la transformación necesaria. Inmersos como estamos en entornos VUCA, ¿sirve hoy el análisis DAFO (SWOT) para analizar cómo orientar la estrategia de la empresa? Los datos disponibles nos van a ayudar poco: menos del 1 por mil de las empresas respetadas han abandonado el análisis DAFO para buscar una alternativa. Estamos presos de nuestras fortalezas y nuestras debilidades, de los procedimientos de dirección que nos llevaron al éxito, de nuestras relaciones con el canal, o de los recursos comprometidos en las inversiones recientes, y otros muchos factores que dominan el análisis interno. La única escapatoria a nuestras trampas de comportamiento puede ser familiarizarnos con el contraste, comprender nuevos enfoques que nos permitan ver por nosotros mismos con nuevos ojos y liberarnos de las rémoras de tiempos caducos.

Las ideas que hay detrás de innovaciones extraordinarias suelen surgir de retos muy bien formulados, no de planteamientos generalistas. Los grandes cambios son resultado de haber afrontado la resolución de grandes problemas. Las mejores iniciativas de emprendimiento social resultan de la incomodidad sentida por grandes injusticias o incongruencias, por problemas sociales. Es necesario buscar la verdad, lo real, sin perder de vista el objetivo.

La innovación comporta una búsqueda activa, con ahínco, de la forma de dar respuesta a un problema que nos crea desasosiego. Siempre que hay una brecha entre lo que tenemos y lo que perseguimos hay un «problema». Un problema es una situación en la que algo es distinto de nuestro ideal. El término tiene que ser considerado en sentido amplio, como «problemática», incluyendo significados negativos (dificultad, restricción, bloqueo en el avance, obstáculo), positivos (oportunidad de crecimiento, ganancia potencial, meta, ambición) o neutrales (desafío, oportunidad de cambio).

Dos de los primeros principios de Verbideas nos animan a hacer emerger la realidad y a añadir valor. Un procedimiento que ligue las aspiraciones de alta dirección con el emprendimiento de directivos en todos los niveles, focalizando los esfuerzos en los principales problemas que frenan el avance hacia el futuro que se persigue: una nueva forma de orientar la innovación y el emprendimiento interno. Pero el enfoque choca con marcos mentales preconcebidos: ¿enamorarse de los problemas? ¿Guiarnos hoy en día por un ideal? ¿Ceder la iniciativa a la gente de base sin un control acérrimo de la alta dirección? Los temores desaparecerán si vemos «como tangible» la forma de hacerlo.

Como dijo un empresario que gracias a la innovación ha superado con gran éxito todos los años desde antes de la crisis del 2008, «La innovación ordenada no sólo es el mejor remedio ante los impactos externos, sino que además es como una terapia. Tiene un efecto colateral muy importante: anima y hace a la empresa atractiva para nuestra propia gente».[101]

Esteban Masifern, exprofesor del IESE, pensador crítico, empresario y ávido lector, en referencia a la crisis del año 1993, argumentaba que «El impacto devastador de la crisis actual se debe fundamentalmente a la rigidez de esquemas de mucha de la gente que dirige nuestras empresas e instituciones». De alguna manera, destacaba la importancia del desarrollo continuo de los

101. Francesc Planas, consejero delegado de Prefabricados Planas, una empresa que implantó una estrategia para protegerse de una eventual crisis a principios del 2008 y que no ha tenido pérdidas ninguno de estos años.

directivos. Y es que sólo si adquirimos consciencia de nuestra escasez, abriremos humildemente nuestra mente para poder aceptar algo de un tercero, y aprender. Se configuran así dos activos clave de una empresa que aspira a la continuidad con éxito y que son básicos para entender la incapacidad de regenerar nuestras empresas: el coraje y la humildad.

Ejes para el pensamiento innovador en la empresa

Es preciso revisar nuestros enfoques de la innovación, actualizar los principios básicos que dan razón de su importancia y repensar los ejes sobre los que apoyar la innovación.

Las cosas más relevantes del futuro todavía se tienen que crear. El futuro que nos sorprenderá está casi todo por hacer. Los cambios que marcarán la diferencia con el presente serán creados mayoritariamente por emprendedores con espíritu innovador. Abundan frases sobre la innovación que confunden y se han convertido incluso en frenos para innovar. Por ejemplo, muchos dicen que «la innovación empieza por las ideas», y aunque es cierto que los hallazgos fortuitos —serendipia— han sido una fuente de grandes avances, también es cierto que los emprendedores se encontraron inmersos en un problema al que se deseaba dar respuesta. Tener la mente preparada es tenerla enfocada en la búsqueda de una solución a un problema.[102] Descubrir se asocia a encontrar nuevas formas de ver la realidad y, por ello es aprendizaje, es desarrollo personal.[103]

La innovación es hacer cosas distintas que añadan valor. Pero añadir valor haciendo uso de lo que ya tenemos y venimos usando (conocimiento, tecnología, organización, alianzas) sin ningún

102. Como dijo Louis Pasteur, célebre microbiólogo y químico francés, en 1854: «En el campo de la observación, el azar favorece sólo a la mente preparada». El azar es ver algo nuevo e inesperado.

103. Corresponde a Marcel Proust la cita: «La verdadera magia del descubrimiento no radica en buscar nuevos paisajes sino en ver con nuevos ojos».

desarrollo adicional es mejora continua, no innovación. Ésta es la base para distinguir mejora continua de innovación. Innovar significa generar más valor haciendo cosas distintas. En ello radica la dificultad de avance de la innovación en las empresas. Los directivos se sienten cómodos haciendo cosas similares a lo que han hecho en el pasado. Adaptar las formas de trabajo a las necesidades de una iniciativa o un proyecto, incorporando respuestas rápidas y flexibles según la respuesta del cliente o del mismo entorno, se apoya mucho más en lo que ya sabemos que en lo que perseguimos. Sin embargo, como indicó Russel Ackoff (2006), es más eficaz «disolver de forma creativa los problemas que constituyen la semilla de la autodestrucción a futuro de la empresa».

La innovación robusta no empieza con una idea. La innovación empieza por un problema, con una inquietud amenazante, con un ansia por resolver algo. La innovación busca aportar la mejor forma creativa de resolver un problema, después llegan las ideas, la forma de testar el concepto innovador y su validación para resolver el problema. Por si fuera poco, la experiencia de más de treinta años en innovación me ha enseñado que las buenas ideas surgen fácilmente cuando alguien ha planteado un buen reto, enfocado e inspirador. Las ideas creativas son un ingrediente esencial de la innovación, pero no el detonante. Hay que trabajar previamente sobre el problema en bruto para lograr el problema puro, que será la mejor vía para llegar al diamante que representa una solución sorprendente.

¿Cuáles son los problemas relevantes sobre los que lanzar la innovación? Las ideas brillantes que conducen a una innovación potente surgen de un problema bien definido, relevante para la dirección y que despierte el interés de las personas que harán posible la innovación. El análisis del sistema de problemas internos que son la semilla de la eventual destrucción de la empresa en caso de seguir igual, como dice Ackoff, es mucho más fácil de llevar a cabo que un análisis estratégico clásico, en el que todos los factores externos están sujetos a la incertidumbre de una evolución imprevisible y fuera de nuestro control. Enfocarse en los problemas relevantes que impiden el avance hacia los objetivos que perseguimos despierta interés y genera una actitud favorable en el equipo de dirección, además de hacer más efectiva la dirección de la innovación.

La innovación centrada en los obstáculos relevantes para el futuro, en la resolución creativa de la brecha entre dónde estamos y dónde queremos estar se convierte en pieza fundamental de la construcción estratégica de ese futuro. No será suficiente centrarse en los obstáculos al curso normal de las cosas o en aquellos que más nos apremian, sino que los problemas se tienen que valorar a la vista de su contribución al fin perseguido, del futuro deseado para la empresa.

Además, la innovación exige de un método. La resolución creativa de problemas sostenida, como parte del ADN de la empresa (innovación amplia y continua), mejora cuando se hace de forma ordenada y sistemática. Todas las etapas del proceso (identificación y definición de los problemas más relevantes, la generación y selección de ideas, la definición, los test y la validación de conceptos, la gestión de proyectos e iniciativas innovadoras hasta su introducción) mejoran si se llevan a cabo con un método. Cada etapa se beneficia de una gestión ordenada por diversas razones. Entre las principales están: aseguramiento de mejora de la calidad, reducción de riesgos, capacitación, acumulación de aprendizajes, mayor aceptación por parte del equipo directivo, y más fácil y amplia involucración de los colaboradores internos y externos, esto es, aportar una garantía de continuidad con éxito de la empresa más allá de los líderes del momento.

Un buen liderazgo refuerza la innovación, pero la institucionalización de la innovación le da vida plena. En el contexto de la empresa, es preciso construir una visión —una estrategia institucional— y una organización —unos principios, reglas y sistemas de dirección— que trasciendan a las personas, nos diría Masifern, que nos animen a revisar y cambiar lo que hacemos a la vista de los cambios externos, esto es, innovar para dar continuidad a la empresa.

Por último, no hay que olvidar que las personas con pensamiento innovador son la clave de la innovación. El innovador tiene una forma de pensar y de hacer —unos esquemas, principios y prácticas— que difieren mucho del pensamiento convencional, que se rige por los grandes números, la regularidad, por todo aquello que está demostrado que funciona. La innovación no rompe porque sí, se cuestiona las cosas y cuando encuentra limitaciones (problemas), busca superarlos. Por ejemplo, en innovación no puedes decir «no es posible». En su lugar hay que decir «no lo sabemos hacer». Cuando decimos «no es posible», nos autobloqueamos, nos autoconvencemos de que no es posible y, por ello, seguro que no seremos nosotros quienes lo llevaremos a la realidad. Al decir «no lo sabemos hacer» nos animamos a explorar nuevas vías para innovar y hacerlo posible, más cuando el resto de la gente —nuestros competidores— estarán mentalmente bloqueados, puesto que no tiene sentido intentar algo que todo el mundo sabe que «no es posible». La mayor satisfacción personal del innovador es llevar a la práctica con éxito una «estrategia imposible», imposible para el resto de los humanos fuera de la innovación, no para los innovadores, porque resolver problemas está en la base del gozo de su trabajo.

Pautas para incorporar pensamiento innovador en la empresa

1. Hacer un análisis de qué futuro le espera a la empresa a la vista de las tendencias y cambios externos que vemos hoy, si sigue por su sendero o trayectoria actual. Esto ayudará, en muchos casos, al consejo y equipo de dirección a hacer relevante la innovación en toda la empresa.
2. Concebir la innovación como resolución de problemas supone un cambio radical que permitirá a la empresa sacar buen partido de las distintas metodologías disponibles en innovación (*design thinking*, *agile*, *integrative thinking*, creatividad y otras).
3. Los directivos, cuando vean por sí mismos experiencias de otros directivos que han incorporado el pensamiento innovador, contrastarán sus ideas preconcebidas y adquirirán consciencia de que la innovación los puede ayudar.

4. Los directivos deberían incluir objetivos de innovación, logros perseguidos y cambios en áreas de responsabilidad para contribuir a los objetivos de mayor alcance de su negocio o empresa.
5. Todo directivo debe dar respuesta tanto a objetivos del día a día (mantenimiento del negocio, calidad, relaciones, regularidad) como a objetivos de innovación, como contribución desde su posición de responsabilidad a problemas que frenan el avance hacia los grandes objetivos de empresa.
6. La innovación debe tener un espacio protegido donde sus enemigos no puedan entrar (urgencias, corto plazo, presupuestos, jerarquía, dogmas, convencionalismos, burocracia...). Esto va mucho más allá de levantar una organización ambidiestra.
7. Las empresas que quieren empujar los límites de su buen hacer, innovando, piden a sus directivos que mantengan un registro de los problemas relevantes para los que éstos deben buscar una solución. Alguna de estas empresas, por ejemplo Metalquimia, ha llegado a discutir si las reuniones de directivo-colaborador deben centrarse más en el cumplimiento del presupuesto o en «cómo te puedo ayudar para que solventes los problemas de tu lista».
8. Sistematización gradual, sin prisa, pero sin pausa. La sensibilización (contraste para cambio del chip mental) da paso a la credibilidad (¡ahora lo veo y me lo creo!), para avanzar en la ordenación (sistematización) y así culminar con la consolidación de una cultura ágil, innovadora y centrada en el cliente. Es mucho más fácil de lo que la gente piensa.
9. Todo debe empezar con los objetivos, que se revisan. Ante los cambios súbitos del entorno, los objetivos son mucho más robustos que los presupuestos y las líneas de acción. Presupuestos variables y, si es posible, con mentalidad base-cero, es decir, que se deben justificar basándose en los objetivos que cada directivo asume y a los que se compromete ante su director responsable.

10. Innovar requiere disfrutar de una gran autonomía para actuar. El elemento aglutinador que evita el caos no es la jerarquía, sino el haber creado un marco de referencia sólido, una estrategia institucional y una organización regenerada. Una empresa debe tener una filosofía propia a partir de la cual todos, innovadores y no innovadores, sientan que «vale la pena trabajar en esta empresa».
11. Entrenar a los directivos medios para que piensen y actúen en términos de estrategia y de innovación. La estrategia les permitirá valorar y autodirigirse para que sus prioridades estén alineadas con las de la empresa. La innovación les dará autoconfianza para enfrentarse cada día a problemas. Y ambos, estrategia e innovación, los ayudarán a hacerlo de forma cada vez más efectiva.

23

Construir evidencias para gestionar la incertidumbre

por Thomas Maximilian Klueter

En todo el mundo, surgen constantemente nuevas tecnologías que actúan como importantes catalizadores del crecimiento económico actual y futuro. Sin embargo, al mismo tiempo, las nuevas tecnologías se caracterizan por un alto grado de incertidumbre al desconocerse si evolucionarán favorablemente, cuándo lo harán y cómo lo harán. Por ejemplo, las predicciones sobre cuándo será habitual el uso de vehículos autónomos son cada vez a más largo plazo.

Las empresas dedican importantes recursos a desarrollar y comercializar tecnologías emergentes, mientras que los ejecutivos se encargan de gestionar sus incertidumbres subyacentes. Estos retos no sólo surgen por la preocupación y la falta de comprensión sobre su futuro, sino también por la existencia de prejuicios y malentendidos asociados a la aparición de nuevas tecnologías. A esto se añade que no todos los ejecutivos están de acuerdo sobre el potencial de esas tecnologías, teniendo a menudo opiniones diferentes sobre el efecto que tendrán y cómo se desarrollarán. Un problema de difícil solución debido a que en las primeras fases de la aparición de una tecnología la información nunca es completa. Es más que probable que para resolver esa incertidumbre subyacente se necesite bastante tiempo.

En este capítulo nos basamos en el artículo «Unbuilding and

Managing Uncertainty Surrounding Emerging Technologies»,[104] que proponía un marco para determinar cuáles son las fuentes de incertidumbre y las implicaciones que ésta tiene en las empresas y sus estrategias. El artículo definía la incertidumbre «como un desconocimiento general del valor que tendrá la creación de esa tecnología» y desarrollaba la siguiente idea fundamental: gestionar los riesgos no es lo mismo que gestionar las incertidumbres.

Los directivos necesitan conocer las fuentes de incertidumbre y las alternativas con las que cuentan para hacer frente a esas preocupaciones y lograr así un resultado positivo. Además, se enfrentan constantemente a un problema de conocimiento que debe resolverse desarrollando capacidades dinámicas específicas. El artículo citado proponía desagregar la incertidumbre en distintas fuentes y tener en cuenta los procesos cognitivos y utilizar prácticas y herramientas de gestión innovadoras para gestionar estas incertidumbres.

El objetivo de este capítulo es averiguar si el modelo Verbideas y la identificación de lo que es necesario para lograr la creación de valor podrían contribuir a este marco, para así poder ayudar a los directivos a gestionar la incertidumbre proponiendo algunas acciones clave que puedan llevar a cabo. Situar a las personas como actores centrales de la creación de valor nos obliga a examinar más detenidamente a los individuos y grupos que trabajan activamente para ello.

Las cinco fuentes de incertidumbre identificadas en el artículo mencionado eran la tecnología, su aplicación, el mercado, el ecosistema y el modelo de negocio, que resumimos brevemente a continuación:

1. Tecnología implicada: es difícil predecir cómo evolucionará y mejorará la tecnología con el paso del tiempo.
2. Aplicación: falta información sobre las posibles aplicaciones de la tecnología.

104. Kapoor, Rahul; y Klueter, Thomas, «Unbuilding and Managing Uncertainty Surrounding Emerging Technologies», *Strategy Science*, 6, 1 (2021), pp. 62-74.

3. Usuario y mercado: a menudo no está claro cómo percibirán los usuarios potenciales los posibles beneficios, así como sus preferencias.
4. Ecosistema: también hay incertidumbre sobre la contribución efectiva de los distintos agentes al valor de la tecnología, concretamente cuando existen dependencias o cuellos de botella.
5. Modelo de negocio: no siempre está claro cómo puede una empresa asignar un valor a la tecnología y cómo ha de diseñar la «ecuación de beneficios» en torno a esa tecnología. Para gestionar esta incertidumbre, hemos propuesto procesos cognitivos de gestión como las herramientas de gestión de la atención y la necesidad de desarrollar capacidades de detección (filtrado de tecnologías) y aprovechamiento (asignación de recursos).

Gráfico 23.1. Gestión de la incertidumbre que surge en torno a una tecnología emergente

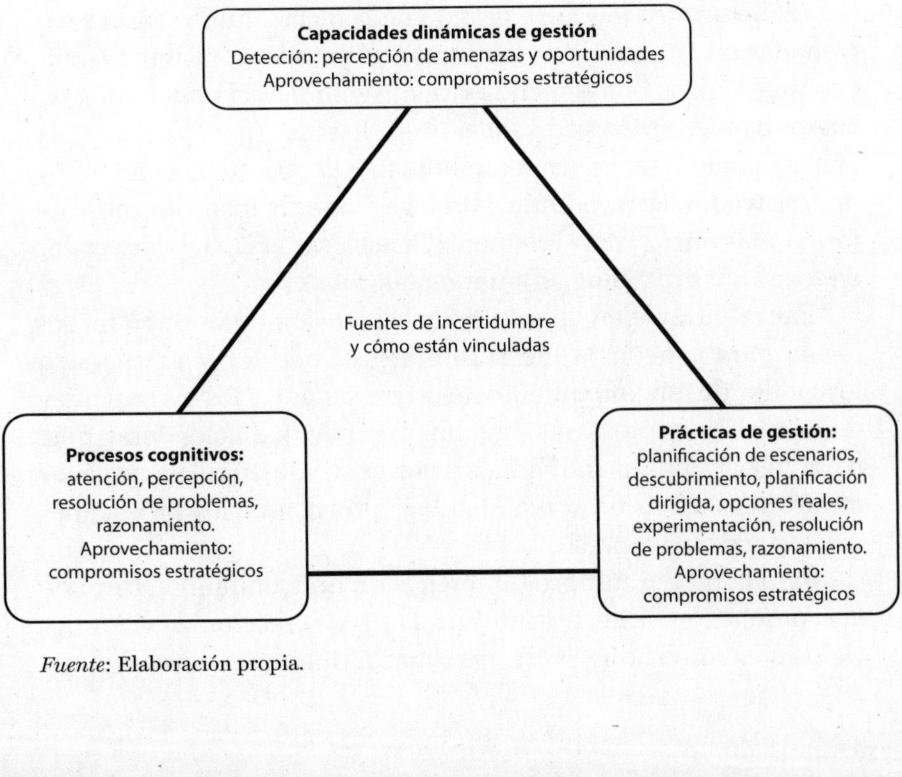

Fuente: Elaboración propia.

Personas artífices del valor

El marco planteado supone que, cuando se tiene en consideración una tecnología, los directivos toman decisiones, posiblemente en términos de asignación de recursos o atención cognitiva. También esboza los procesos cognitivos y las prácticas de gestión necesarios para gestionar las tecnologías emergentes que, además, en última instancia, pueden ayudar a las empresas a crear capacidades dinámicas para gestionar la incertidumbre. Estas capacidades implican detectar nuevas oportunidades y alternativas y aprovecharlas mediante la acción.

Llegados a este punto, profundizamos en la implicación de las personas y los directivos en la introducción de una tecnología emergente en el mercado. La idea clave es que las personas, como individuos y como grupo, son los artífices definitivas del valor. Por lo tanto, el valor depende de las personas. Así pues, tenemos que investigar más a fondo su capacidad y sus actitudes hacia las tecnologías emergentes, y su implicación a la hora de llevar esas tecnologías al mercado.

Dicho de otro modo, la gestión de la incertidumbre está relacionada con la gestión de las personas, ya que en última instancia éstas son las que tienen la responsabilidad, el poder y los recursos para encargarse de dicha tarea. Esta perspectiva, centrada en las personas, ayuda a complementar la estrategia esbozada y podría ayudar a comprender cómo gestionar la incertidumbre de forma más eficaz y, posiblemente, a acelerar la creación de valor en torno a las tecnologías emergentes.

Para centrarse en la gestión de la creación de valor como solución para superar la incertidumbre, es necesario adaptarse a los modos de funcionamiento de las personas y a los ingredientes de la acción empresarial. Igualmente, hay que considerar que, para crear valor, los individuos utilizan su subjetividad sin dejar de ser conscientes de la realidad del entorno que los rodea, además de la de la empresa.

Pero la incertidumbre también sería un resultado natural de la acumulación de los distintos procesos de creación de valor llevados a cabo por diferentes personas a diferentes niveles y con diferentes perspectivas (equipos, empresas, sectores...). Así pues, lo ideal sería contar con un sistema que pueda ordenar la creación de valor y que a la vez también salvaguarde las operaciones de la empresa para superar la incertidumbre.

Ingredientes de las acciones emprendedoras para innovar y gestionar tecnologías emergentes

Verbideas toma como ingredientes de la acción emprendedora: buscar verdad (comprender la realidad), encontrar bondad (añadir valor) y hacer belleza (operaciones). ¿Cómo podría esta perspectiva ayudar a complementar la gestión de la incertidumbre? La idea es que los ingredientes de la acción emprendedora impliquen: (1) buscar verdad, (2) encontrar bondad y (3) hacer belleza.

Buscar verdad significa comprender la realidad y descubrir las evidencias. Obviamente, esto es muy difícil en el contexto de las tecnologías emergentes, pero es una acción esencial para descomponer la incertidumbre en distintas fuentes (como la tecnología o la aplicación) y entender cómo se relacionan esos distintos elementos. El enfoque de Verbideas ayuda a los directivos a identificar verdades y cosas reales en las que pueden confiar, lo que simplifica el diagnóstico, pero también les permite disponer de más tiempo, que pueden dedicar a planificar acciones. Con esto se fomenta el razonamiento cognitivo y es una gran ayuda a la hora de resolver los problemas y los cuellos de botella restantes con el objetivo de crear valor. Además, el proceso será mucho menos engorroso que limitarse a afirmar «todo es incierto». Al aceptar algunas verdades, los directivos pueden identificar más eficazmente cómo se relacionan las distintas fuentes de incertidumbre y qué interdependencias hay que tener en cuenta para la creación de valor.

Encontrar bondad sugiere encontrar algo positivo, algo que sume, y ver lo bueno de aquello que tienen los directivos. En el contexto de las tecnologías emergentes y la incertidumbre, los directivos suelen hacer hincapié en las cuestiones y los problemas, por ejemplo, en que la tecnología aún no funciona o que aún no hemos encontrado un modelo de negocio viable. El enfoque de Verbideas señala que, a pesar de todos los problemas y retos, descubrir algunos aspectos positivos y adoptar una actitud más optimista ante estos desafíos es clave para llevar a buen puerto las tecnologías emergentes. Esto implica tener la capacidad cognitiva de vislumbrar realidades positivas que permitan desarrollar futuras soluciones valiosas en torno a la tecnología.

Por último, Verbideas exige a los directivos «crear belleza», es decir, lograr un resultado concreto a partir del caos creativo. Para ello es necesario pasar a la acción dominando la asignación de recursos o adquiriendo aquello que falta. Hacer belleza también implica proporcionar una visión estratégica que implique que todos lleven a cabo acciones concretas. En ausencia de ese impulso de «belleza», las empresas pueden caer en sesgos cognitivos, estancamiento y rutinas rígidas que, en última instancia, pueden acabar con cualquier esfuerzo con el que se pretenda llevar una tecnología emergente al mercado.

Conectando desglose conceptual de la incertidumbre con Verbideas: ¿qué acciones sugiere para gestionar la incertidumbre?

Comenzamos con los procesos cognitivos entre los que están la atención que los directivos prestan a las tecnologías, su percepción inicial y su razonamiento (gráfico 23.2, abajo a la izquierda), y añadimos sistemáticamente las propuestas de Verbideas. Los procesos cognitivos pueden mejorarse si tenemos en cuenta lo importante que es comprender la realidad y qué es real y qué no. Al centrarse en lo evidente, aunque la información y el contexto sean limitados, los directivos aceptan que la realidad es simultáneamente incierta y concreta. Una recomendación general es «abrir los ojos» y actualizar la propia visión y la de su equipo. Para ello hay que preguntar a los demás cómo ven la realidad. Los directivos pueden optar por simplificar la información que transmiten y desarrollar más empatía con sus «mensajeros» para reunir y recopilar mejor las evidencias disponibles. Esto puede ayudarlos a encontrar un ancla para su razonamiento, lo que les permite emprender los siguientes pasos para crear valor. También ayuda a los directivos a fijar hitos en los factores de incertidumbre que creen que están resueltos, mientras se centran en los que aún quedan por resolver.

A continuación, conectamos las prácticas de gestión y la llamada a encontrar bondad (gráfico 23.2, abajo a la derecha). A menudo, herramientas de gestión como la planificación de escenarios incluyen los peores escenarios posibles o pueden limitar la capacidad de experimentar, ya que los gestores vuelven al modo de planificación. Verbideas pide que estas herramientas tengan en cuenta también escenarios positivos y un esfuerzo real por explicar lo que es bueno.

Como herramienta interesante para los gestores, no sólo sería ventajoso documentar las deficiencias y los problemas que rodean a las tecnologías emergentes, sino también explicar lo que ya saben y lo que a ellos o a sus clientes les gusta y aprecian. Este planteamiento también exige comunicar más activamente lo que se está haciendo con las herramientas disponibles, ya que así se pueden descubrir aspectos positivos que antes no se tenían en cuenta. También significa valorar a los miembros del equipo al tiempo que se estimula su perspicacia para descubrir lo que es bueno. Aquí, ser compasivo es fundamental si queremos centrarnos en lo bueno. Los directivos también podrían anticiparse a los comentarios negativos iniciales y, a pesar de los contratiempos, animar a la gente a experimentar y continuar con el desarrollo de una nueva tecnología. Estas prácticas también pueden inspirar a las personas a ser más valientes a la hora de seguir su intuición de forma razonada. Dicho de otro modo, en las nuevas tecnologías, las herramientas y la capacitación de las personas van de la mano con la búsqueda de lo bueno.

Por último, los directivos tienen que desarrollar capacidades de detección y aprovechamiento para que ninguna nueva tecnología ni ningún reto provoquen el caos. Para ello, deben combinar el rigor con la incertidumbre, presentar un enfoque claro y determinar cuáles son los resultados esperados en torno a las actividades de innovación de la empresa. Esto implica tener presentes las incertidumbres futuras, de modo que la organización pueda responder sin reinventar su estrategia general. Los directivos deben tener en cuenta que la innovación supone revisar continuamente la realidad para que se produzca un cambio que dará resultados si se mantiene el enfoque (el sentido del resultado esperado). Para ello también es necesario dominar la organización y asignación de recursos para ayudar a las organizaciones a responder, al tiempo que se actualizan continuamente los recursos existentes y se desarrollan otros nuevos o se recombinan para ayudar a los directivos a hacer frente a futuros retos. A la hora de crear belleza, es obvio que las empresas no pueden recurrir a viejas rutinas, sino que deben estar abiertas a actuar cuando surja cualquier nueva tecnología. Aquí nos centramos más en las acciones de las personas y en cómo las organizaciones pueden prepararse para la innovación continua.

Creemos que complementar el marco en el que se engloban las distintas fuentes de incertidumbre existentes con el modelo Verbideas puede ser importante, ya que hace hincapié en que los directivos tienen que establecer en última instancia una determinada visión para que su gente pueda gestionar las incertidumbres subyacentes y las ayude a crear valor. Cuando el marco se integra en el conocimiento, las herramientas y las capacidades de gestión, puede ser un poderoso medio para comprender cómo las empresas pueden adaptarse con mayor eficacia a la aparición de nuevas tecnologías.

Gráfico 23.2. Ver en la oscuridad construyendo visión

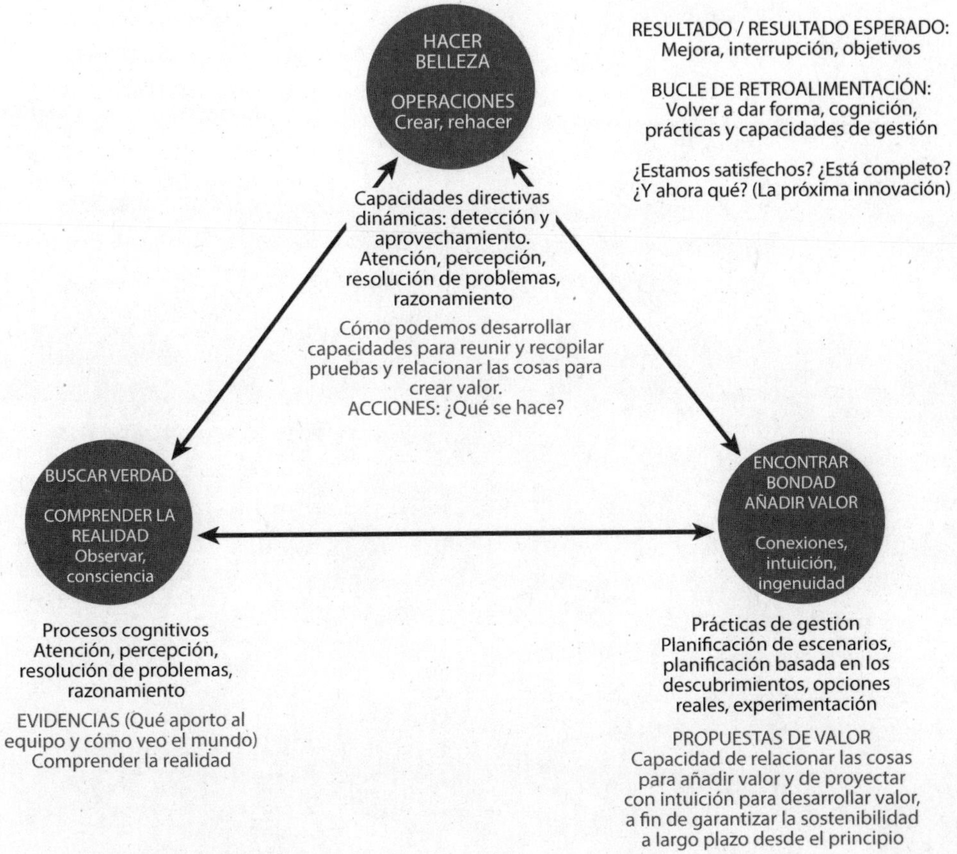

Fuente: Elaboración propia.

24

Por un marketing inclusivo y más efectivo

por Elena Reutskaja y Rosa M. Fité

En marketing, en un esfuerzo continuo por comunicar al consumidor los beneficios de las marcas y productos para estimular la venta, la creación de valor es una constante. Pero el estudio del fenómeno de la sobreabundancia de información y de posibilidades de elección demuestra que éste comporta costes para el consumidor, disminuye la calidad de sus decisiones y plantea cuestiones éticas.[105] Afecta a los sentidos, a la atención, a la motivación de consumo, a las decisiones de compra, incluso a sentimientos y estados subjetivos de las personas, y las causas se atribuyen a diferencias de conocimiento y de incertidumbre entre los consumidores. La respuesta a cuál sería un nivel suficiente de información apunta a dependencias de conocimientos, experiencia, contextos, factores demográficos y de edad, entre otros.[106]

Desde luego, el director de Marketing cuenta con herramientas sofisticadas para escuchar al consumidor, preguntarle, observarle y seguir el impacto de la acción de marketing sobre éste. Incluso puede comprenderle más en profundidad gracias al neu-

105. Reustkaja, Elena *et al.*, «Cognitive and affective consequences of information and choice overload», *Harvard Business Review*, 2020.

106. Misuraca, Raffaella *et al.*, «How much choice is "good enough"?», Viale, Riccardo, *Routledge handbook of bounded rationality*, Routledge, 2020.

romarketing. Pero ¿qué más puede representar para el director de Marketing que el consumidor sea una persona que cree valor con sus acciones?[107] ¿Podría ayudarle conocer cómo crea este valor la persona consumidora? De que el director de Marketing profundice en esta perspectiva, tenga más presente al «consumidor persona», podría depender avanzar hacia un marketing emprendedor, que sea inclusivo y más efectivo.

Dirigirse al consumidor persona

Esta perspectiva pone énfasis en que las relaciones entre la empresa y el consumidor son relaciones entre personas que crean valor. Los consumidores no crean, en principio, *start-ups*, pero sí encuentran ocasiones de valor distintas y nuevos usos y aplicaciones, creando valor para sí mismos, para sus familias y amistades según sus necesidades, y para sus empresas y la sociedad. Sus puntos de vista pueden conducir a una innovación más efectiva si tienen en cuenta que los principios de la persona en acción rigen también en la acción de consumo.

Según el modelo Verbideas,[108] el nivel adecuado de información tendría que ver con la calidad de la información, no solamente con la cantidad, y sería adecuada la que permita al consumidor persona ver para comprender la realidad, ver para elaborar valor, cancelando los negativos pertinentes, y ver para poder hacer realidad el valor que haya elaborado. Estamos, pues, hablando de dirigirnos a la visión de la persona y de interpelar a su pensamiento sabiendo que además de ser libre y capaz de responsabilidad, la persona crea valor, bienes para sí misma y para otros, incluido el marketing de la propia empresa.

107. Wotjyla, Karol, *Mi visión del hombre*, Palabra, 1997. Facultades de la persona en acción: capacidad de libertad, de ejercer responsabilidad y de crear valor. La persona crea valor siempre, hacia dentro o hacia fuera.

108. Fité, Rosa M.; Mehta, Kandarp; y Nueno, Pedro, «Verbideas, un modelo nuevo para la innovación continua», *Harvard Deusto Business Review*, 2021.

El comprador o consumidor debe poder esperar algún tipo de resultado que sea plausible según el sentido común, en el modo que él vea conveniente, otra vez, con sentido común, que será en gran parte consecuencia de lo que el marketing le ayude a comprender con información o a través de la experiencia de producto. El consumidor configura un resultado esperado más o menos sofisticado según su función intelectual y la información que el entorno creado por gerentes de marketing le haya proporcionado. El consumidor, con todo ello, debe poder buscar verdad, encontrar bondad y hacer belleza.

Gráfico 24.1. Acción de consumo desde Verbideas y rol de la información

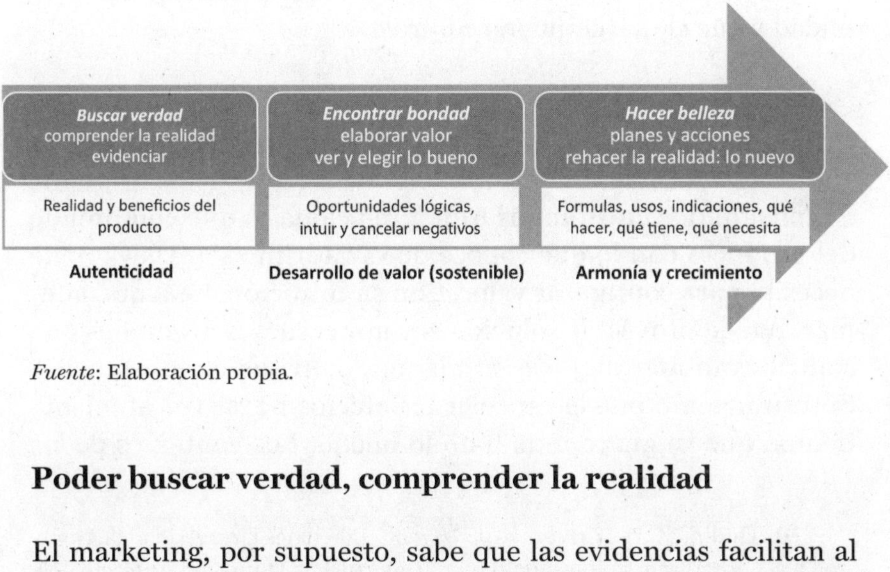

Fuente: Elaboración propia.

Poder buscar verdad, comprender la realidad

El marketing, por supuesto, sabe que las evidencias facilitan al consumidor una comprensión cierta para un consumo inteligente. Pero nos gustaría detenernos en los contenidos emocionales.[109] Las emociones en campaña como vehículos de información necesitan algún tipo de adecuación al producto. La falta de proporcionalidad y de realismo dan lugar a comprensiones in-

109. Fruto de la experiencia de una de las autoras en marketing de gran consumo internacional.

ciertas que la persona termina identificando en su discurrir interno hasta llegar a una cognición correcta.[110] En publicidad, hay mensajes dirigidos a atrapar inteligencias frente a otros más basados en emociones. Pero los impactos emocionales en ningún caso deberían entorpecer la visión del pensamiento, como hemos visto, motor de la acción de consumo de la persona. La afectividad es el impacto de las percepciones en la persona,[111] a las que se suman asociaciones internas de la memoria y la imaginación y motivaciones.[112] La afectividad no está en las cosas, es subjetiva.[113] Por este motivo, la acción de marketing necesita presentar al consumidor una inteligencia de producto y beneficios con formas de alguna manera objetivas y visibles que faciliten a las personas una comprensión cierta,[114] que los consumidores puedan ver, preservando su afectividad subjetiva que pertenece a la intimidad y que el marketing no controla.

Poder encontrar bondad, elaborar y añadir valor

El consumidor en su interioridad relaciona lo que comprende del producto con lo que conoce de variadísimas áreas y lo que necesita para configurar valor. Con su intuición creadora, además, puede proyectar soluciones y aplicaciones originales que contribuyan aún mejor a su manera o en sus circunstancias. Con su ingenio puede cancelar los efectos negativos al mismo tiempo que va guardando todo lo bueno. Los contextos de las

110. Gudin, María, *Cerebro y afectividad*, Ediciones Universidad de Navarra, 2001. «El discurso interno premia lo que apela a la función intelectual, la corporalidad es más efímera.» En un movimiento que parece que empeña a las personas en la libertad, el pensamiento transita de alguna manera de una verdad sentida a una verdad querida hasta llegar a una verdad real. Hay una libertad constitutiva que procede de que el hombre tiene intimidad.

111. Ibídem.

112. Ibídem.

113. Ibídem.

114. Font, Vicente, «Las emociones en publicidad», Presentación en el IESE, en UNAV.

acciones de marketing deberían, cuidando esta interioridad del consumidor, introducir y actualizar elementos y movimientos esenciales que permitan ampliar las ocasiones de creación de valor tras haber profundizado en ellos, y permitir en todo momento al consumidor su actividad interior para elaborar valor.

Poder hacer belleza, planes y acciones

La compra y el consumo forman parte de las acciones y planes que harán realidad el resultado esperado del consumidor. Esta realización dependerá también en parte del responsable de marketing: de haber provisto adecuadamente información para asistirle, esto es, haberle dado las claves para la realización del valor según el sentido común. No hay un consumidor igual a otro, pero todos, con su inteligencia, gestionan la inteligencia de producto que hayan podido comprender. Ayudarlo a crear valor representa dar forma, con significados coherentes con los beneficios y la misión de la empresa, a los elementos que integran el *marketing mix*. La operación «Dar forma» de Verbideas, definida como lo que la inteligencia pone en las cosas con un significado concreto, propone en el gráfico 24.1 una pauta para adecuar y hacer fluir la información en el espacio de la acción de creación de valor que es el consumo.[115]

Información y visión para crear valor en marketing

La experiencia profesional en el Grupo Ferrero de una de nosotras ha sido clave para comprender el marketing emprendedor. Mucho de lo desarrollado en Verbideas ha sido antes visto y aprendido directa e indirectamente del buen hacer de Michele

115. Fité, Rosa M.; y Mehta, Kandarp, «Ejercicio Órganon», *IESE Publishing*, 2020.

Ferrero,[116] propietario y auténtico motor de la innovación de esta prestigiosa empresa italiana. Cuando tenía oportunidad, les decía a los jefes de producto que eran emprendedores. En Ferrero, los productos eran productos empresa, debían desarrollar mercados. Abundaban herramientas visuales para planificar las estrategias y se impulsaban métodos para escuchar el pensamiento de la persona consumidor. Para conseguir una innovación efectiva había habilitado espacios para probar y testear visiones distintas, instaurando un proceso con estadios coherentes con este planteamiento. Los productos progresaban a base de nuevas ocasiones, nuevos perfiles de consumidores, diferentes contextos, que daban lugar a nuevos mercados que eran superiores en valor económico y en crecimiento a los mercados de referencia. Los posicionamientos y mensajes publicitarios se modulaban asegurando que se dirigían al pensamiento y que estaban alineados con los beneficios deseados. Las emociones se trataban con prudencia para no apartarse de las preocupaciones de fondo que movían al consumidor en su vida, su familia y su entorno.

Para hacerlo aún más real, Michele Ferrero hablaba de la *signora* Valeria —una consumidora imaginaria—: de cómo viviría, de qué pensaría, con un gran respeto para no decepcionarla y una sincera voluntad incesante de ayudarla. Se trataba de hacer ver al consumidor persona, con sus intereses, necesidades y valores propios a tener en cuenta. La inteligencia de marketing se construía pensamiento a pensamiento, mano a mano, escuchando y actualizando las propuestas adecuadamente. En la actividad de marketing se declinaban de diversas formas: 1. La introducción de beneficios para los agentes que de una manera u otra intervenían en la acción comercial, 2. El compromiso del consumidor, 3. El seguimiento de la efectividad de las acciones y campañas en el sentido querido y adecuado, y 4. La actualización constante de la innovación desarrollando nuevos beneficios, productos o modos para generar más valor.

116. Michele Ferrero (1925-2015) fue un empresario italiano y propietario de una de las mayores productoras de chocolate del mundo.

Recomendaciones para un marketing más inclusivo y más efectivo

La perspectiva de persona pone en valor la inteligencia en la acción de marketing. El responsable de marketing debe preocuparse por hacer inteligible y visible la inteligencia de marca y de producto. El consumidor tiene que poder asumir con la suya, la inteligencia de marca y producto que el director de marketing comunica. Esto es, estar informado y, eventualmente, ser formado según el sentido común, para poder realizar su acción de crear valor en su realidad, comprando el producto y después dándole un uso. El resultado esperado de la acción de marketing será que el consumidor tenga evidencias, comprenda la realidad del producto, su valor distintivo, cómo funciona, lo que soporta, cómo afecta al medioambiente en su fabricación, en su consumo y en su uso posventa. Tiene que ver con la aplicación, el uso, la sostenibilidad, los tiempos, los lugares, las debidas actualizaciones, el precio, los efectos indeseados, la duración, la caducidad, la obsolescencia, la composición o los beneficios que se deseen potenciar, entre otros. Requiere mantener en todo momento los valores que corresponden a la persona: veracidad, claridad, seguridad, respeto, confianza. Una puesta en escena de la marca y del producto pensada para que pueda crear valor como persona.

La tabla 24.1 propone claves en la información que tener en cuenta para ayudar al consumidor a crear valor, confrontando lo que esta inteligencia representa para el responsable de marketing y desde el consumidor.

Sin embargo, esto no será posible si no se escucha adecuadamente al consumidor, también como persona. La innovación continua exige enfocar la investigación de mercados y de consumidor hacia lo que el consumidor piensa. Esto es, escucharle sin conducirle desde el principio, preguntarle en el orden adecuado, apelar al pensamiento antes que a la emoción, a la comprensión y a su elaboración de valor antes que a los gustos. La creatividad colaborativa de Verbideas, en la que el «nosotros» construye un valor superior a la suma de las construcciones de valor individuales, da a entender que en la conjunción de acciones de creación de valor de personas de empresas y de personas consumidores, se pueden encontrar fuentes de oportunidades y vías para nuevos productos y modos en marketing que desarrollen mercados y valor. Así, la información adquiere una función aceleradora de la creación de valor, en esta perspectiva que propone la acción de creación de valor de las personas como un espacio de trabajo lleno de oportunidades para un marketing emprendedor, inclusivo y más efectivo.

Tabla 24.1. Ámbitos de la información para ayudar al consumidor a crear valor, hacer belleza

	RESPONSABLE DE MARKETING	CONSUMIDOR CREADOR DE VALOR
Foco: resultado esperado	La parte de misión que corresponda. El resultado esperado es que el consumidor cree valor.	¿Qué resultado esperado ha percibido? ¿Qué quiero que perciba? ¿Qué quiere decir para él?
***Quantum*: conocer, contar la actividad y la realidad**	Todos los elementos del marketing *mix*, los usos y actitudes del consumidor, información de mercado: relacionada con participaciones, rotaciones, precios, momentos, frecuencias y tiempos, comprensiones, necesidades, procesos, formatos, entregas, stocks medios, entre otras.	¿Qué conoce y qué tiene? ¿Quiénes más llevan al mismo resultado? ¿Qué proceso real debe hacer para comprar? ¿Qué cosas le importan? Investigar, contar.
Efectividad	Efectividad de la acción de marketing. Efectividad real de la información, ¿qué hay que redireccionar? ¿Hay algo que potenciar? ¿Hay algo que incluir o excluir?	¿Qué efectividad conseguida hay en sus distintos supuestos? ¿Cuánto sé yo de su efectividad? ¿Qué impactos y qué más? ¿Qué otra efectividad consigue? Positiva y negativa.
Diferenciación	Valores del producto. Los valores del resultado esperado: claridad, respeto a la libertad, cuidado, inclusividad, servicio...	¿Puede personalizar en algo el consumidor? ¿Hay algo que traicione sus valores?

... / ...

... / ...

	RESPONSABLE DE MARKETING	**CONSUMIDOR CREADOR DE VALOR**
Acción	¿Qué hace el producto? ¿Con qué operaciones? ¿Cómo se dice que se puede usar? ¿Cómo más se puede usar? ¿Se pueden modificar las operaciones?	¿Qué hace con el producto? ¿Cómo lo usa?
Sensibilidad	¿Límites de uso? ¿Dónde más encaja o sirve? ¿Hasta dónde puede llegar?	¿Sabe? ¿Le es fácil usarlo? ¿Le saca valor? ¿Qué no entiende?
Tiempo	¿Cuándo informar? Calendarios de la acción, oportunidad de tiempos.	¿Sigo el ritmo y proceso del consumidor?
Lugar Posición	¿Dónde es oportuno informar para que el consumidor lo vea? Ordenación y distribución. ¿Cómo mantenerse en la posición? ¿Cómo encaja?	¿A dónde va el consumidor? ¿Ve algo de todo esto? ¿Cuánto ve? ¿Por qué me prefiere? ¿Por qué me sustituye?
Estado	La puesta en escena, la expresión concreta de la marca, las ventas, las relaciones externas o la venta interna. ¿Tiene todo lo que tiene que tener?	¿El consumidor ha creado valor de acuerdo con lo que tiene o hace la marca? ¿O no se parece?

Fuente: Elaboración propia.

25

Ver, contar y hacer crecer el valor

por Gaizka Ormazabal y Rosa M. Fité

En los entornos financieros, al hablar de creación de valor, se hace referencia al valor económico. Sin embargo, entre las empresas no financieras, la creación de valor abarca más de lo que se expresa monetariamente y es compartido que el valor económico es estimulado por otros valores y también destruido por su ausencia. Por ejemplo, una falta de profesionalidad que conduzca a errores perjudiciales, una falta de honradez que genere un valor económico fraudulento o de generosidad que frene la expansión del valor dentro de la organización, entre otros. En general, se constata que ya no es tan aceptada la reducción de la creación de valor al valor económico y que, junto a éste, que en el sistema capitalista establece de alguna manera el mercado, coexisten valores para los consumidores, los clientes, los proveedores, los accionistas, los empleados, sus familias, el medioambiente, la cultura, la sociedad y las personas en último término. Valores que pueden ser objetivos o subjetivos, tangibles o no tangibles y que pueden abarcar numerosos ámbitos al mismo tiempo e incluso guardar cierto orden de prioridades. El proceso emprendedor representa la creación de muchos valores, pero una dispersión en éstos puede poner en peligro el valor económico. Por consiguiente, a los expertos en control de gestión les puede interesar seguir encontrando en dónde más se pueden apoyar para gestionar mejor la creación de valor en la empresa.

El objetivo de este capítulo no es recrearse en los valores ni cuestionar la importancia del valor económico, sino proponer, desde la perspectiva de la persona como única artífice del valor, la acción emprendedora como un nuevo territorio, el del propio hacer de la persona, en el que medir y pesar, adecuadamente, para acrecentar la innovación y ayudar a levantar la productividad de la empresa.[117] Su aportación principal es la anticipación a la realización del valor económico y a eventuales destrucciones, a diferencia de los sistemas de cuentas actuales más centrados en reflejar resultados económicos de las acciones. Aunque los sistemas de control de gestión de las empresas y la academia persiguen efectivamente la optimización del valor, la posibilidad de contar en la acción de la persona artífice del valor puede ayudar a anticipar la sostenibilidad, situada en el centro de la acción emprendedora y a cuidar intangibles que forman parte de la innovación y que pueden escapar a los sistemas contables. ¿Se puede ayudar a la empresa a medir la robustez innovadora de sus actividades de valor, a contar el valor que será causa y estímulo del valor económico y a hacerlo crecer?

El valor

Este trabajo obliga a precisar qué se entiende por valor.[118] En la perspectiva personal de la acción emprendedora se ve el valor como lo bueno que la persona artífice añade a la realidad.[119] En

117. La consistencia filosófica de este capítulo ha sido validada por María Martorell Estrenjer, doctora en Filosofía.

118. Parafraseando a Pedro Nueno en *Dirigiendo con valores*, aunque también pensamos que «no es nuestro objetivo disertar sobre el valor».

119. En esta perspectiva se fundamenta Verbideas, que estructura un modelo para innovar y construir una nueva realidad, tomando como impulso la sabiduría de totalidad de Platón y como pauta de construcción de lo nuevo a Aristóteles y a Platón. Un modelo que trata de desbloquear la necesaria aceleración de la creación de valor o crecimiento en productividad e innovación, haciendo hincapié en la superación de lo útil y abriendo rutas y sistemas a la

otras palabras, el valor es bien en la realidad, «los valores añaden bien a la realidad»,[120] bienes. El valor del que hablamos es real, es el que se actualiza en la realidad, no es meramente declarativo y no puede esfumarse de un día para otro como a menudo leemos en la prensa económica.[121] Es un bien en los productos que se consumen o servicios que se prestan, en las personas que los consumen o se relacionan con ellos, en los clientes de las empresas, en sus proveedores, en los que ahí trabajen de modos distintos, en los accionistas, en el medioambiente, en la cultura, en la sociedad. Puede ser directo o indirecto, pero, en cualquier caso, abarca toda la afectación que pueda representar, se vea o no antes o después. Entonces, el dinamismo del proceso emprendedor, de creación de bienes en la realidad, exige una actualización de valores que sólo las personas pueden actuar, por supuesto ayudadas de recursos, técnicas, tecnologías e infraestructuras que ellas mismas u otras personas gobiernen.

Como se ha dicho, algunos valores serán para todos y otros serán subjetivos para la empresa, la persona, el cliente, la comunidad o estarán relacionados con el propósito o la situación, entre otras posibilidades. Entre los primeros destacan las facultades de la persona: la libertad, la responsabilidad y la creatividad de las personas y cómo su acción emprendedora necesita ser éticamente sostenible para cumplir con su propio fin de contribución de valor. La ética se convierte así en fuente de inspiración de valor a crear.[122] Es más, la dirección de personas para ser emprendedora tiene que actualizar valores como los que, por ejemplo, Pedro Nueno describe en *Dirigiendo con valores*, señalando la importancia de la humildad, la diligencia, la generosidad, la

---

sostenibilidad, que va más allá de la economía recuperando la ética en la creación de valor.

120. Hay escuelas y autores que han desarrollado teorías y tratados al respecto, como Max Sheler, Nicolai Hartmann, Bertrand Russell, incluso Ortega y Gasset. Existen posturas subjetivistas, objetivistas, relativistas, realistas... En el caso particular de este libro, cuando hablamos de valores hacemos referencia al bien.

121. Se hace acto en la realidad.

122. Melé, Domènec, *Business ethics in action*, Bloomsbury, 2019.

honradez, el agradecimiento, la profesionalidad, las felicitaciones y el optimismo.[123]

Desde diferentes entidades públicas y privadas de todo tipo, gobiernos y organismos internacionales promueven valores diversos en variados ámbitos, estableciendo estándares y proponiendo medidas de control que las empresas o ciudadanos van adoptando. Entre ellos destacan los ESG, que se usan como criterios de inversión para proteger el medioambiente con un crecimiento sostenible, y más recientemente la Agenda 2030 con 17 objetivos de desarrollo sostenible en el ámbito social, empresarial y medioambiental.[124]

Sistemas de control, cadena de valor y acción emprendedora

«La contabilidad en un principio fue concebida como un instrumento de información al exterior convirtiéndose después en un sistema de dirección.»[125] Las definiciones clásicas de contabilidad financiera y de gestión refieren que la primera se ajusta a unas reglas y convenios, aceptados en el lenguaje contable, dirigiéndose a personas e instituciones ajenas a la empresa, mientras que la segunda se dirige a los responsables de la gestión que la organizan de la manera que les sea más conveniente. La acción de contabilizar se define como un procedimiento que consiste en recoger, clasificar y resumir acontecimientos de la vida de empresa susceptibles de ser expresados en unidades monetarias.[126]

La contabilidad financiera incluye el balance, la cuenta de resultados y los flujos de caja en la que el beneficio es una medi-

123. Nueno, Pedro, *Dirigiendo con valores*, Plataforma, 2023.

124. La Agenda 2030 es motivo de esperanza si no se queda en mera declaración y si está dirigida a la persona y a la vida según se indica en la Nota de la Santa Sede en el primer aniversario de los objetivos de desarrollo sostenible del 18 de octubre de 2016.

125. Pereira Soler, Fernando *et al.*, *Contabilidad para dirección*, Ediciones Universidad de Navarra, 1993.

126. Ibídem.

da de eficacia, de sostenibilidad económica, estudia el endeudamiento y ha desarrollado métodos de valoración de empresas, entre otros; y la contabilidad de gestión abarca la contabilidad de costes, la de planificación y la de control tratando de reflejar resultados económicos de las acciones. La tecnología ha favorecido sistemas de control de gestión exhaustivos y adaptables a distintas realidades y también la aparición de otros sistemas de información cuantitativa que permiten monitorear las diferentes actividades de ventas, fabricación, calidad, residuos, impactos diversos, entre otras, que ayudan a la toma de decisiones corporativas.

Este capítulo intenta dotar a la empresa de una herramienta que la ayude a proteger el valor, anticipando su gestión a antes de su conversión al valor económico. Según Porter, una organización empresarial es una cadena que, a través de una serie de etapas, va agregando valor para sus clientes y grupos de interés. De esta manera, crea y sostiene su ventaja competitiva y, en consecuencia, produce más rentabilidad para la empresa. Este concepto de la cadena de valor ha presidido el pensamiento de la gestión empresarial durante décadas y ha empujado su desarrollo significativamente, aunque ha evolucionado en algunos aspectos, entre ellos hacia conceptos más sistémicos como la propuesta de valor.[127]

Con el crecimiento económico, la expansión de mercados y el desarrollo tecnológico, la cadena de valor, especialmente en las empresas más grandes y globales, se ha ido haciendo más rica, densa y compleja. Pero que las personas sean las únicas artífices del valor en cualquier proceso emprendedor pone la atención en otros recursos activamente presentes en la cadena de valor que

127. La cadena de valor es un modelo teórico que permite describir el desarrollo de las actividades de una organización empresarial generando valor al producto final, descrito y popularizado por Michael Porter en su obra *Competitive advantage: creating and sustaining superior performance*, Free Press, 1985. La cadena de valor enseguida se puso al frente del pensamiento de gestión de empresa como una poderosa herramienta de análisis para planificación estratégica. Su último objetivo es maximizar la creación de valor mientras se minimizan los costes.

ésta no menciona y que revisten particular importancia. Por una parte, las personas en su acción emprendedora, que constituyen y gobiernan las actividades de valor de la empresa, aportan su interioridad, su subjetividad, su memoria y experiencia y, en incontables ocasiones, recurren a elementos ajenos a la empresa que se convierten en causa y estímulo del valor económico conseguido.[128] Por otra parte, el buen impacto buscado en clientes, proveedores y accionistas, entre otros, se ve acompañado por otras afectaciones en ellos mismos, en terceros o en el entorno que deberían ser también bien en la realidad y que muchas veces no lo son. El gráfico 25.1 resume esta perspectiva en la cadena de valor.

Gráfico 25.1. La acción emprendedora en la cadena de valor

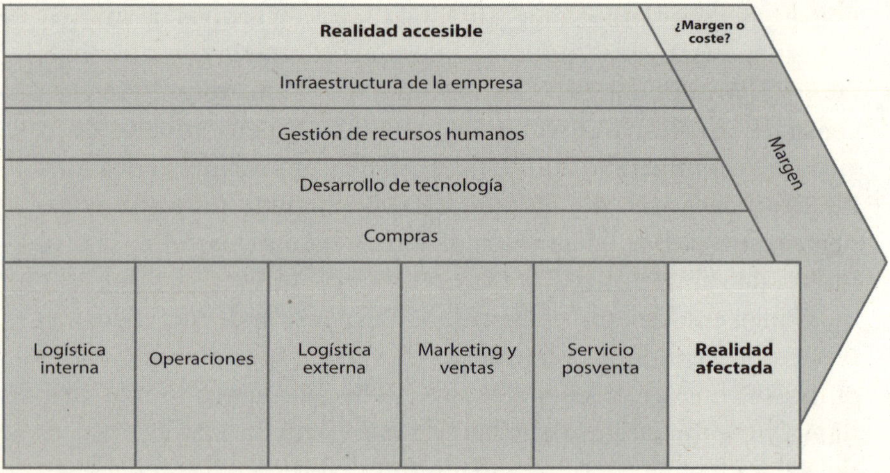

Fuente: Elaboración propia.

Más allá de que todo ello razone cierta gratuidad debida de las empresas al entorno y a las personas, la creciente necesidad

128. Nueno, Pedro; Kalthoff, Otto; y Nonaka, Ikujiro, *La luz y la sombra*, Ediciones Deusto, 2007. En él se realiza un análisis comparativo de la innovación en Europa, Estados Unidos y Japón, y en los fundamentos aparece este concepto de actividades de valor.

de innovación impulsa a averiguar más sobre cómo se genera el valor, puesto que la maximización del valor económico acompañado de la minimización de costes parece que presenta claros límites a la productividad que sería necesaria. Entonces, si la creación de valor representa otros muchos valores distintos al valor económico, que a su vez puede ser estimulado y destruido por su existencia o ausencia, poder contarlo y medirlo dentro de la acción emprendedora ayudaría a optimizar el valor. Como se defiende a lo largo de este libro, la acción emprendedora está en función de tres variables: parte de realidad (verdad), elaboración de bien para la realidad (bondad) y hacerlo nueva realidad (belleza), pero ¿se podrá?

Recoger, clasificar y resumir valores: anticipar el valor económico

La excelencia es una conquista que puede involucionar, leemos ejemplos en la prensa, y es que, como se decía, la creación de valor representa una actualización de valores en la realidad constante o al menos suficientemente frecuente. Habitualmente se ve el valor por sus efectos, pero ya se ha dicho que gestionar el dinamismo del valor en origen comportaría ventajas tales como que los efectos negativos podrían ser cancelados antes de correr por la realidad y que el valor se podría orientar mejor a objetivos concretos necesarios. En origen significa donde se origina, y esto es en la persona. Pero existen tantos valores y maneras creativas de ejercitar la acción de valor que hasta una inteligencia artificial se perdería y la invasión en la intimidad personal tampoco resulta adecuada. Entonces, si hace falta sensibilidad personal para identificarlos y estar cerca de la interioridad para verlos, podrían o incluso deberían ser las mismas personas artífices las que cuantifiquen de alguna manera los valores que ellas ejercitan y que quizá sólo ellas pueden ver. ¿Cómo?

Se podría hacer contando subjetivamente. En las empresas existen activos intangibles, cualidades o situaciones que se cuantifican con estimaciones, como el fondo de comercio y la cualificación de las personas. Aun así, aceptada esta condición de contar subjetivamente, ¿cómo se puede expresar cuantitativamente un valor que no es económico?

Los ingredientes de la acción emprendedora —comprensión de la realidad (buscar verdad), elaborar valor (encontrar bondad) y conversión a nueva realidad (hacer belleza)— podrían permitir valoraciones cuantitativas. El primer parámetro viene a ser un conocimiento real, siempre parcial, que admite expresiones porcentuales mayores de cero y menores de cien.[129] El segundo parámetro es una elaboración de la inteligencia para añadir bienes a la realidad, que presenta siempre riesgos seguros de impactos negativos que se pueden estimar dando puntos positivos y negativos en una escala acordada, por ejemplo, del -10 al 10.[130] Finalmente, el tercer parámetro, convertir la elaboración de valor en una nueva realidad, cabe expresarlo también con una puntuación simple del 1 al 20, por ejemplo, según se estime que ha conseguido más o menos el resultado esperado o haya superado incluso las expectativas.[131]

Estas tres variables están presentes en todas las actividades de valor, son las que proporcionan resultados de valor. No son sucesivas en el tiempo, aunque sí en el orden de acción de innovación, en el hacer.[132] El valor es resultado de su combinación. Su distinción sugiere algunas consideraciones: que la elaboración de valor exige una comprensión de la realidad actualizada, estar al día, trabajar con evidencias, evitando las suposiciones; que el resultado de valor positivo dependerá de la variable bondad, del bien o los bienes añadidos a la realidad y de que los efectos negativos no anticipados ni cancelados no generen destrucción tampoco del valor económico; y que la excelencia en la acción de las personas depende de disponer de un resultado esperado claro y comprendido y del conoci-

129. Siempre se conoce algo por poco que sea y nunca se conoce todo.

130. La suma de los valores en la realidad no es posible y por tanto no se neutralizan, no cabe por tanto el 0.

131. No cabrían los puntos negativos ni el cero, se puntúa la conversión.

132. Verbideas, operación Órganon, basada en Aristóteles, analogía de las categorías del ser.

miento de recursos disponibles.[133] La *Autoevaluación de la acción emprendedora en Verbideas* sugiere posibles valores que recoger, clasificar y resumir para gestionar la creación de valor en origen.

La autoevaluación para hacer crecer el valor

La propuesta es incorporar la autoevaluación de la acción emprendedora a los sistemas de control de gestión de la empresa. No como una valoración del desempeño en el puesto de trabajo, sino como información sobre el estado de la creación de valor en origen que puede también ser recogida, clasificada y resumida periódicamente por los servicios de *back office*, acompañando el resto de las informaciones, también las económicas. Un sistema que debería ser sencillo y simplificado para poderse replicar entre perfiles diferentes. Un ejemplo de autoevaluación periódica que se utiliza en Verbideas para medir la creación de valor se resume en la *Autoevaluación de la acción emprendedora en Verbideas*.

Basándose en esta perspectiva personal de la acción emprendedora, se pueden tomar medidas diversas para acelerar la creación de valor. Por ejemplo, aumentar la participación de personas, impulsar la contribución de todos, actualizar con mayor frecuencia el conocimiento de la realidad, enseñar a las personas a desplegar la intuición razonando, a anticipar los efectos negativos y a cancelarlos con ingenio, a esforzarse en clarificar los resultados esperados y los valores a actualizar en la manera que sea necesaria según el propósito y momento de la empresa. Dinamizar el potencial creativo de las personas, su talento, representa acelerar el proceso emprendedor en la medida en que acierten a integrar sus ideas y aportaciones en la realidad, y las personas sepan trabajar en concierto con los demás. Verbideas, en este sentido, aporta un sistema para impulsarlas y facilitar la colaboración, que se detiene en la acción emprendedora sin interferir en las actividades ordinarias hasta que la innovación está lista. Es decir, anticipa la gestión a su realización orientándola hacia el valor.

133. Véase capítulo 17, operación Órganon.

Las empresas necesitan entender y acercarse a la creación de valor de las personas. Las facultades de libertad, responsabilidad y capacidad creativa se completan y ejercitan con un sistema de autoevaluación que ayude a las personas a comprender, valorar y gestionar su acción, y a los directivos a comprender cómo las personas crean valor para un mejor gobierno del valor y el crecimiento de empresas, y de todos. Ciertamente hace falta valentía para aceptar que estos valores tienen también cabida en nuestras empresas, y arte y prudencia para introducirlos en ellas. Pero contando con tantos y exhaustivos sistemas de control económico y de información para seguir la efectividad, la comprensión de que el valor depende de las personas, de todas y de cada una, puede facilitar el valor de confiar en ellas y de autoevaluarse.

Datos que recoger, clasificar y resumir para gestionar la creación de valor

Nos interesará la existencia, la frecuencia y el alcance, así como diferenciar entre los valores que se actualizan, los que son declarados, los datos subjetivos y los objetivos que, además de los hechos, comprenden inversiones y gastos.

General
Valores que forman parte de la empresa y hay que actualizar continuamente relacionados con la misión, los objetivos, la calidad, los clientes y la sociedad, entre otros.

- Existencia y percepción de resultado esperado claro.
- Acciones para hacer profundizar en resultado esperado.
- Promover y actualizar conocimientos y recursos.
- Seguir la efectividad del resultado esperado.
- Promover la participación.
- Desarrollar empatía.
- Formación técnica.
- Formar en acción emprendedora.
- Medidas orientadas a promover la acción emprendedora: a

la comprensión de la realidad, a la elaboración de valor y la innovación.

Valores emprendedores[134]

- Libertad, responsabilidad, creación de valor.
- Humildad: veces que escuchas, veces que te explican y apoyas, veces que te pones al día.
- Diligencia: tiempo desde que dices hasta que pones en práctica iniciativas, desarrollas, presentas propuestas, lo llevas a otros ámbitos...
- Generosidad: retribuir adecuadamente, fondos para lo que las personas necesiten, dar más en los productos de lo que se declara, donación a terceros, compartir.
- Honradez: hacer las cosas bien.
- Profesionalidad: competencia técnica, actualización
- Optimismo: tomas decisiones que parecían difíciles, pero las sacas adelante.

Ética como fuente de valor[135]

Aspirar a bienes orientados al bien común y de cada uno: explícitos, para todos, profundizando en cómo se concreta en distintos niveles y ámbitos de la empresa

Tener sistemas para:

- Conocer las necesidades de todos.
- Que todos puedan cooperar al bien aspirado (principio de solidaridad).
- Fomentar la acción emprendedora hacia el bien aspirado (principio de subsidiariedad), estimular y promover la participación de todos en esa construcción (principio de participación).
- Seguir la efectividad.

134. Nueno, Pedro, *op. cit.*
135. Melé, Domènec, *Ética en dirección de empresas*, Pearson, 2015.

Autoevaluación de la acción emprendedora en Verbideas

1. Conocimiento realidad

Valora las siguientes cuestiones con un porcentaje del 1 al 99 por ciento:

	¿Cuánto reflejan las premisas con las que trabajas la realidad?	¿Cuánto sabemos de la realidad de referencia?	¿Hemos buscado conocer suficientemente?
Resultado esperado 1			
Resultado esperado 2			
General			
Otros			

¿Qué otros ámbitos nos interesan conocer? ¿Qué cuestiones quedan abiertas? ¿Qué más debemos buscar?

2. Elaboración de valor

Evalúa las siguientes cuestiones en puntos positivos del 1 al 10 o negativas del -1 al -10.

	Valor que aportan las propuestas de valor	Valoración de efectos negativos sin neutralizar (especificar)	Esfuerzo por desarrollar valor
Propuesta de valor 1			
Propuesta de valor 2			
Propuesta de valor 3			
Resultado esperado 1			
Resultado esperado 2			
General			
Bolsa de valor			

¿Abordamos algún ámbito con más profundidad? ¿Dónde más nos interesa aportar valor?

¿Qué cuestiones quedan abiertas? ¿Alrededor de qué más debemos buscar *verdad*?

3. Conversión a nueva realidad. Lo nuevo

Evalúa las siguientes cuestiones con puntos del 1 al 20.

	Los planes y acciones hacen realidad la propuesta de valor	El resultado de las operaciones reúne todo lo que es necesario	Esfuerzo por hacer belleza
Propuesta de valor 1			
Propuesta de valor 2			
Resultado esperado 1			
Resultado esperado 2			
En general			

¿Las operaciones hacen realidad todo lo necesario o, en otras palabras, el resultado tiene todo lo que precisa? ¿Qué faltaría según el resultado esperado? ¿Desde qué otro ámbito se puede hacer realidad? ¿Dónde más se puede actuar? ¿Qué cuestiones quedan abiertas? ¿Qué más debemos buscar? ¿En qué hay que desarrollar más valor? ¿Respecto a qué elementos de la propuesta faltan operaciones?

Novena parte

Progreso

26

Supremacía de la dimensión subjetiva del trabajo

por Domènec Melé

La noción de creación de valor se refiere al proceso por el cual se incrementa el valor de algún objeto, pero su sentido es ambiguo por el término *valor* que incluye. Su sentido dependerá de qué se considere valioso y qué criterios se utilicen para cuantificarlo. Es relevante distinguir entre el *valor intrínseco* y *valor de uso* que se le otorgue. En este sentido, se ha dicho con acierto que las cosas tienen *precio* (valor de uso) mientras que las personas tienen *dignidad* (valor intrínseco).

El valor de uso utilitario se entiende, con frecuencia, como valor económico, aunque no siempre. Se habla también de *valor social* en términos de utilidad social o de *valor humano* en cuanto contribuye a humanizar un entorno o facilita la mejora humana de las personas. Mientras que, por ejemplo, en las áreas de marketing de las empresas se habla de valor para el consumidor y para el cliente, en el ámbito financiero la *creación de valor* suele referirse al proceso por el que, paso a paso, se incrementa el valor económico de algo, ya sea mediante un proceso productivo o comercial, mediante innovación o en operaciones financieras de tipo especulativo.

En el proceso de creación de valor económico en la empresa se cuenta con recursos materiales y con trabajo humano. El trabajo puede considerarse solamente como un medio para crear valor económico, pero esto supone una visión puramente instrumental del trabajo humano. Es cierto que el trabajo contribuye a crear valor económico, y con frecuencia de un modo muy decisivo. El trabajo, desde esta perspectiva, tiene un sentido instrumental y las personas —sujetos del trabajo— son vistas como «recursos humanos». Sin embargo, reducir el trabajo humano a su valor instrumental o concebir a las personas como meros recursos humanos es un tremendo error conceptual con significativas implicaciones éticas.

Argumentaremos, en primer lugar, que el trabajo humano tiene una importante dimensión subjetiva, referida a la persona del trabajador, y que esta dimensión tiene preeminencia sobre la creación de valor económico. Considerando la dignidad de la persona y el desarrollo humano al que todas las personas están llamadas, llegaremos al principio ético de la preeminencia de la dimensión subjetiva del trabajo sobre la creación de valor. Presentaremos, a continuación, diversas implicaciones prácticas en la consideración y organización del trabajo en la empresa y en el trato que merecen los trabajadores. Concluiremos defendiendo que respetar y propiciar la preeminencia de la dimensión subjetiva del trabajo sobre la creación de valor puede significar, por paradójico que parezca, incrementar la creación de valor por los efectos positivos previsibles en el comportamiento de los trabajadores.

La dimensión subjetiva del trabajo

El foco en la persona que trabaja más allá de equipos, tecnologías y sistemas de producción no es nuevo. Se encuentra desde hace largo tiempo en las teorías de la motivación y en diversas corrientes de pensamiento gerencial que consideran a las personas como el «mejor activo de la empresa» o como «capital humano». También en estilos de liderazgo que propician relaciones positivas con los trabajadores y diversas formas de participación. Sin embargo, con frecuencia, este foco en las personas no ha pasado de analizar la relación causa-efecto con vistas a la creación de valor económico. Desde otras perspectivas, se han ocupado de los trabajadores como sujetos de derechos —los derechos laborales— que son de obligado cumplimiento. Son escasos, sin embargo, los trabajos que consideran la persona del trabajador en sí misma y el valor del trabajo para su realización personal y para su desarrollo humano.

La filosofía de la persona subraya que el trabajo humano tiene una dimensión subjetiva, que considera la persona del trabajador y su desarrollo personal en el trabajo, además de otra dimensión objetiva relacionada con la producción. Añade que la dimensión subjetiva, por su valor ético, ha de tener prioridad sobre la dimensión objetiva.

El ser humano no se reduce a alguien que trabaja (*Homo faber*), ni a un individuo con preferencias y racionalidad que le permite evaluarlas, generalmente en términos económicos (*Homo œconomicus*). Tampoco es alguien reducido a relaciones sociales (*Homo socialis*). El ser humano es un todo, y no puede reducirse a aspectos parciales, aunque algunas características específicamente humanas son especialmente remarcables, entre ellas la racionalidad y la libertad interior. El concepto de *persona* responde a esta consideración unitaria del ser humano. Incluye también el carácter único de cada uno y denota dignidad.

Una visión algo más detallada de la especificidad de la persona lleva a destacar su entendimiento de la realidad más allá de los datos sensoriales, y el hecho de poseer consciencia de sí misma y capacidad para pensar. También su autonomía para tomar decisiones con voluntad libre y por ello ser responsable de ellas. A todo ello hay que añadir las capacidades lógicas, éticas y estéticas, que pueden estar más o menos cultivadas, y que llevan respectivamente a pensar de un modo consistente, a distinguir entre el bien y el mal, y a apreciar la belleza. Las personas tienen, además, un anhelo innato de buscar sentido a la vida, que pueden encontrar en la apertura humana a los valores objetivos y a la trascendencia.

La mente humana y la corporalidad forman una profunda unidad. Entendimiento y voluntad se combinan con sentimientos y emociones, memoria de acontecimientos pasados e imaginación. Esta última representa mentalmente sucesos, historias o imágenes de cosas pasadas o también hace presentes en la mente cosas que no existen en la realidad. A todo ello hay que añadir lo que se conoce como intuición creadora, una forma de conocer que aparece de súbito generando una solución para algún problema. Se trata de un modo de la inteligencia distinto al proceso racional, de gran importancia práctica en el arte, la poesía y ciertas innovaciones en el ámbito tecnológico y empresarial. Se atribuye a la acumulación de vivencias en conjugación con la memoria y la imaginación.

Es remarcable que las personas tengan una *interioridad* formada por recuerdos, sentimientos, creencias, valores e ideales. Toda persona, como ser relacional y social que es, establece vínculos afectivos o amistosos con otras personas, grupos y comunidades y asume compromisos. Puede también relacionarse con la trascendencia y desarrollar una espiritualidad o religiosidad.

La actividad externa que se observa en las personas se corresponde con la experiencia interior de quien realiza la acción, esto es, experimentarse uno mismo como *sujeto de la acción* que se realiza. Esta experiencia incluye ser consciente de estar actuando y de hacerlo porque uno quiere, es decir, siendo dueño de los propios actos y, por tanto, *responsable* de ellos. La experiencia interior incluye también cierto *discernimiento* de la bondad moral de lo que se realiza y la necesidad de ordenar las motivaciones presentes según un recto orden de valores. Al decidir una acción, el sujeto se *autodetermina* a sí mismo: no sólo decide qué hacer, sino también la persona que se quiere ser. En términos prácticos, al actuar uno mejora como persona, haciéndose más justo, honrado o generoso, por ejemplo, o por el contrario se degrada en sí en su humanidad. Hay una biografía propia de cada persona que también forma parte de su interioridad, aunque en cierto modo se pueda conocer externamente, forjada a lo largo del tiempo al autodeterminarse a actuar.

El sentido de responsabilidad, discernimiento y autodeterminación forma parte de lo que llamamos *subjetividad* —no se confunda con subjetivismo, que es una forma de relativismo moral que no acepta ningún valor ni principio ético objetivo—, la cual pone de relieve ser sujeto de la propia acción. La subjetividad se relaciona con la dimensión subjetiva de la acción, y por tanto del trabajo. En el trabajo, como en toda acción, concurren, por una parte, el sentido de responsabilidad, discernimiento y autodeterminación al trabajar y, por otra, los efectos internos derivados de trabajar. Todo ello forma parte de la dimensión subjetiva del trabajo.

Los efectos internos de la acción de trabajar incluyen aspectos físicos y psicológicos (satisfacción o insatisfacción, cansancio, gozo, angustia...), aprendizajes técnico-operativos y virtudes (hábitos morales del carácter). Entre las virtudes, destaca la sabiduría práctica que ayuda a valorar el servicio o daño causado a otros o al medioambiente. Otros efectos del trabajo, como la remuneración, cumplir objetivos, recompensas, reputación..., aun siendo importantes son externos y sólo tienen una repercusión subjetiva en la posible satisfacción psicológica, pero no afectan al crecimiento personal tanto en términos de pericia y experiencia operativa como en crecimiento humano al desarrollar virtudes.

Preeminencia de la dimensión subjetiva del trabajo

La excelencia de la dimensión subjetiva deriva de que el trabajo procede de la persona y repercute en la persona, y esto tiene relevancia ética. En efecto, al proceder de la persona, más aún al ser actividad vital de la persona, el trabajo participa de la dignidad de toda persona humana. En este sentido, el trabajo tiene *dignidad intrínseca*, independiente de su valor económico, de la relevancia que le conceda la sociedad o de la posición ocupada por quien trabaja dentro de una organización. Por otra parte, el trabajo tiene *valor perfectivo* para quien trabaja. Si se trabaja bien y viviendo las virtudes, esta actividad contribuye al desarrollo profesional y humano del trabajador.

La dignidad del trabajo y su valor perfectivo tienen valor finalista y excelencia ética. La producción y la creación de valor económico son siempre medios para otros fines, los cuales, de uno u otro modo, se referirán a personas y a sus respectivos intereses en participar del valor económico creado. No hay duda de que crear valor económico es moralmente legítimo si se hace respetando a las personas y sus derechos, y si los fines perseguidos son buenos.

El *principio ético de la preeminencia de la dimensión subjetiva del trabajo sobre la creación de valor* surge de considerar la excelencia ética propia de la dimensión subjetiva del trabajo y del valor instrumental de la creación de valor económico. Puede enunciarse del siguiente modo:

> La creación de valor ha de llevarse a cabo dando preeminencia a la dimensión subjetiva del trabajo, que exige respetar la dignidad del trabajo y no impedir, sino favorecer, el desarrollo del trabajador a través de su trabajo.

Este principio tiene aplicación en todos los ámbitos de trabajo y, de modo particular, en la empresa. Su implementación tiene exigencias prácticas por parte de quienes gobiernan, dirigen o lideran la empresa y, en general, para todos quienes, de uno u otro modo, estén involucrados en el trabajo y en la creación de valor económico.

Recomendaciones para implementar el principio

Para implementar el principio de la preeminencia de la dimensión subjetiva del trabajo sobre la creación de valor económico pueden sugerirse recomendaciones que incluyen, en primer lugar y si fuera necesario, un cambio de mentalidad en la visión del trabajo y de su lugar en la empresa. La siguiente recomendación sería reflexionar y, si es necesario, buscar cambios en la organización para lograr que todos tengan un trabajo decente, significativo y que ayude al desarrollo personal. Por último, hay recomendaciones acerca de cómo tratar a los trabajadores de un modo consistente con este principio y con su propia dignidad de persona.

Visión del trabajo

Aplicar adecuadamente el principio enunciado implica, en primer lugar, superar la visión del trabajo que lo considera sólo como un activo que contribuye a la cuenta de resultados o, peor aún, como un mero factor de producción o una mercancía que se intercambia por salario. Otra visión, también peyorativa, reduce el trabajo a una fuerza laboral, anónima y despersonalizada dentro del engranaje productivo y a menudo reivindicativa. El trabajo es mucho más que todo eso.

Una visión correcta del trabajo ha de considerar, ante todo, que el sujeto del trabajo es una persona, alguien consciente y libre y que actúa de un modo intencional y responsable. Sólo en sentido analógico podemos hablar del trabajo de animales y máquinas, incluidos sofisticados robots dotados de inteligencia artificial. Todos estos «trabajos» no humanos tienen a las personas como causa última de lo que producen. El trabajo procede de la persona y no sólo se plasma en la producción de objetos externos, sino que el trabajo, de algún modo, incide también en la persona.

Las personas tienen dignidad y el trabajo tiene también dignidad por ser una actividad de la persona y formar parte de su vida, considerando la vida como un todo. Es, además, muy relevante que el trabajo puede contribuir a la realización personal y al desarrollo o florecimiento humano, o al revés. Por estas razones, el trabajo tiene un *valor intrínseco*, que sólo lo perdería si dejara de contribuir al bien común.

Al hablar de *valor intrínseco* se pone de relieve el valor del trabajo en sí mismo, con independencia de factores externos, como la reputación social, el nivel de responsabilidad asociado a un trabajo o su remuneración. Tampoco depende de su utilidad social, aunque todo trabajo tiene la suya. Por lo demás, la valoración social de la utilidad es muy relativa a cada situación. Un ejemplo lo tenemos en la pandemia de la COVID-19, en la cual trabajos poco valorados socialmente, como el de transportistas, personal de limpieza, cajeros de supermercados y sanitarios, pasaron a ser muy admirados y valorados por la sociedad. En definitiva, todos los trabajos honrados que, de algún modo, contribuyen al bien común tienen dignidad, la cual siempre merece respeto y consideración.

Trabajo significativo y desarrollo personal por el trabajo

Es importante también tomar consciencia del valor que el trabajo puede tener para cada persona, más allá de la remuneración y de los incentivos económicos asociados al trabajo. El trabajo puede tener, en efecto, significados importantes para el trabajador, como la experiencia interior de estar cooperando en algo valioso para otras personas o para la sociedad, como medio para el crecimiento profesional y desarrollo humano personal y para relacionarse con otros. Algunos pueden encontrar gusto por lo que hacen, sentido de reto, un modo de alcanzar prestigio profesional y quizá también significados espirituales o religiosos. A todo ello hay que añadir, de un modo destacado, la relación del trabajo con la familia del trabajador, ya sea como medio de sustento económico o como modelo ejemplarizante para los hijos.

Respetar y promover un trabajo significativo es un reto y una exigencia para un buen liderazgo empresarial. Incluye establecer objetivos de empresa atractivos y promover una cultura en la organización que favorezca el trabajo con significado; saber escuchar peticiones e implementar las razonables, descubrir las motivaciones y el significado del trabajo para las personas y promocionar los que sean valiosos. También procurar un buen encaje de las personas en la organización, introducir valores éticos y respetar la espiritualidad en el lugar de trabajo.

El trabajo contribuye al desarrollo personal del trabajador, o bien lo deteriora, aun cuando el que trabaja no sea del todo consciente de ello. El trabajo, como actividad intencional, tiene capacidad para desarrollar la experiencia, habilidades y otras cualidades profesionales, así como virtudes del carácter que hacen al trabajador mejor persona, como ya se ha dicho anteriormente. Así, al trabajar con justicia, honradez, coraje, lealtad y sentido de servicio, se desarrollan las correspondientes virtudes. Lo mismo cabría afirmar en sentido contrario. Como mínimo hay que asegurar que el trabajo no degrade al trabajador, lo cual podría ocurrir con presiones para involucrarlos en corrupción, mentiras y fraudes. Buscar la excelencia exige promover una cultura empresarial que favorezca crecer en integridad personal y virtudes.

Trabajo decente

Esta visión del trabajo, en la que la persona es el sujeto central, está en el núcleo del principio de la preeminencia subjetiva del trabajo sobre la creación de valor económico y tiene consecuencias y exigencias éticas para su consideración.

Una primera exigencia ética del principio enunciado es promover el «trabajo decente», lo cual denota respeto por los derechos humanos fundamentales en el ámbito laboral fundamentados en la dignidad del trabajo y de la persona trabajadora. A este respecto hay un conjunto de *derechos laborales* bien establecidos y generalmente muy razonables que conviene respetar. Un trabajo decente exige, en primer lugar, valorar la importancia de *crear puestos de trabajo*, donde la gente pueda aplicar sus talentos y sentirse útil y hacer efectivo su derecho al trabajo. Promover un trabajo decente incluye también procurar a las personas un *razonable bienestar* en sus lugares y condiciones de trabajo, empezando por proporcionar condiciones apropiadas de higiene y salud laboral.

Organización del trabajo

Una segunda exigencia ética se refiere a la organización del trabajo, que incluye un uso apropiado de las *tecnologías y diseñar formas organizativas y procesos productivos consistentes* con la preeminencia del trabajo subjetivo, así como una adecuada *asignación de tareas* y *modos de trabajar*.

La tecnología y el proceso productivo pueden ser aliados del trabajo, por ejemplo, evitando trabajos dañinos o peligros, así como trabajos repetitivos y aburridos. También aportando fuerza, memoria, orden, cálculo numérico y precisión. Pero tecnología y proceso productivo pueden convertirse también en enemigos del trabajo. Lo son en la medida en que no se ponen al servicio del trabajo, sino que exigen que el trabajo se reduzca a una función del proceso productivo, alineando la subjetividad del trabajador.

Un ejemplo paradigmático es el trabajo convertido estrictamente en «mano de obra» puesto al servicio de los telares en los inicios de la Primera Revolución Industrial. Otro ejemplo es el sistema taylorista en el que el trabajo de los operarios era reducido a una estricta planificación de métodos y tiempos para optimizar la producción, eso sí, con los correspondientes incentivos, o el fordismo con un trabajo completamente regido por la cadena de montaje. También en nuestros días puede darse la subordinación del trabajo y de las personas a la tecnología y a los procesos productivos. Se ha argumentado que era el único modo de aumentar la eficiencia y la productividad, pero eso queda cuestionado con otros modos de organizar el trabajo como el método productivo Toyota, que incluye respeto por las personas y trabajo en equipo con altos grados de eficiencia.

Por otra parte, el trabajo ha de ser organizado buscando solidaridad, participación y subsidiariedad. Fomentar la *solidaridad* de todos quienes concurren a los fines de la empresa, con trabajo o recursos de todo tipo. La solidaridad en la empresa incluye el sentido de pertenencia a ésta, pero sobre todo es voluntad de cooperación. El fomento de la solidaridad incluye una adecuada comunicación de propósitos y objetivos, y una adecuada motivación para trabajar por el bien común de la empresa. Esto exige no sólo incentivar las motivaciones extrínsecas (recompensas) y las intrínsecas (atracción por la tarea realizada), sino también despertar buena voluntad y ayudar a reconocer el valor del trabajo como servicio a los demás, queriendo su bien; esto es, promoviendo lo que se puede llamar una *motivación benevolente.*

Junto con la solidaridad hay que establecer una razonable

participación en la marcha de la empresa, sin la cual es muy difícil una actitud solidaria, y organizar el trabajo con *subsidiariedad*. Conviene recordar que *subsidiariedad* viene del latín *subsidiarius* y *subsidium*, una palabra tomada del argot militar romano que significaba 'servir como reserva'. *Subsidiariedad* en la empresa significa proporcionar apoyo a los que están trabajando en primera línea de tal modo que las personas puedan aportar su creatividad, talento y carácter. Se trata de un apoyo que puede ser humano, tecnológico o logístico.

La subsidiariedad se opone a reducir a los operarios a simples ejecutores de órdenes o a elementos pasivos del proceso productivo. En sentido positivo, la subsidiariedad exige favorecer la iniciativa y creatividad de los trabajadores, proporcionando amplia libertad en su desempeño con la consiguiente responsabilidad, siempre con la debida coordinación con vistas al bien común de la empresa. En otras palabras, se trata de no absorber la iniciativa individual o de grupos de trabajo, lo cual puede ocurrir con una estructura organizativa cargada con tantos procedimientos y reglas que hagan imposible tal iniciativa. Esto es lo que ocurre en las llamadas organizaciones burocráticas como las describió Max Weber hace más de cien años y que hoy se presentan de nuevo, con frecuencia con sofisticados medios tecnológicos. La subsidiariedad ha de favorecer que los trabajadores puedan sentir que están trabajando en algo propio, sin olvidar que están contribuyendo a una obra común con solidaridad.

Trato con los trabajadores

Reconocer la preeminencia de la dimensión subjetiva del trabajo implica calidad humana en el trato a las personas. Calidad que tiene que estar presente no solamente en las normas y principios de la organización, sino también en las interacciones con las personas a todos los niveles.

En sentido negativo, un buen trato con los trabajadores exige evitar todo cuanto pueda suponer maltrato, humillaciones, acosos psicológicos o sexuales, así como discriminaciones por razones raciales, étnicas, de sexo, religión, o cualquier otro factor de selección ajeno a las exigencias del cargo o lugar de trabajo. Hay que evitar también toda despersonalización —incluida la robótica— y actitudes de indiferencia que no valoran a las personas más que por su producción.

En términos positivos es necesario tratar a todos con respeto y justicia dando a cada uno sus derechos. Un trato excelente exige prestar especial atención a las personas con especiales necesidades o vulnerabilidades, cuidar de los equipos y colaboradores, empezando por los más próximos y, en general, adoptar un comportamiento ejemplar y con sabiduría benevolente —sin sentimentalismos irracionales— que favorezca el crecimiento y desarrollo de las personas y promueva una cultura del trabajo con calidad ética y humana que facilite tal desarrollo.

A modo de conclusión

A la luz de lo expuesto, puede concluirse que el principio de preeminencia de la dimensión subjetiva del trabajo constituye un principio ético relevante para las organizaciones. Lleva a respetar la dignidad del trabajo y la subjetividad del trabajador, a promover un trabajo decente, con significado y que contribuya al desarrollo personal del trabajador.

No ha sido nuestro objetivo analizar la contribución a la creación de valor económico de la aplicación de este principio, sino resaltarlo como exigencia ética. Sin embargo, por paradójico que parezca, respetar y propiciar la preeminencia de la dimensión subjetiva del trabajo sobre la creación de valor económico puede significar aumentar la creación de tal valor por los efectos positivos previsibles en el comportamiento de los trabajadores.

Algunas prácticas actuales están en línea con el principio de la preeminencia de la dimensión subjetiva del trabajo presentado aquí. Otras, en cambio, necesitan una seria revisión. En todo caso, confiamos en que, con una mínima fundamentación teórica como la que se ha intentado aquí, se pueda ayudar a dirigir y liderar mejor.

27

Crecimiento, PIB, valor y empleo

por Alfredo Pastor

Buena parte de los capítulos de los que consta este libro se sitúan en el mundo de la empresa, donde el sujeto está bien identificado: es el empresario, responsable de hacer que sus empleados, colaboradores o como quiera llamárselos sean bien tratados y de que sus necesidades sean atendidas como merecen. En último término, el universo del empresario es un universo de personas. En cambio, el sujeto de esta reflexión es el responsable de las políticas públicas, y en particular de la política económica; si bien hay que recordar que, en una democracia adulta, los gobernantes lo son por elección, y los ciudadanos basan su voto en parte en la información que reciben de los medios, de tal modo que todos llevan su parte de responsabilidad de las políticas, aunque la responsabilidad directa recaiga en el gobernante.

Tratemos ahora de orientar el diseño y la ejecución de las políticas públicas poniendo primero a las personas con la ayuda de los tres focos: verdad, bondad y belleza. Es necesario empezar admitiendo que el empresario toma decisiones que afectan a personas que él conoce, mientras que el político responsable —suponiendo que quede alguno— sabe que sus medidas afectarán a personas cuyas circunstancias sólo conoce a grandes rasgos, a través de indicadores muy genéricos, y sabe también que tendrán consecuencias que sólo en una pequeña parte serán previsibles. El no apreciar esa diferencia explica quizá que, si bien es cierto que rara vez ocurre que un político sea un buen empresario, tampoco abundan entre éstos los buenos políticos.

Otra diferencia más importante tiene que ver con la naturaleza de los asuntos que unos y otros han de abordar. El economista E. F. Schumacher distinguía dos clases de problemas: los primeros, a los que llamaba *convergentes*, son problemas que tienen una solución bien definida que los resuelve de una vez por todas mientras no cambien las condiciones iniciales. Esos problemas son, escribe Schumacher, «el más útil de los inventos del hombre. No existen en realidad, sino que son el resultado de un proceso de abstracción». Buena parte de los problemas de ingeniería y todos los misterios planteados en las novelas de Agatha Christie son problemas convergentes. En particular, los mayordomos de Agatha Christie no son personas reales, sino partículas cuya posición en el espacio y en el tiempo es conocida con toda precisión.

> Una vez hallada la solución podemos escribirla y pasársela a quien la necesite para ahorrarle el esfuerzo mental de buscarla. [...] Las matemáticas y las ciencias físicas se ocupan exclusivamente de problemas convergentes.

Pero no todos los problemas son de ese orden. «Los problemas importantes de la vida —en política, economía, educación, matrimonio— son siempre problemas que implican la superación o la reconciliación de elementos opuestos.» Ésos son los problemas *divergentes*, que no admiten una solución definitiva y transportable. Todos los problemas que tienen que ver con las relaciones humanas contienen elementos de divergencia, y todo empresario sabe que hay problemas que se resuelven y otros que sólo se gestionan. Sin embargo, no resulta exagerado afirmar que los problemas típicos de los políticos son, más que en el caso del hombre de empresa, problemas divergentes. Y esa diferencia tiene consecuencias cuando se trata de considerar la gestión pública bajo nuestros tres focos.

El problema central de la gestión pública, un problema divergente por naturaleza, es el de reconciliar en cada caso concreto el rigor y la misericordia. Son elementos en apariencia opuestos, que han de formar parte de cada decisión, aunque en proporciones siempre distintas, porque es bien sabido que sin rigor la misericordia engendra el desorden, mientras que el rigor sin misericordia es crueldad. ¿Cuánto de libertad en la educación, hasta dónde la disciplina? ¿Cuánto subir las pensiones? ¿Sobre quién ha de recaer su financiación? ¿Cómo repartir los costes de una recesión? ¿Qué perspectivas de crecimiento e inflación tenemos para basar nuestros cálculos? ¿Cómo evaluar las consecuencias de un aumento del salario mínimo?

Uno podría pensar que, de los dos extremos, el rigor está del lado de la verdad, y la misericordia del lado de la bondad. En mi opinión, en la gestión pública es justo al revés: el rigor es un acto de bondad. El buen gobernante sabe que no hay nada peor para su pueblo que las esperanzas frustradas; para evitar el desengaño no promete nada que no pueda dar, por mucho que su pueblo lo desee y aun lo exija, y no se deja llevar por la tentación de proporcionarles una alegría inmediata que se verá frustrada más adelante. Además, el comportamiento riguroso del gobernante sirve de ejemplo a sus conciudadanos y contribuye a hacerlos mejores. De ese modo, la bondad del gobernante, su interés por mejorar la condición, no tanto material como moral y espiritual de su comunidad, se manifiestan en una conducta rigurosa.

La ausencia de rigor se manifiesta en nuestros días en la resistencia de las autoridades a ofrecer a los ciudadanos un cuadro coherente de las perspectivas para el futuro. Es posible que se deba al temor a sumirlos en la desesperación, pero es más probable que la verdadera razón sea no incurrir en la desaprobación popular. Es bien visible que el resultado es erosionar el crédito que merecen las propias autoridades y agravar la ansiedad de la gente, un mal resultado. La falta de rigor no es un acto de bondad.

El segundo aspecto del empeño por poner primero a las personas se manifiesta en la compasión o misericordia, regida no tanto por la bondad, como podría pensarse, como por la búsqueda de la verdad. En efecto: las decisiones del político afectan a muchos colectivos, todos ellos caracterizados por rasgos muy genéricos, como edad, estado civil, educación o nivel de renta. Cada uno de esos colectivos dista mucho de ser homogéneo, de modo que la misma medida tendrá efectos distintos sobre las personas que lo componen. En algunos casos, las consecuencias de una medida —pensemos, por ejemplo, en una medida impositiva— pueden ser mucho más graves para algunos que para la media del colectivo para el que fue diseñada; en ese caso, la compasión, hoy llamada empatía, reconoce esas diferencias y trata de mitigar los efectos excesivos, y de ahí el origen de medidas compensatorias y excepciones que suelen acompañar a todas las medidas públicas. La búsqueda de las personas que merecen un trato distinto del general es lícita, pero debe estar presidida por la búsqueda de la verdad más que por el sentimiento o por la presión ambiental: «hallen ante ti compasión las lamentaciones del pobre, pero no más justicia que los argumentos del rico», aconseja don Quijote al gobernador de la ínsula Barataria. En el caso de las ayudas al desempleo, por ejemplo, hay que partir de la base de que todo aquel que pueda trabajar tiene la obligación de hacerlo. Sin esa búsqueda de la verdad, todos los incentivos se pervierten y las instituciones se desacreditan.

En la reconciliación de los opuestos se halla la belleza, uno de los nombres de la unidad. Los economistas solemos acudir al concepto de equilibrio para caracterizar los estados deseables de una economía (aunque no todos los equilibrios son «buenos»); quizá vale la pena sugerir aquí que podríamos sustituir el concepto de equilibrio, resultado de la interacción de fuerzas actuando en sentidos opuestos, algo propio de los sistemas inertes, por el de armonía, que no excluye las tensiones pasajeras y es por ello más próximo a lo que pasa en una sociedad.

En el plano de la economía, un ejemplo de esa búsqueda de la belleza se manifiesta en los orígenes de la economía de mercado. En Occidente, las reglas que rigen una economía de mercado fueron codificadas en los siglos XIII-XV por los franciscanos italianos, antecesores de nuestra Escuela de Salamanca. En sí, esas reglas se parecen mucho a las que hallamos en el origen del capitalismo moderno, cuya figura más conocida es Adam Smith:

propiedad privada, libertad de empresa, información de los participantes, ausencia de coacción en las transacciones, prohibición del monopolio, son las esenciales. Sólo una diferencia separa el capitalismo moderno de la economía civil soñada por los franciscanos, pero es una diferencia literalmente radical. En la economía de Adam Smith el protagonista es el individuo considerado aisladamente —en realidad, una abstracción—, mientras que, en la economía de mercado de los franciscanos, llamada a veces economía civil, el sujeto es la persona, que no puede concebirse aislada de la comunidad: en esa concepción, uno no puede alcanzar la felicidad sin procurar la de los demás. Al examinar las necesidades de la persona que es miembro de una comunidad se advierte que el trabajo es una necesidad vital: permite a cada uno desarrollar sus capacidades, lo integra en su entorno social y le permite contribuir a su sustento. Aquí aparece una divergencia fundamental: las diferencias entre personas hacen necesaria la división del trabajo, pero no, como en Adam Smith, para aumentar la productividad, sino para que cada cual pueda tener un trabajo a la medida de sus capacidades. Los actores son los mismos en ambas economías: es el propósito del gobernante el que los separa. Para nosotros el crecimiento del PIB se considera el objetivo más deseable; para los antiguos es el empleo necesario para la felicidad de los ciudadanos, una felicidad que no tiene sólo una dimensión material, el salario, sino otras más fundamentales. Para unos es la cantidad, para otros la belleza. Se trata de escoger.

28

Intraemprendiendo

por Pedro Nueno

¿Es posible que un directivo, no del máximo nivel, un mando intermedio o incluso hasta un empleado medio pueda emprender dentro de su empresa? Imaginemos a un empleado de una empresa de alimentación que trabaja en la línea que envasa unos productos que se destinan a desayunos. Un día se le ocurren una serie de modificaciones que se podrían hacer en el producto y los pequeños cambios necesarios en la línea de envasado, con lo que podría conseguirse un interesante producto aplicable a postre, después del almuerzo o la cena. Naturalmente, este empleado debería proponer la idea a su jefe que podría reaccionar diciendo: «Qué idea más buena, vamos a explicárselo al director general». O podría reaccionar diciendo: «Céntrate en tu trabajo y no pierdas el tiempo en estas tonterías».

Si van al director general con la idea, éste puede reaccionar igual, e incluso añadir: «Ya tenemos un Departamento de Investigación y Desarrollo que se encarga de desarrollar nuevos productos; dedicaos a lo vuestro que seguro que podéis mejorar mucho».

En muchas empresas hay empleados a los que se les ocurren multitud de ideas de cosas nuevas que podrían hacerse o cosas que se podrían hacer de otras formas más eficientes, pero muchos no se atreven a plantearlas a sus jefes por miedo a que éstos puedan pensar que ellos no se están dedicando bien a su trabajo.

Como ya mencionaba en la introducción, Japón pasó a la primera página de la gestión empresarial en los años ochenta cuando difundió el famoso «*Just in time*». Los trabajadores estaban autorizados a parar brevemente de vez en cuando y pensar entre ellos cómo podían mejorarse los procesos. A continuación, muchas de las mejoras propuestas se incorporaban y la productividad iba subiendo. En todo el mundo estudiamos aquello.

En IESE conseguimos un acuerdo con Toyota, Kawasaki y Panasonic, que eran tres de las empresas más importantes de Japón, para poder ir con grupos de directivos y que viesen cómo aplicaban el «*Just in time*». Yo sigo agradecido a todos los que lo hicieron posible. Cuando los directivos españoles veían cómo practicaban esta metodología decían entre ellos: «¿¡Cómo no se nos ha ocurrido una cosa así!?». La generosidad de Japón hizo que en poco tiempo todas las empresas industriales relevantes del mundo aplicasen aquella forma de mejorar sus procesos con su propio personal, que además se motivaba pensando, proponiendo y aplicando.

Pero nos falta un «*Just in time*» para intraemprender. Si planteas esto a una empresa con miles de empleados enseguida te dirán que cómo podrían ellos atender miles de propuestas de emprender (lanzando nuevos productos, incorporando alguna tecnología digital, transformando información del mercado en ofertas...). Pero esto puede resolverse con una mejor formación sobre el tema en todos los niveles y con la implantación de una cultura que se caracterice por escuchar propuestas, ser positivo frente a ellas y, en caso de percibir que puede haber una oportunidad, por ver cómo ponerla en práctica.

En muchas empresas, cuando algún mando intermedio descubre que puede haber una oportunidad en algo, no se atreve a planteárselo a su jefe. En algunos casos, incluso piensa que puede irse y crear una pequeña empresa para desarrollar la oportunidad, o busca trabajo en otras empresas de su sector y les habla de la oportunidad.

Intraemprender requiere una cultura de apertura, formar al

personal incluyendo el tema, y evitar el castigo verbal a quienes creen que tienen una oportunidad, pero no la tienen.

Un tema relevante es cómo retribuir esta iniciativa emprendedora dentro de la empresa. Si un empleado aporta una idea que genera un incremento relevante de ventas o un ahorro importante de costes, resulta lógico que esto se le retribuya de alguna forma. Puede ser una mejora de su salario, quizá añadir un bonus de premio. Hay compañías que retribuyen la aportación como un bonus a cobrar en tres partes durante el año de la aportación y los dos años siguientes. Esto facilita retener a los intraemprendedores que quizá piensan en montar su empresa o cambiar de empresa. La retribución motiva. Evidentemente, todo esto no es fácil de implementar, por eso intraemprender no es un tema muy desarrollado en gran cantidad de empresas.

Como explico en mi libro, *Intraemprendiendo: Emprender dentro de la empresa*,[136] todo esto es muy difícil de regular, porque intraemprender es más bien el resultado de una cultura y unos valores bien establecidos en la empresa. Jefes y empleados forman un equipo con valores; esfuerzo, entusiasmo, apoyo de unos a otros, flexibilidad, humildad, generosidad. Hay empresas que han sabido crear esa cultura e incluso, sobre todo en empresas familiares, mantenerla varias generaciones.

Una característica principalmente de las empresas familiares es la diversificación. Las empresas cotizadas tienden a enfocarse en un sector porque los mercados de valores prefieren empresas así. Una forma de valorar, para estos mercados, es comparar. Si Ford, General Motors y Volkswagen hacen sólo vehículos, se puede ver quién crece más, quién está más endeudado, quién invierte más en I+D, etcétera. Pero si nos vamos a empresas familiares, nos encontramos muchas que están diversificadas en varios sectores. Cuando el objetivo es pasar la empresa a la siguiente generación, una cierta diversificación puede ser una forma más segura de avanzar hacia el largo plazo.

El Grupo Puig, por ejemplo, tiene moda y fragancias en Puig,

136. Nueno, Pedro, *Intraemprendiendo: Emprender dentro de la empresa*, Real Academia Europea de Doctores, 2019.

cosmética médica en ISDIN, encendedores y material escolar en Flamagas, y actividades inmobiliarias y financieras en otra unidad de negocio. El Grupo Pascual, por otro lado, es uno de los líderes en el sector láctico (leche, yogures...), en el sector del agua (Bezoya) y en temas turísticos y hoteleros. Compañías como Benetton, Li and Fung (Hong Kong), Tata (la India) o Grupo Garza Sada (México) están también muy diversificadas, tienen años de historia y miran hacia el largo plazo.

Obviamente, la diversificación como objetivo requiere una notable capacidad emprendedora para distinguir buenas oportunidades en las que ampliarte, pero también buenas oportunidades dentro de cada uno de los sectores en los que se ha diversificado. A esto, obviamente, lo podemos llamar *intraemprender* porque ocurre dentro de la empresa familiar e implica que la familia apoye esa inversión diversificadora en lugar de repartir como dividendos el valor que van creando estas empresas.

Cada vez más, las empresas se equipan con un sólido consejo de administración que estimula y supervisa todo. Es muy importante establecer un buen gobierno corporativo para hacer estas cosas y hacerlas bien. Estos consejos han de tener miembros muy bien preparados y algunos realmente independientes —otros pueden ser miembros de las familias propietarias o altos directivos de la empresa—. El avance del gobierno corporativo es muy notable, y podríamos hablar también de consejos emprendedores que estimulen y faciliten la transformación de oportunidades en valor para la empresa.

En este libro proponemos un sistema para intraemprender, promover cultura innovadora en la empresa y para innovar con armonía.

Epílogo

Apuntes de los coordinadores

Prof. Joaquim Vilà

- Pedimos a nuestros colaboradores que aporten ideas creativas y soluciones innovadoras a nuevos retos a los que debemos enfrentarnos, sin embargo, las habilidades de iniciativa emprendedora e innovación están restringidas a departamentos concretos, y por ello no forman parte de las competencias básicas de dirección.
- Los profesionales confían en su inspiración súbita para superar los retos de su trabajo, cuando está probado que el desarrollo personal en emprendimiento e innovación incrementa la seguridad personal y contribuye al desarrollo de la empresa.
- Emprender e innovar con método, como es el caso de Verbideas, no sólo contribuye por el fin que persigue, sino también por proporcionar una lógica compartida que hace más efectiva la aportación de múltiples agentes de cambio a nivel intermedio.

Prof. Pedro Nueno

- Vivimos desde hace años una época en que el *intrapreneurship* se considera importante. Se habló de ello, pero no se consiguió un buen método para integrarlo en las empresas. Deberíamos volver al tema y estudiar cómo ponerlo en práctica y beneficiar a la empresa.
- No podemos olvidarnos de que la velocidad de la gestión de empresas está subiendo y cuestiones como la digitalización y la internacionalización son clave.
- En entornos con estas características es importante retener a las mejores personas. La retención se mejora con una buena actividad de formación de las personas y con formas de remunerar que tengan en cuenta la retención.

Prof. Kandarp Mehta

- Creatividad e innovación son factores esenciales para poder superar los problemas y desafíos que tienen las empresas hoy día. Mientras la investigación en el campo de la creatividad se enfoca más en la fluencia en generación de ideas a nivel individual, el campo de la investigación en innovación se ha enfocado bastante en el desarrollo de los sistemas y estrategias para mejorar la eficacia en innovaciones. Pero es importante integrar estos dos campos. Es importante ver cómo las estrategias de innovación pueden tener como base el aprovechamiento y respaldo al poder creativo de la persona.
- En este trabajo académico vemos cómo podemos poner la persona —el miembro de la organización— en el epicentro de las estrategias de desarrollo de la empresa.
- Estamos viviendo en una época donde cada vez más las empresas son más sensibles a la sostenibilidad y bienestar social. Ser sostenible no es una elección, es una obligación. Para asegurar estos fines es imprescindible que la dirección de empresa tenga un enfoque más humanista.

Rosa M. Fité

- Visión y sistema, para planes y operaciones que con autenticidad, valor y armonía hagan más efectivo el proceso emprendedor, aceleren efectividad (no es lo mismo que ir deprisa).
- El *action research* en colaboración con empresas es interesante para desarrollar conceptos y sistemas de gestión relevantes.
- La colaboración entre personas siempre arroja resultados superiores a la suma de sus colaboraciones individuales, también en el desarrollo de patrones propios de innovación.
- Introducir valores en la acción emprendedora de las personas, además de acelerar la creación de valor, debería potenciar la creación de empleo. Sin personas no hay creación de valor y la acción emprendedora si no es ética no es emprendedora.

Autores

Antonio Argandoña

Antonio Argandoña es profesor emérito de Economía y de Ética de la Empresa. Doctor en Economía por la Universidad de Barcelona y catedrático jubilado de Fundamentos del Análisis Económico. Ha impartido clases en las universidades de Barcelona, Málaga y Navarra.

Académico numerario de la Real Academia de Ciencias Económicas y Financieras de España; presidente del Comité de Normativa y Ética Profesional del Colegio de Economistas de Cataluña; miembro de la Commission on Corporate Social Responsibility and Anti-Corruption de la International Chamber of Commerce de París. Además, forma parte de comités éticos de instituciones financieras, asociaciones empresariales y medios de comunicación y de consejos editoriales de publicaciones científicas. Es también medalla de oro de la Universidad de Navarra y colegial de mérito del Colegio de Economistas de Cataluña en el 2005. Ha publicado numerosos libros y artículos sobre macroeconomía, economía española y europea, ética en la economía y a la empresa, responsabilidad social corporativa y gobierno corporativo.

África Ariño

África Ariño es profesora ordinaria del Departamento de Dirección Estratégica y titular de la Cátedra Fundación Joaquim Molins Figueras de Alianzas Estratégicas. Recibió su doctorado en Management (Estrategia y Organización) por la Universidad de California-Los Ángeles (UCLA). Actualmente es miembro del Comité Ejecutivo de la Strategic Management Society (SMS), de la que ha sido presidenta.

Sus investigaciones han sido publicadas en revistas académicas de primer nivel mundial, tales como *Global Strategy Journal*, *Journal of International Business Studies*, *Journal of Management*, *Journal of Management Studies*, *Organization Science* o *Strategic Management Journal*, entre otras. También es autora de numerosos artículos en publicaciones para directivos, como *California Management Review* o *The Academy of Management Executive*. Coautora del libro *Entrepreneurial Alliances*, con Jeffrey J. Reuer, y Paul Olk; y coeditora de *Strategic alliances: Governance and Contracts*, con Jeffrey J. Reuer, y *Creating Value through International Strategy*, con P. Ghemawat y J. E. Ricart.

Miguel Ángel Ariño

Miguel A. Ariño es profesor ordinario del Departamento de Análisis de Decisiones. Sus investigaciones actuales se centran en la toma de decisiones y el gobierno de organizaciones. Es doctor en Ciencias Matemáticas por la Universitat de Barcelona (UB) y ha impartido clases en esta universidad, en la Universitat Politècnica de Catalunya (UPC) y en la Universidad Carlos III de Madrid. Asimismo, es profesor visitante en otras instituciones internacionales como la CEIBS (China Europe International Business School) y la HKUST Business School (Hong Kong University of Science and Technology).

Ha publicado artículos en revistas no sólo del ámbito académico. Es autor del libro *Toma de decisiones y gobierno de organizaciones* (Deusto, 2005) y coautor, junto con Pablo Maella, de

Iceberg a la vista: principios para tomar decisiones sin hundirse (Empresa Activa, 2010). También es autor del blog <miguelari no.com>.

Joan de Dou

Joan de Dou Playá es profesor extraordinario del Departamento de Dirección de Personas en las Organizaciones del IESE. Dirige su propia consulta psiquiátrica y lidera a un equipo de psiquiatras y psicólogos. También ha trabajado como especialista médico y ha ostentado diversos cargos en hospitales psiquiátricos.

Durante muchos años, de Dou trabajó como asistente en el Departamento de Comportamiento Humano del IESE, impartiendo las clases de Personalidad y Liderazgo en el MBA y EMBA. Es también asesor psiquiátrico del Colegio Oficial de Médicos de Barcelona, psiquiatra experto para el tribunal eclesiástico de la Archidiócesis de Barcelona y doctor asociado de la Clínica Universidad de Navarra.

Ignacio Ferrero

Ignacio Ferrero es profesor de Ética Empresarial y Liderazgo de la Facultad de Ciencias Económicas y Empresariales de la Universidad de Navarra. Ha sido *visiting scholar* en el W. Michael Hoffman Center for Business Ethics (Bentley University); en la Universidad de Harvard (Real Colegio Complutense); en la Universidad NotreDame (Mendoza College of Business); y en el Markkula Center for Applied Ethics (Santa Clara University). Ha publicado libros sobre ética empresarial y artículos en revistas académicas como *Business Ethics Quarterly*, *Journal of Business Ethics*, *Business Ethics A European Review* o *Business and Society Review*.

Actualmente trabaja sobre la ética de la virtud y la inteligencia artificial, y sobre las motivaciones y el propósito en el lugar de trabajo. Es cofundador del grupo internacional de investigación sobre ética de la virtud en la empresa y la gestión. Es licenciado en Filosofía y en Ciencias Económicas y doctor en Ciencias Económicas por la Universidad de Navarra.

Rosa M. Fité

Rosa M. Fité empezó a trabajar como investigadora asociada con Pedro Nueno en el 2002, escribiendo casos de empresas e involucrándose en sus encuentros anuales de automoción, tecnología sanitaria, farmacia, innovación, biotecnología, marcas de prestigio y medios de comunicación, entendidos como espacios de investigación que promovían la reflexión entre empresarios y permitían elaborar valor para sus empresas. Apoyó los encuentros del CEIBS, Shanghái, con la misma perspectiva y formó parte del equipo de Finaves.

Actualmente, trabaja en Verbideas, con Pedro Nueno, Kandarp Mehta y Joaquim Vilà, un modelo desarrollado en IESE para estimular la iniciativa emprendedora y la innovación en las empresas. Ha publicado en *Harvard Deusto Business Review* y en *IESE Publishing*. Anteriormente trabajó en multinacionales líderes de alimentación entre las que destaca el Grupo Ferrero, en las áreas comerciales y de marketing con responsabilidades internacionales. Es licenciada en Derecho por la Universidad Autónoma de Barcelona y MBA por el IESE.

Vicente Font

Vicente Font es profesor del Departamento de Dirección Comercial. Sus áreas de especialidad son las estrategias de marketing y el reenfoque en las empresas familiares. Ha trabajado como consultor para una amplia gama de clientes, entre los cuales hay bancos, compañías de seguros, pequeñas y medianas empresas (PYME) y empresas multinacionales.

Ha trabajado como asesor y docente en varios países, como Portugal, Chile, Uruguay, Argentina, Perú, Ecuador, Colombia y

España. También trabaja como asesor para diversas empresas españolas y para multinacionales que operan en España, y dirige varias fundaciones educativas y sanitarias sin ánimo de lucro.

Ha publicado tres libros sobre empresas familiares y su tesis doctoral se centraba en las cooperativas de minoristas. Es autor de varios casos del IESE que se centran en sus principales áreas de investigación.

Mireia las Heras

Mireia las Heras es profesora de Dirección de Personas en las Organizaciones. Se incorporó a IESE en el 2009 después de graduarse de su doctorado en Boston University School of Management. Es MBA por el IESE e ingeniera industrial por la Universidad Politécnica de Cataluña (ETSEIB). Desde el 2019, es directora del Centro Internacional Trabajo y Familia (ICWF).

Fruto de su investigación, ha publicado más de 50 artículos en revistas de impacto académico como *Human Relations*, *Journal of Applied Psychology*, *Journal of Vocational Behavior* o *Journal of Organizational Behavior*, entre otras. Está acreditada como catedrática por el sistema nacional (AQU-ANECA). Ha coeditado cinco libros de investigación en prestigiosas editoriales, como Springer y Palgrave. Sus estudios se centran en temas relacionados con la integración trabajo-familia alrededor del mundo, liderazgo, teletrabajo, motivación y estados emocionales en el trabajo. Es presidenta de la Conferencia Internacional Trabajo Familia, que celebró en el 2023 la 10.ª edición.

Franz Heukamp

Franz Heukamp es director general del IESE y titular de la Cátedra Antonio Valero de Dirección de Empresas desde el 2016.

Doctorado por el Massachusetts Institute of Technology, sus especialidades docentes son el análisis de decisiones y los métodos de predicción. Su investigación se centra en la conducta en la toma de decisiones, con interés en la neuroeconomía. Es miembro de The Institute for Operations Research and Management Sciences y de la Neuroeconomics Society.

Sus prioridades para el IESE son apoyar al claustro en su labor docente e investigadora, la internacionalización, responder a los retos de formación de los directivos y al impacto de la digitalización, asegurando la continuación de su misión de servicio a la sociedad. Ha impulsado la investigación en inteligencia artificial y en sostenibilidad, ha promovido el Máster en Management, el Executive MBA de Múnich, el Business Acceleration Program y el PDD Flexible, nuevos formatos que han alcanzado a más participantes.

Miguel Jiménez

Miguel Jiménez es licenciado en Estudios Internacionales por la Universidad Carlos III. Durante su carrera pasó un año estudiando en Mays Business School, en Texas A&M. Seguidamente, obtuvo una maestría de doble titulación en Desarrollo y Crecimiento Económico en la Universidad Carlos III y la Universidad de Lund, formándose especialmente en pensamiento y marcos para abordar los dilemas que enfrentan los países en desarrollo. En su trayectoria académica ha acumulado conocimientos en diferentes temas económicos, con herramientas analíticas, metodologías y marcos conceptuales necesarios para abordar debates relevantes.

Tras dos años trabajando como asistente de investigación en el Departamento de Economía y Finanzas del IESE Business School, ahora trabaja como investigador en Biocarbon Estates, centrándose en la valoración de los servicios ecosistémicos, un obstáculo aún por superar para canalizar el capital privado necesario hacia la naturaleza para revertir la actual tendencia de pérdida de biodiversidad en la que nos encontramos ahora.

Thomas Maximilian Klueter

Thomas Maximilian Klueter es profesor ordinario del IESE y cuenta con un doctorado en Managerial Science and Applied Economics de la University of Pennsylvania, un MA de la University of Pennsylvania y la University College Dublin. Previamente, trabajó como analista financiero y gestor de proyectos en IBM y JP Morgan.

Sus intereses de investigación se centran en la intersección entre la innovación y la iniciativa emprendedora estratégica. También analiza cómo las empresas emergentes y las consolidadas gestionan el cambio tecnológico y qué estrategias siguen las empresas para desarrollar y comercializar las nuevas tecnologías. Su trabajo ha sido publicado en revistas como *Academy of Management Journal*, *Organization Science*, *Journal of Management Studies*, *Nature Biotechnology*, *Research Policy* o *Strategy Science*, entre muchas otras. También ha publicado varios artículos para profesionales en publicaciones como *Harvard Business Review* y *Sloan Management Review*.

Yih-Teen Lee

Yih-Teen Lee es profesor de Dirección de Personas en las Organizaciones y director académico de la Unidad de Coaching del IESE. Es doctor por la HEC University of Lausanne (Suiza) y licenciado y máster por la Universidad Nacional de Taiwán. Especializado en liderazgo, aptitud y conciliación cultural, imparte asignaturas de Colaboración Global, Autoliderazgo, Liderazgo de Equipos Multiculturales y Dirección Estratégica de Recursos Humanos. Ha publicado en revistas científicas como *Journal of Management*, *Personnel Psychology* y *Academy of Management Discoveries*; y libros como *The Handbook of Chinese Organizational Behavior*, *Leadership Development in a Global World*, y *The Routledge Companion to International Human Resource Management*. Es coeditor de *Les compétences culturelles* y *Cultural Contexts of Human Resource Development*; miembro de la Junta Editorial de *Journal of Management*, *Journal of World*

Business y *Advances in Global Leadership*; y director de la serie *Diversité culturelle et dynamiques des organisations*, publicada por Éditions L'Harmattan, París.

Kandarp Mehta

Kandarp Mehta es doctor en Dirección de Empresas por el IESE y, desde octubre del 2009, forma parte del Departamento de Iniciativa Emprendedora de la escuela. Su investigación se centra en la creatividad, la innovación y las negociaciones. Es *fellow* de Dispute Resolution Research Center (DRRC) de la Kellogg School of Management de Chicago.

Kandarp colabora con *start-ups* y empresas familiares en temas relacionados con innovación y creatividad. Es autor principal del libro *Negotiate good negotiate well: the power of ambidexterity*, junto con Guido Stein. Ha publicado varios artículos, capítulos en libros y un libro sobre creatividad. Como docente, da clases de Negociación, Creatividad e Iniciativa Emprendedora en inglés, español y portugués. Ha dirigido varios talleres y programas sobre creatividad tanto para los ejecutivos como para los alumnos del MBA en Europa, Estados Unidos, América Latina y la India. También ha estado involucrado en industrias creativas como la televisión y el cine como actor.

Domènec Melé

Domènec Melé es profesor emérito y titular de la Cátedra de Ética Empresarial del IESE. Es doctor en Ingeniería Industrial por la Universitat Politècnica de Catalunya y doctor en Teología por la Universidad de Navarra. Fue catedrático de Tecnología Química en la Universidad Politécnica de Valencia.

Ha publicado más de setenta capítulos en obras de investigación colectivas y artículos en revistas científicas como *Journal of Business Ethics*, *Business Ethics Quarterly*, *Business Ethics: A European Review*, *Business and Society Review*, *Philosophy of Ma-*

nagement y *Humanistic Management Journal*. Entre sus libros destacan *Ética en dirección de empresas* (Pearson, 2015), *Fundamentos antropológicos de la dirección de empresas* (Ediciones Universidad de Navarra, 2015), *Business ethics in action: seeking human excellence in organizations* (Palgrave Macmillan, 2009) y *The Person-Centric Company* (en proceso de edición).

Pertenece a varios consejos editoriales de revistas científicas, imparte seminarios y participa regularmente en conferencias internacionales organizadas por la *Society for Business Ethics, Academy of Management* y la *European Business Ethics Network*.

Jorge de Muller

Jorge de Muller es licenciado en Medicina y Cirugía, especialista en Medicina Familiar Comunitaria, y también en Estomatología, y diplomado en Medicina Tropical, por la Universidad de Barcelona.

Ejerce como dentista generalista desde 1990, interesado en la aplicación de la microscopía a todas las áreas de la odontología en la implementación de las nuevas tecnologías (laserterapia, CAD CAM...) y en nuevas técnicas quirúrgicas.

Su área de investigación es la conservación de dientes desahuciados para retardar la colocación de implantes en sus pacientes, considerando que los dientes forman parte del sistema inmunitario y son, en este sentido, irreemplazables. Ha creado un modelo de utilidad para manufacturar un dispositivo ortodóntico de extrusión forzada que ayude, en esta técnica, al dentista general. Colabora con Verbideas para ayudar a la innovación en el sistema sanitario.

Pedro Nueno

Pedro Nueno es profesor de Iniciativa Emprendedora. Fundador y presidente honorario de la China Europe International Business School (CEIBS). Entre el 2005 y el 2011 formó parte del Visiting Committee de la Harvard Business School.

Es también arquitecto técnico, ingeniero industrial y doctor en Administración de Empresas por la Universidad de Harvard, sus intereses comprenden la iniciativa emprendedora, la creación de nuevas empresas, la gestión global y la dirección de innovación. Ha sido miembro del consejo de muchas empresas. Fundó Finaves, el fondo de capital de riesgo que ha impulsado más de cincuenta empresas y 15.000 puestos de trabajo.

Es autor de 27 libros traducidos a diferentes idiomas, ha recibido la Cruz de San Jorge, el Outstanding Contribution Award del gobierno de China, la Encomienda de Número de la Orden de Isabel la Católica. Además es miembro de honor del Consejo Superior de Doctores y Doctores *Honoris Causa* y académico numerario de la Real Academia Europea de Doctores.

Gaizka Ormazabal

Gaizka Ormazabal es doctor en Business por la Universidad de Stanford y en Ingeniería de Caminos, Canales y Puertos por la Universitat Politècnica de Catalunya. Titular de la Cátedra de Instituciones Financieras y Gobierno Corporativo del Grupo Santander y director académico del Center for Corporate Governance, analiza los incentivos para la gestión del riesgo, la supervisión del riesgo corporativo, la regulación financiera, la titulización de activos y el papel de los intermediarios.

Ha publicado en *Journal of Accounting and Economics*, *Journal of Financial Economics*, *Journal of Law and Economics*, *The Accounting Review*, *Journal of Finance* y *Journal of Accounting Research*. Ha sido citado en *The Economist*, *The Wall Street Journal* y *The New York Times*, y en las resoluciones de la comisión nacional de mercado de valores de Estados Unidos y del ESMA. Es *research affiliate* del programa de Economía Financiera del Center for Economic Policy Research y miembro investigador del European Corporate Governance Institute.

Alfredo Pastor

Alfredo Pastor, doctor en Economía por el Massachusetts Institute of Technology, es profesor emérito de Economía del IESE. Sus áreas de especialización son la Unión Europea, el papel del Estado en una economía de mercado y la economía china. Fue secretario de Estado de Economía del gobierno español (1993-1995), director de Planificación y director general del Instituto Nacional de Industria (INI, 1983-1985), presidente de ENHER (1985-1990), consejero del Banco de España (1990-1993) y *country economist* del Banco Mundial (1980-1981), entre otros. Es catedrático de Teoría Económica desde 1976.

Pertenece a consejos de administración de empresas e instituciones y colabora en medios de comunicación. Fue decano de la China Europe International Business School (CEIBS, Shanghái) entre el 2001 y el 2004.

Recibió la Gran Cruz de la Orden al Mérito Civil en 2004 por su trabajo en la CEIBS, y el Premio Godó de Periodismo, en el 2011.

Julia Prats

Julia Prats es doctora en Administración de Empresas por la Universidad de Harvard, MBA por el IESE y es ingeniera industrial por la Universitat Politècnica de Catalunya.

Su enfoque como académica está en el emprendimiento, la innovación y las empresas de servicios profesionales. Ha recibido premios por su investigación, incluido el Kauffman Emerging Scholar y el Premio McKinsey/SMS Best Conference Paper. Recientemente, se ha focalizado en emprendimiento corporativo y ha publicado artículos en *Harvard Business Review* y *MIT Sloan Management Review*. Ha publicado libros y artículos relacionados con el emprendimiento, el liderazgo y la gestión, más de sesenta casos de empresas, e informes centrados en la innovación abierta y el emprendimiento corporativo.

Ha sido profesora visitante en la Wharton Business School,

IPADE (México), INALDE (Colombia) y la University Asia Pacific (Filipinas), entre otras. También participa regularmente en actividades de consultoría y es consejera de varias firmas internacionales.

Sebastian Reiche

Sebastian Reiche es profesor de Dirección de Personas en las Organizaciones. Doctor por la Universidad de Melbourne, Australia, investiga sobre encargos internacionales, trabajo global, transferencia de conocimientos, retención de talento, gestión multicultural y liderazgo global. Ha sido repetidamente premiado por la Academy of Management. Ha publicado en *Academy of Management Discoveries*, *Academy of Management Journal*, *Human Resource Management*, *Journal of International Business Studies*, *Journal of Management Studies*, *Personnel Psychology* y *Organization Science*. También en *The Economist*, *Financial Times*, *Forbes*, *BBC Capital*, *Handelsblatt*, *Die Welt*, *El País* y *Você RH*.

Es coeditor de *Advances in Global Leadership* y miembro de los consejos editoriales de *Academy of Management Discoveries*, *Journal of International Business Studies*, *Journal of Management* y varios más. Ha trabajado con compañías como SAP, Haier, Boehringer Ingelheim y Salesforce, y es asesor de *startups* en el área de capital humano. Además, mantiene un blog sobre el trabajo global: <https://blog.iese.edu/expatriatus>.

Elena Reutskaja

Elena Reutskaja es profesora de Dirección Comercial. Doctora por la Universitat Pompeu Fabra, fue investigadora visitante en el California Institute of Technology. Sus intereses se encuentran en la intersección de la toma de decisiones, las políticas públicas, el marketing y la economía. Su investigación se centra en la sobrecarga de elección, la arquitectura de la elección, la toma de decisiones individuales y grupales, la toma de decisiones éticas, la colaboración entre humanos e IA, diversidad e inclusión, y la neuroeconomía y el neuromarketing. Utiliza métodos de investigación, tales como el de seguimiento del proceso de decisión, que va desde el seguimiento ocular, rastreo del ratón hasta el reconocimiento de emociones e imágenes cerebrales.

Ha publicado en revistas académicas como *American Economic Review*, *Nature Human Behavior* y *Perspectives in Psychological Science*, entre otras. También en *Harvard Business Review*, *Forbes* y *Behavioral Scientist*. Además, es asesora a organizaciones públicas y privadas.

Alberto Ribera

Alberto Ribera es licenciado en Medicina por la Universidad Autónoma Barcelona, doctor en Ciencias Económicas por la UIC Barcelona y Executive Coaching Certificate por la Universidad de Columbia. Es también profesor de la Práctica de la Dirección del IESE Business School (2004-2022) donde ha impartido cursos en MBA y programas para ejecutivos como «Personalidad, liderazgo y felicidad», «Desarrollo de competencias de liderazgo», «Capacidades relacionales»; «Liderazgo positivo»; «Bienestar y gestión del estrés» o «*Coaching* de liderazgo». Además, ha sido director académico de la Unidad de Executive Coaching.

Es autor o coautor de 11 libros, 39 casos y 44 notas técnicas y artículos, entre otros, «Gaudí y la Sagrada Familia: dirigir sin estar presente».

Antes trabajó durante quince años como consultor de organismos internacionales, ocupándose de proyectos en África, Oriente Medio y el Sudeste Asiático. Fue director general de la Euro-Arab Management School. Actualmente, además de su práctica como *coaching* y terapia de directivos, es miembro del Consejo de ICU (Roma), Limmat (Zúrich) y otras organizaciones sin ánimo de lucro.

Francisco J. Riberas

Francisco J. Riberas, licenciado en Derecho y Ciencias Económicas y Empresariales por la Universidad Pontificia Comillas (ICADE E-3), Madrid, es presidente ejecutivo de Gestamp desde el 2017 y miembro del consejo de administración desde su constitución.

Comenzó su carrera profesional ocupando diferentes posiciones en el Grupo Gonvarri, como director de Desarrollo Corporativo y posteriormente como consejero delegado. En 1997, creó Gestamp Automoción y desde entonces ha sido su primer ejecutivo conformando lo que hoy es el Grupo Gestamp.

Es miembro de los consejos de administración de Telefónica, de CIE Automotive y de Wallbox. Forma parte de los órganos de administración de otras sociedades del Grupo Gestamp y de sociedades del *holding* familiar Acek, entre las que se incluyen sociedades de los grupos Gonvarri, Acek Energías Renovables e Inmobiliaria Acek. Además, es presidente de la Asociación Española de Proveedores de Automoción (Sernauto) y de la Fundación Consejo España China.

Joan E. Ricart

Joan Enric Ricart, *fellow* de la SMS y de EURAM, es profesor de Dirección Estratégica y dirige la Cátedra Carl Schroeder. Es también director del Centro de Globalización y Estrategia, codirector académico del IESE Cities in Motion y director académico del UN Center of Excellence of PPP for Cities. Además, es miembro del Advisory Board of the Future of Urban Development and Service Initiative of the World Economic Forum.

Su trabajo actual se centra en ciudades, modelos de negocio, diseño organizacional, el rol de la dirección general y decisiones de *offshoring* de actividades de servicio. Ha publicado libros y capítulos con Edward Eldgar, J. Wiley and Sons, McGraw-Hill, NCC-Blackwell, Estudios y Ediciones IESE, y también artículos en publicaciones como *Econometrica*, *European Economic Re-*

view, Interfaces, Journal of Finance, Journal of Information Systems, Knowledge Process Management, Quarterly Journal of Economics, Strategic Management Journal, Corporate Governance, Harvard Deusto Business Review, Papeles de Economía o *Revista Española de Economía.*

Mike Rosenberg

Mike Rosenberg es profesor de la Práctica de la Dirección en el Departamento de Dirección Estratégica de IESE, especializado en geopolítica y sostenibilidad. Es doctor por la Universidad de Cranfield, MBA por IESE Business School y licenciado en Arquitectura Naval por la Universidad de Míchigan en Ann Arbor.

En sus libros *Strategy and sustainability* (Palgrave Macmillan, 2016), donde aborda la relación entre los negocios y medio ambiente, y *Strategy and geopolitics* (Emerald, 2017) ofrece a los líderes marcos para afrontar ambos temas. Su último libro, *Learning to fly* (Anthem Press, 2022) trata de cómo gestionar la carrera profesional a lo largo de la vida dada la complejidad del mundo actual.

Antes de unirse al IESE Business School, Rosenberg era *automotive practice leader* en Heidrick & Struggles y previamente pasó quince años como consultor de A.T. Kearney y Arthur D. Little en Europa, América del Norte y Asia, principalmente en el sector de la automoción.

Christoph Schneider

Christoph Schneider es doctor en Sistemas de Información y tiene un grado en Administración Hotelera y Restauración por la Washington State University.

Sus intereses de investigación incluyen la interacción entre seres humanos y sistemas informáticos, el comercio electrónico y la colaboración mediante sistemas informáticos. Sus investigaciones han aparecido en revistas arbitradas como, por ejemplo, *Information Systems Research*, *Management Information Systems Quarterly* y *Management Science*. Es coautor de los libros de texto *Information Systems Today*, punteros en su campo, y *Information Systems Project Management*. Ejerce de editor principal en el *Information Systems Journal* y de miembro de los consejos editoriales de *AIS Transactions on Human-Computer Interaction* y de *Journal of Information Technology*. También es miembro del comité directivo internacional de la International Conference on Information Systems Development (ISD).

Además fue director adjunto de MBA y profesor adjunto en el Departamento de Sistemas de Información en la City University of Hong Kong.

Guido Stein

Guido Stein es profesor de Dirección de Personas en las Organizaciones y director de la Unidad de Negociación del IESE. Asesora a empresarios y consejos. Es miembro de The International Academy of Management y del International Advisory Board MCC (Budapest), y colaborador de publicaciones como *People and Strategy Journal*, *Corporate Ownership & Control*, *Harvard Deusto Business Review*, *European Business Review* o *Expansión*.

También es autor de numerosos libros como *Managing people and organizations: Peter Drucker's legacy* (Emerald, 2010); *And now what? Leadership and keys to leadership success* (Emerald, 2017), *Kardinaltugenden effektiver Führung* (Virtudes cardinales del liderazgo eficaz), editado por Peter Drucker y Peter Pascheck (Redline, 2004), *Decisión y acción* (McGraw-Hill, 2022), *CEO: carrera y sucesión: Escalando hacia la cima* (Pearson, 2010), *El arte de gobernar según Peter Drucker* (Gestión 2000, 1999) y *Liderar personas con inteligencia artificial: cambio y digitalización* (McGraw-Hill, 2020).

Sus investigaciones se centran en la rotación indeseable en la alta dirección, los procesos de poder y toma de mando, y la negociación como herramienta de gestión.

José Luis Suárez

José Luis Suárez es profesor de Dirección Financiera y director del campus del IESE en Madrid. Ha impartido clases en diversas escuelas de negocios de América y Europa como profesor visitante.

Es miembro del consejo editorial del *International Journal of Finance Education*. Como miembro del Urban Land Institute, ha participado en el consejo de Public Private Partnership en Estados Unidos y en el comité ejecutivo del Spain District Council. Sus investigaciones se han centrado en inversiones inmobiliarias, y es autor y coautor de varios libros de finanzas corporativas y, en la actualidad, de valoración de la naturaleza, especialmente alrededor de la financiación de soluciones basadas en la naturaleza (Nature-based-Solutions).

Su último trabajo, presentado en el COP28 de Dubái en noviembre del 2023, se titula «Ecosystem services valuation: the case of the mediterranean landscape. A pilot project following the proposal of developing innovative schemes by COP15's target 19».

Joaquim Vilà

Joaquim Vilà es profesor de Dirección Estratégica, Innovación y *Design Thinking* en el IESE. Ha trabajado como investigador en el Reginald Jones Center for Management, Strategy and Organization de la Wharton School.

Es consultor en más de ochenta empresas nacionales e internacionales, entre las que se cuentan Premo, Zanini, Amgen, Metalquimia, Sener, Telefónica, Komatsu, CBRE, Roche Diagnostics, Henkel y Nestlé, sobre integración de estrategia e innovación y competencias de directivos medios en resolución de problemas estratégicos. También es director de Innovación en el consejo de algunas empresas españolas y ha creado tres empresas de servicios profesionales.

Ha publicado varios trabajos sobre innovación y *design thinking*, formulación de la estrategia, renovación de organizaciones e innovación sistemática. Su actual investigación se centra en cómo mejorar la planificación en entornos inciertos vía innovación, y el papel de los cargos directivos a la hora de reinventar y transformar un negocio, y pensamiento crítico en dirección estratégica.